国家出版基金项目
NATIONAL PUBLICATION FOUNDATION

国家社会科学基金教育学一般项目“从生产社会到消费社会：新时期劳动教育理论体系构建研究”（课题编号：BEA180111）阶段性研究成果

新时代立德树人理论探索书系　　檀传宝 主编

新时期劳动教育理论体系建构研究

班建武 著

浙江教育出版社·杭州

图书在版编目（C I P）数据

新时期劳动教育理论体系建构研究 / 班建武著. --
杭州 : 浙江教育出版社, 2022.5
（新时代立德树人理论探索书系）
ISBN 978-7-5722-3682-2

Ⅰ. ①新… Ⅱ. ①班… Ⅲ. ①劳动教育－教育理论－
研究 Ⅳ. ①G40-015

中国版本图书馆CIP数据核字(2022)第093684号

新时代立德树人理论探索书系
新时期劳动教育理论体系建构研究
XIN SHIQI LAODONG JIAOYU LILUN TIXI JIANGOU YANJIU
班建武　著

责任编辑：董　莉　杨　楠
美术编辑：韩　波
责任校对：王方家　戴正泉
责任印务：陈　沁
出版发行：浙江教育出版社
（杭州市天目山路40号　电话：0571-85170300-80928）
图文制作：杭州林智广告有限公司
印刷装订：杭州富春印务有限公司
开　　本：710 mm × 1000 mm　1/16
印　　张：14.75
插　　页：4
字　　数：234 000
版　　次：2022年5月第1版
印　　次：2022年5月第1次印刷
标准书号：ISBN 978-7-5722-3682-2
定　　价：46.00元

总　序

FOREWORD

最近几年，我经常思考一个问题：我们常常说的“新时代①”究竟是什么意思？

有一种解读——是从国际关系的角度去看问题，说中国正面临着一个“百年未有之大变局”。的确，自鸦片战争以来，整个世界与中国的关系确实发生了翻天覆地的变化。当我们的GDP总量排名世界第二以后，外部世界对我们不适应，我们自己在心态上也没有准备好——我们整体上还不知道作为一个世界大国的国民应该如何自处、如何看待和处理我们自己与世界的关系。

我个人认为，对于中国人而言，所谓“新时代”，一个很重要的方面是指“物质丰裕”的时代。

是否进入了一个物质丰裕的新时代，我们要看一看客观数据。比如，我国人均GDP已经超过1万美元；恩格尔系数，即居民家庭中食物支出占消费总支出比重也已达到富裕社会的水准。中华人民共和国成立之初，我国城乡居民的恩格尔系数曾高达80%，改革开放初期也超过60%，那时中国是典型

① 中国共产党第十九次全国代表大会报告中指出：“这个新时代，是承前启后、继往开来、在新的历史条件下继续夺取中国特色社会主义伟大胜利的时代，是决胜全面建成小康社会、进而全面建设社会主义现代化强国的时代，是全国各族人民团结奋斗、不断创造美好生活、逐步实现全体人民共同富裕的时代，是全体中华儿女勠力同心、奋力实现中华民族伟大复兴中国梦的时代，是我国日益走近世界舞台中央、不断为人类作出更大贡献的时代。中国特色社会主义进入新时代，我国社会主要矛盾已经转化为人民日益增长的美好生活需要和不平衡不充分的发展之间的矛盾。我国稳定解决了十几亿人的温饱问题，总体上实现小康，不久将全面建成小康社会，人民美好生活需要日益广泛，不仅对物质文化生活提出了更高要求，而且在民主、法治、公平、正义、安全、环境等方面的要求日益增长。”

的贫穷国家。但到2019年，我国城乡居民的平均恩格尔系数已经下降到28.2%（其中城镇为27.6%，农村为30.0%）。按照联合国的标准，恩格尔系数进入20%至30%区间的社会就进入富裕社会了。所以，虽然我们跟发达国家比仍有较大差距，但若以恩格尔系数为参照，我们的确已经进入了一个物质上相对丰裕的新时代了。

如果从物质丰裕这个时代特征去看，中国社会目前所遭遇的就不只是“百年未有之大变局”了——因为中国历史上从来没有一个强盛朝代的恩格尔系数曾经低于30%。就是说，我们已经告别了一个非常漫长的物质匮乏的历史时期，进入了一个绝大部分国人再也不用为温饱问题操心的全新时代。中国教育事业也因为国家经济实力的增长而不断进步。比如，21世纪初中国已全面实现了九年义务教育。中国的人口基数庞大，让如此规模的适龄儿童少年全部接受九年义务教育，在世界人权史上无疑具有里程碑意义。

问题是：德育，应当如何迎接一个物质丰裕的新时代？

在物质丰裕的时代，精神的贫乏可能会空前地凸显出来。仔细看来，目前社会上存在的一些“社会病”或多或少都与我们的价值观有关系，与我们的教育、德育有关。虽然都是负面现象，但从另外一个侧面也反映出整个社会对精神世界前所未有的高度关注。依据心理学家马斯洛的需求层次理论，人虽然有基础需要、高级（精神）需要，但不同情况下这些需要对人的行为的支配力是不同的，特定情形下起主导作用的就是所谓的“优势需要”。比如酒足饭饱了，一个人心中所想的可能就是看本书、听场音乐会之类的——他的优势需要就自然从基础需要转移到高级需要上去了。

优势需要的转移与我们的教育、德育有着最直接的关联。传统应试教育的逻辑，其实就是一种应对人类基础需要的“饥饿逻辑”。孩子接受教育的理由，最具决定性的是对生计的考虑。比如我们20世纪60年代在农村出生的这一代人上学就是为了“跳农门”。城里孩子上学的具体理由虽有差异，但考虑生计的逻辑却是一样的。不过，随着时代的发展，上学的逻辑正在悄悄改变。2020年夏天，网民们曾因一个贫困考生填报北京大学考古专业而争论不休。虽然许多人坚持认为这个家境贫困的学子应该选择未来比较有“钱途”的金融等专业，而不是可能清贫一辈子的考古专业，可是那个孩子最后还是勇敢地填报了自己心仪的考古专业——“追梦逻辑”最终战胜了“饥饿逻辑”！这就说明，虽然应试教育的“饥饿逻辑”还在老百姓的观念惯性里顽强存在，但其影响力已逐渐降低了，因为人们的优势需要正在悄悄转移。“你不好好学习，将来靠什么生活?”这样的话，已经越来越难以说服今天的小朋友了。当代中国教育需要从别的方向发力，比如让孩子感受到学习本身的魅力、激发其内在的学习动机等。

从社会的角度看，物质丰裕的时代意味着中等收入群体在不断壮大。由于满足温饱需要已经不成问题，社会大众对尊严、自由、平等、公正、法治等的精神需求自然就会日渐增加。如果社会、教育不能够主动地、自觉地去应对这些新的社会心理诉求，就必然会出现问题。

社会越富裕，人们对自由、平等、公正、法治的需求就会越强烈，教育只能顺势而为。故若从教育的角度看，在一个物质丰裕的时代，由于个人、社会的需求结构都发生了巨大的改变，社会对教育当然就会相应地提出更高的要求——学校应当提供更加优质的教育，教育应当更注意凸显培养健全人格的本体功能。

但迄今为止我们的教育把太多精力放在考分上面，这只遵循了“饥饿逻辑”。今后“饥饿逻辑”可能还会存在，但其重要性一定会下降，因为时代变了。这并不是说以后成绩不重要、高考不重要，而是与人的健康发展相比，工具性的指标不再像以前那么重要。如果学生分数很高，但是心理不健康，人格不健全，当下、未来不幸福，那这样的教育肯定不是我们所向往的美好生活的一部分。目前社会上不少人对“全面发展”的理解有一个严重的误区，认为全面发展就是样样都要学，把个性自由这一全面发展的灵魂忽视了。其结果是，孩子、家长都很“累”，大家都在比拼分数、比拼成绩。如此种种，就完全走向时代发展需求的反面了。

故物质丰裕的新时代的教育，一定是优质的教育，一定是解放人、尊重人，能真正让人的生活品质提高、促进人生幸福的教育。换言之，时代要求教育、德育一定要转型，以应对新时代的诸多挑战。

很多人都没有意识到，在一个物质丰裕的时代，德育反而会面临更大的挑战。

从个体来讲，物质丰裕的时代对德育最大的挑战，当是如何让年轻一代获得生活的意义，能够优雅、幸福地生活，从而摆脱危险的低级趣味，克服“超越性病态”。

马斯洛的需求层次理论还有一个重要概念叫“超越性需要”。他认为，真善美、自我实现等是人的超越性（高级）需要。如果这一需要长期得不到满足，人就会产生“超越性病态”——认为生活枯燥、寂寞、无意义。生活越安逸、富足，我们精神上的苦恼就越多，形成超越性病态的可能性也就越大。在物质丰裕的时代，许多庸俗的东西既浪费了我们的时间，也败坏了我们的道德和审美趣味，但沉迷于此的成人与儿童却越来越多。如何帮助受教育者真正确立积极健康的世界观、人生观、价值观，以克服“超越性病态”、摆脱低级趣味，实乃当代中国德育面临的最大挑战之一。

从社会的角度讲，要回应前述中等收入群体崛起所带来的政治、文化等社会心理诉求，就要大力促进文明社会建设，特别需要加强生命教育、人权教育、公民教育、劳动价值观教育等，其迫切性、教育的重点都已与过去大不相同。比如加强劳动价值观教育，今天劳动教育的意义跟以前不一样了，具体做法也应有所区别。如何让人拥有劳动者的尊严，社会要努力，教育更要努力。从这个角度讲，劳动教育就是人权教育、公民教育。此外，劳动教育也是道德教育——很多人厌恶劳动，因为他没有真正体认劳动的创造性价值，当然也就无法理解劳动的乐趣。新时代劳动教育要特别努力解决的，正是这类问题。

在新时代，我们迫切需要在德育内容、形式、人际关系等方面实现全面的提升。

在德育内容上，新时代要求我们认真开展公民教育、道德教育、真善美教育和自我实现教育等。

实际上，中国近年来一直在内政上努力建设法治国家、弘扬社会主义核心价值观，在外交上也在积极倡导构建人类命运共同体。这些既是中国特色社会主义的政治实践，也是中国特色社会主义的公民教育——因为建设法治国家所内含的法治教育，社会主义核心价值观里的自由、平等、公正、法治等，本就是世界各国公民教育最重要也最普遍的内容。而人类命运共同体意识，也正是国际上通行的全球公民教育的核心目标。物质丰裕的社会既然对中国教育提出了这方面的要求，如果我们不开展社会主义核心价值观教育，不推进法治教育，不进行人类命运共同体教育，那么我们的德育就是与这个时代脱节的。

还有，真善美、自我实现教育等问题也非常重要。让孩子在关注自我的同时也拥有大我，让孩子更多地关注家庭、社会、国家、世界，让孩子更有精气神、追求真善美，从而拥有更豁达的人生，不仅是我们教育的重要使命，更是德育的核心目标。

在德育形式上，新时代要求我们须特别注意构建德育形式的精致与美好。途径之一就是倡导、践行德育美学观，实现真正的德育享用性功能。

有两种极端错误的德育观念：一种是强制灌输的观念。强制学生接受你的价值观，即便你是对的，也已经侵害学生作为道德学习主体的权利与尊严了。更何况强制虽可以一时改变学生当下的行为，但若学生在情感上不接纳，形成逆反心理，价值观教育就很难有实效。另一种是自由放任的观念。完全放手，任由孩子在价值上自由选择，错在把放任当尊重，其结果是忽略了德育。两种极端的德育效果都不会理想。有没有既尊重孩子的主体性，让孩子不反感，又能达到良好德育效果的“中道”方式呢？我曾在自己的《德育美学观》《让德育成为美丽的风景》等书中呼吁：对德育内容、形式做审美化的改造——当我们所教的恰好是孩子们所渴望、所欣赏的东西时，价值引导和自主建构之间的矛盾就自然消解了。这是一种合乎时代要求的教育哲学，也意味着一系列德育改革的具体方法论建议。合乎“中道”的德育观念与方式，当然不只有德育审美化这一个路径。但是德育形式的精致、美好及其对于这个时代的重要性，却是毋庸置疑的。

此外，新时代德育还需要努力构建一种民主、和谐、辩证的人际关系。

教育其实就是人对人的影响。民主、和谐、辩证，是教育中良好人际关系尤其是师生关系的三个关键词。其中特别需要强调的，是“辩证”二字。一方面，民主、和谐的师生关系是现代教育的重要特征。另一方面，正如教育哲学家格特·比斯塔曾经在他的《教育的美丽风险》《超越学习》等书中所指出的：很多人认为学生是顾客，学校是商店，教师则是销售员——教师只需跟在学生屁股后面，学生要什么，教师就给什么，这是对教育的严重误解。须知，没有专业，就没有教育；没有要求，就没有德育。我们对于学生的尊重，一定要有教育性，一定是建立在对其成长具有有效帮助的基础之上的。高品质的德育既需要实现优质德育内容、形式的供给，也需要注意形成一种民主、和谐、辩证的人际关系。

综上所述，物质丰裕的新时代，意味着整个教育逻辑的转换，意味着中国德育在迎来伟大历史机遇的同时也必须直面诸多艰巨的时代挑战。时代的全新格局正需要中国教育理论和实践工作者通过不懈努力，主动、勇敢地面对。而“新时代立德树人理论探索书系”，正是一群教育理论工作者对于新时代立德树人呼唤所做出的严肃、具体的专业回应。

檀传宝

2021年6月6日于京师园三乐居

[本序由丛书主编在第三届“长三角地区中小学德育创新论坛”（2020年12月10日至12日，苏州）上所作主题演讲整理、改写而成。序言保留了平易的表达风格，但仍不失为主编对于新时代德育、教育的理论之思，更可视为与丛书作者、读者的一种别致而真诚的思想对话。]

目　录
CONTENTS

绪言

新时期全面加强劳动教育的时代意义*

* 本文主体部分已经发表于《中小学校长》2021年第4期，本次出版做了必要的补充与调整。

全面加强劳动教育，是新时期党中央、国务院关于优化人才培养体系，促进学生全面发展的重要战略举措，也是指导学校教育教学实践的重要指针。当前，各级各类学校在推进劳动教育的时候，更多的是将劳动教育视为一项具体的教育任务或工作来推进，既缺乏对新时期劳动教育战略意义的高度认识，又对新时期劳动教育的特征及其与德智体美四育的关系把握不准，使得劳动教育在教育实践中的实际地位与其所应承担的时代使命存在较大的落差。因此，新时期劳动教育的有效推进，必须站在重构社会主义培养体系的高度进行主动设计，才能深刻回应党和国家对劳动教育的新要求。

一、新时期劳动教育的重大战略意义

党和国家历来高度重视劳动教育，在多年的实践探索中也积累了诸多有益的劳动教育经验。但在新时期全面加强劳动教育，不是过去劳动教育的简单延续，而是要具有新时期的基本特点。当前加强劳动教育，不能仅仅理解为一种对教育方针的完善、教育内容的增加和教育方式的变革，而应从社会主义教育的根本属性、中国历史发展的时代要求以及全面发展教育的有效实现这些新时期教育发展的重大使命出发，才能准确把握当下全面加强劳动教育的重大战略意义。

（一）重新强调劳动教育，是新时代全面贯彻党的教育方针，保证教育社会主义属性的必然要求

思想性是劳动教育的根本属性。中共中央、国务院2020年颁布的《关于全面加强新时代大中小学劳动教育的意见》明确指出，劳动教育是中国特色社会主义教育制度的重要内容，直接决定社会主义建设者和接班人的劳动精神面貌、劳动价值取向和劳动技能水平。这实际上表明，劳动教育对于中国教育而言，不仅是一种内容上和方法上的教育要求，更是中国特色社会主义教育的应有之义。在西方国家，我们也能看到强调对学生动手实践能力的培养、社会志愿服务的开展等不同形态的劳动教育。但是，需要明确的一点是，西方国家开展劳动教育的思想资源更多的是源于杜威等人“做中学”的教育理念，其所强调的重点是劳动技术和个人生涯的规划等具体的技术素养，因而其主要是围绕“手工艺教育”“生计教育”“技术教育”“闲暇教育”等形式展开[①]，具有明显个人主义的价值取向在里面。有学者明确提出，马克思主义的劳动观念和思想体系多为社会主义国家采用。而在西方资本主义国家，则是“沿着瑞士教育家裴斯泰洛齐、德国教育家

① 张熙，袁玉芝，李海波．劳动教育的国际经验及其启示[J]．教学与管理，2019（11）：56-58.

凯兴斯泰纳、美国教育家杜威的思想理论和实验实践的谱系发展开来”[①]的，并创立了“劳作学校”模式和“做中学”模式，与社会主义国家苏联在马克思主义教育和生产劳动关系的学说基础上创立的“统一劳动学校”模式有很大不同。因此，“世界上中小学中的劳动教育可以说有两个源头”。[②]

当前，党和国家强调的劳动教育显然不是西方国家的教育逻辑，而是具有鲜明的社会主义特征。其突出要求就是应在马克思主义，尤其是马克思主义劳动观的指导下，切实推进劳动教育。因此，从劳动教育的目标来看，首要一条就明确规定了社会主义的劳动教育一定要把培养学生的马克思主义劳动观放在首位，这是关乎社会主义教育性质的根本问题。开展劳动教育，最为关键的一点就在于明确劳动教育的马克思主义方向。在很大程度上，“劳动教育是‘活劳动’的教育，它能够打破资本逻辑或资本主义生产方式和关系在教育中的统治地位，解放大众”。[③]社会主义劳动教育的关键就在于其包含着为谁而劳作的根本问题，它在本质上是对抗资本、反对剥削、培养劳动者的教育。强调劳动教育，就是坚持和发展中国特色社会主义教育方针。这一点是有别于西方国家劳动教育的根本原因。

由此可见，新时期强化劳动教育，是全面贯彻落实党的教育方针、培养新时代全面发展人才的根本出发点，更是新时代中国特色社会主义事业发展的客观需要，承载着巩固新时代教育发展道路的重要使命。

（二）重新强调劳动教育，是新中国从站起来、富起来到强起来历史发展的重大现实需求

新时代中国社会主要矛盾已经转换为人民日益增长的美好生活需

---

① 张德伟．国际中小学劳动教育初探[J]．中国德育，2015（16）：39-44.

② 张德伟．国际中小学劳动教育初探[J]．中国德育，2015（16）：39-44.

③ 肖绍明，扈中平．新时代劳动教育何以必要和可能[J]．教育研究，2019（8）：42-50.

要和不平衡不充分的发展之间的矛盾。社会主要矛盾的转化要求围绕供给侧结构性改革，大力发展实体经济。这就需要不断提高社会主义建设者的劳动觉悟和劳动技能。当前，社会上存在着不同程度的享乐主义、不劳而获、轻视劳动、歧视劳动者的不良社会风气，“重教轻劳”“万般皆下品、唯有读书高”“学而优则仕”等观念在普通公众、家长甚至教师中都存在。这样一种社会风气显然不利于中国实体经济的发展。为此，需要在全社会大力弘扬劳动精神，教育引导学生崇尚劳动、尊重劳动，懂得劳动最光荣、最崇高、最伟大、最美丽的道理，长大后能够辛勤劳动、诚实劳动、创造性劳动，才能充分发挥教育造就时代新人、促进社会进步的重要职责。

在实现中华民族伟大复兴中国梦的伟大历史征程中，中国正面临着前所未有的复杂国际环境。随着以美国为首的西方国家对中国崛起的打压力度不断增大，我国各行业的发展正面临着前所未有的危机和压力。尤其是诸如芯片等核心技术被垄断的情况下，我国高新技术的发展面临着诸多“卡脖子”的关键问题。这些问题如果不能得到有效解决，将极大地影响和制约中国崛起的步伐。而这些问题的最终解决，只能是依靠我国的自主研发、自主创新、自主发展，将核心技术牢牢掌握在自己的手中。这实际上就对新时期的劳动教育提出了更高的时代要求，同时也让人对新时期的劳动教育抱有更高的期待。

因此，我们在开展劳动教育的时候，一定要有大历史的视角和自觉的担当意识。要在实现现代化的过程中，思考劳动教育在人才培养、科技创新、技术进步等方面应发挥的作用，要确保新时期的劳动教育代表最先进生产力的发展方向，而不是仅仅将劳动教育视为一种简单的手工操作和体力劳动。

（三）重新强调劳动教育，是造就全面发展的时代新人，增强教育实效的关键举措

劳动教育不仅是社会发展的需求，也是个体全面发展的需要。在

很大程度上，劳动教育是个体“学以成人”的基础性活动[①]，对人的发展极其重要，是人得以全面发展的基础。当前，学校教育过于重视学生对静态的客观知识的学习和掌握，更多地只是一种“动脑”的教育。这样的教育固然有利于“提高学生学习的效率”，但是，其存在的弊端也是显而易见的。静态的知识学习在很大程度上将知识从其鲜活的现实存在样态中剥离出来，并以一种学科化的方式将本是整体性存在的知识割裂为不同的具体学习科目。在这样的学习过程当中，学生的身体是缺位的，其对知识的掌握也是碎片化的。这一方面导致了学习过程中学生身心的分离，另一方面也使得学生对知识所承载的整个世界缺乏系统性的认识和鲜活性的体验，从而不可避免地造成了学生不同程度的片面发展。

劳动作为“人和自然之间的过程，是人以自身的活动来中介、调整和控制人和自然之间的物质变换的过程”[②]，不仅仅是一种主体改造外在客观世界的实践活动，也是个体涵养自我精神世界的对象性活动。这主要是因为，劳动是人类社会独有的、自觉的对象化实践。缺少了必要的劳动实践，人就缺乏了自我对象化的重要对象。而“劳动教育是人在劳动中充分发挥人的自然属性、社会属性和精神属性，建构人自己，创造历史，实现人的意义”。[③]因而，劳动也就成为将学校教育与丰富的外部世界紧密联系起来的重要中介。在这个过程中，个人的身与心将有机结合在一起，而身体自身也将成为个体把握世界的重要途径。实际上，作为当代认知理论的重要代表的具身认知（embodied cognition）理论就强调，个体的生理体验与其心理状态之间有着强烈的联系。由此可见，劳动教育所承载的非常重要的教育理念就在于，重新赋予学生的身体在认知和改造外部世界和自我主观世

① 韩震．加强劳动教育，促进全面发展——劳动是学以成人的基础[N]．光明日报，2019-01-28（7）．

② 马克思，恩格斯．马克思恩格斯文集（第五卷）[M]．中共中央马克思恩格斯列宁斯大林著作编译局，编译．北京：人民出版社，2009：207-208.

③ 肖绍明，扈中平．新时代劳动教育何以必要和可能[J]．教育研究，2019（8）：42-50.

界方面的积极作用。为此，培养全面发展的时代新人，克服学校教育的异化，就需要增强劳动教育。

二、新时期劳动教育的新特征

劳动教育具有鲜明的时代性，只有根植于具体鲜活的生产实践中，劳动教育才能够充分彰显其育人的时代要求。在这种情况下，新时期的劳动教育在其基本特征和内涵方面也必然呈现出新的特点。

（一）新时期劳动教育要主动反映社会劳动形态的变迁

劳动教育的顺利开展，需要把握劳动的基本内涵和外延。对劳动概念的理解既不能窄化，即把劳动仅仅理解为体力劳动，这会极大地局限劳动的范围，从而造成体力劳动与脑力劳动、简单劳动与复杂劳动、传统劳动与现代劳动的对立；也不能泛化，即把人类的所有实践都归入劳动的范畴，导致劳动概念失去其必要内在规定性。新时期劳动教育中的劳动，主要指的是个体为实现一定目的，“运用体力、智力、知识和工具等进行的服务与创造的对象性实践活动”①。因而，新时期的劳动形态必然是多样的。当前，诸如信息产业、文化产业等新兴产业的不断涌现，正日益挑战着过去主要基于第一、第二、第三产业所建构的劳动形态格局。目前，我国第三产业在三大产业中的比例已经超过 50%，而第一产业不到 10%。而且三大产业自身的形态与过去相比也发生了很大的变化。如现在的农业不是过去小农经济时代的简单体力劳动，而是包含了诸多先进科学技术的应用。因此，哪怕是面向第一产业，我们的劳动教育也不能仅仅是传统的农牧业形态，而是现代的农业与牧业。

就当下的社会现实而言，马克思所处的工业化时代所强调的“制造性劳动”在今天逐渐被非生产性劳动、非物质性劳动、服务性劳动等代替。②因此，要注意避免仅仅将劳动理解为“生产劳动”，或者

① 顾建军，毕文健．刍议新时代劳动教育课程的一体化设计[J]．人民教育，2019（10）：11–17.

② 肖绍明，扈中平．新时代劳动教育何以必要和可能[J]．教育研究，2019（8）：42–50.

经验性地理解为工业、农业劳动等“体力劳动”，需特别关注消费性劳动、创造性劳动、复合性劳动、情绪劳动等新劳动形态。①尤其是在信息社会背景下，劳动本质上是一种知识的生产和应用，其准入门槛空前提高，劳动的自由度空前增强，而劳动与生活的边界正变得模糊。在人工智能时代，劳动教育必然超越将劳动单纯视为技能训练的认识局限，使人自觉认识到劳动是彰显生活意义的个体实现过程。②这就要求在数字时代，劳动教育要有时代的前瞻性，要基于劳动形态的变迁及其对人的劳动素养所提出的新的要求，主动调整劳动教育的内容和形式，这样才能确保学生通过劳动教育所接触的是一个真实的劳动世界。

（二）新时期劳动教育要主动回应当代学生的需要

劳动与每个个体的生活实际息息相关。在很大程度上，个体生活体验的不同，会在很大程度上影响其对劳动自身的价值判断。因此，劳动教育要想有效，就必须要真正走进学生的生活体验，准确把握当代学生对劳动的真实感知，才能找到学校劳动教育与学生劳动认知之间的内在连接点。对于当下中国而言，一个突出的社会现实是，中国正日益摆脱昔日的贫困状态而走向富裕。2019年中国人均GDP已经超过1万美元，与此同时，中国城乡平均恩格尔系数（即居民家庭中食物支出占消费总支出的比重）已经下降到28.2%（其中城镇为27.6%，农村为30.0%）。③按照国际通行标准，恩格尔系数在30%及以下，就意味着该国的人民生活已经进入了所谓的最“富裕”水

① 檀传宝．开展劳动教育必须解决好的三大理论问题[J]．人民教育，2019（17）；班建武．“新”劳动教育的内涵特征与实践路径[J]．教育研究，2019（1）：21–26；王新波．情绪劳动：人工智能时代劳动教育的内容创新[J]．人民教育，2019（19）：62–65.

② 徐海娇．意义生活的完整性：人工智能时代劳动教育何以必要与何以可为[J]．国家教育行政学院学报，2019（11）：88–95.

③ 统计局：2019年全国居民恩格尔系数28.2%同比降0.2个百分点[EB/OL]．中国网财经频道，2020–02–28，https://baijiahao.baidu.com/s?id=1659746026920456978&wfr=spider&for=pc.

平。[①]虽然中国社会还存在着较大的地区和城乡发展的差异，但是，总体而言，当代学生基本上是在一个不愁吃、不愁穿的物质丰裕时代成长起来的，这也使得他们对于劳动的认识和体验与其祖父辈相比具有明显的代际差异。

这种关于劳动认识的代际差异主要表现为：祖父辈主要是从个体谋生的需要来理解劳动的必要性及其存在价值；但对于年轻一代而言，由于他们几乎没有这种物质匮乏的消极体验，因而，其对于劳动的谋生价值的内在认可度并不高。在这种情况下，我们的劳动教育如果还是从谋生的教育逻辑向学生论证劳动的必要性和现实性，就很难真正从内心打动学生。对于当代学生而言，虽然他们的物质生活较其祖父辈已经发生了翻天覆地的变化，但是，这并不代表着其成长就没有内在的匮乏体验。在很大程度上，年长一代更多地看到了年轻一代物质生活的富足，但是，却很少意识到他们精神世界的匮乏。实际上，少子化家庭的增多、社会流动性的加大、家庭结构的变化以及教育升学压力的增大，不可避免地造成了当代青少年精神世界的孤单、寂寞以及存在意义感的缺失。因此，不同年代的人对于苦的体验和理解是不一样的。年长一代更多地将苦理解为物质的匮乏，但对于当代学生来说，苦更意味着一种精神的匮乏。这实际上是要求新时期的劳动教育，要能够主动回应当代学生成长的社会环境特点，回应其对精神生活，尤其是对自我实现的迫切需求，引导孩子看到劳动之于其人生价值、自我实现的重要意义，让孩子在劳动中充分感受到自我作为主体的人的本质力量的彰显，感受到劳动与自我、自觉、自由的类本质的内在一致性。唯有如此，劳动才能够真正在当代孩子中树立起内在的合理性。

（三）新时期劳动教育要主动变革已有的教育形态

劳动形态的变迁、学生需求的转变，必然会带来对教育形态的新

① 佟成军．我国恩格尔系数的计算与改进[J]．开放导报，2019（1）：104-106.

要求。很长一段时间里，劳动教育更多是被视为一种具体的教育实践活动，或者是德育概念之下的一种具体教育实践，因而，劳动教育往往片面强调其实践性，却在很大程度上忽视了其内在的学理性。如果说，这样一种只强调“做”的劳动教育在简单体力占社会劳动形态主要比例的传统社会具有其存在的合理性的话，那么，对于复杂劳动增多、劳动的科技含量不断提高的现代社会，只强调动手而不强调动脑的劳动教育显然与社会发展现实脱节。也就是说，当代劳动教育不能仅仅只有简单劳动的体力锻炼，更要有体现复杂劳动、创新劳动要求的智力训练。这实际上是对当代劳动教育的科技含量、知识含量提出了新的时代要求。劳动教育在当代应该是一种体现知识含量的新劳动教育实践。

实际上，当代社会劳动复杂性的增强，不仅仅是指现代生产对人的劳动素养要求的提高，还表现为围绕劳动所展开的生产、分配、交换、消费链条较之以往社会更为复杂。当今社会是一个分工日益精细的时代，劳动的高度社会化带来了劳动关系的复杂化，这就使得怎么帮助学生认识这个复杂的劳动关系世界成为当下劳动教育需要高度关注的重要内容。比如，如何看待当代社会的劳资关系，如何看待除劳动之外的其他生产要素在社会分配中的地位，如何看待社会财富的创造和分配的关系，如何看待生产的公有制和私有制的关系，等等。这些是当下真实劳动世界的有机组成部分，同样也应该成为新时期劳动教育需要回应的新内容。这就要求新时期的劳动教育不能仅仅围绕生产这一劳动环节进行，而应把分配、交换、消费等环节的劳动囊括进去，才能深化学生对劳动的认识。

此外，新时期劳动教育对劳动的思想性、价值性的强调实际上也表明了劳动教育不仅仅是一种具体的教育实践，更是一种教育文化的变革。也就是说，劳动教育的深入推进，仅靠单一的劳动教育课程实践是难以完成的。如果新时期的劳动教育不能与学校其他教育相结合，不能形成一种尊重劳动、崇尚劳动的教育文化氛围，那么，劳动教育的综合育人效果将会大打折扣。因此，不能将劳动教育仅仅理解为简单的认知性学习（“进课堂”）和校外实践，还应当关注劳动教育在各学科的间接教育、隐性课程等教育形式，特别注意综合课程、实践性学习、社会服务、终身学习、智慧学习等教育理念的落实。[①]尤其是要用现代劳动的价值和精神来重塑学校的育人文化，这样劳动教育的落地才有深厚的教育土壤。

三、新时期劳动教育要处理好与德智体美劳各育之间的关系

从“德智体美”到“德智体美劳”是党的教育理论的重大创新，也是党的教育方针的丰富发展。将劳动教育与德智体美四育一起纳入党的教育方针，强调了劳动教育不仅是实现教育培养目标的基本途径，而且其本身就是教育内容的重要构成，与德智体美一起成为全面培养教育体系的有机组成。[②]

总体而言，劳动教育既具有以劳树德、以劳增智、以劳健体、以劳育美的综合育人功能，其本身也有着独特的教育价值。就前者而言，劳动教育更多地体现为一种基于劳动基础之上的德智体美各育的综合发展，这实际上强调的是方法意义上的劳动教育，可以看成是广义的劳动教育。也就是说，不管是德育、智育、体育还是美育，都必须与生产劳动相结合。此时的劳动教育毫无疑问指向的是对整个教育的实践途径方面的具体要求。

但劳动教育之所以为劳动教育，更主要的还是因为其所承担的育人目标的特殊性。实际上，各育之所以能够独立，就在于彼此所追求的价值目标的特殊性。有学者认为，体育追求“健”，智育追求“真”，德育追求“善”，美育追求“美”，劳动教育则追求“富”。[③]

---

① 檀传宝．开展劳动教育必须解决好的三大理论问题[J]．人民教育，2019（17）：34-35.

② 李丹．从“德智体美”到“德智体美劳”：加强高校劳动教育的逻辑审视[J]．中国职业技术教育，2019（33）：56-62.

③ 柳夕浪．全面准确地把握劳动教育内涵[J]．教育研究与实验，2019（4）：9-13.

正是各自不同的目标追求，构成了彼此独立存在的根本依据。那么，对于劳动教育而言，其独特的育人目标是什么呢？从中央、国务院以及教育部有关劳动教育的文件可以明显看出，劳动教育的根本任务就在于学生马克思主义劳动观、劳动精神、基本劳动能力和习惯的培养。这一任务是其他各育难以独立完成的。

这实际上是要求我们在开展劳动教育的时候，必须在观念上明确开展的是何种意义上的劳动教育。当前很多学校所推进的劳动教育，更多的是方法或广义层面的劳动教育，即通过劳动这一载体在德智体美四育中的主动应用，来落实劳动教育。这种劳动教育实践从教育的价值而言，显然是有意义的，它对于改变过去德智体美各育过于静态、知识化的教育教学形式，提高它们与现实生活的内在联系，从而增强教育的生活化和实效性，毫无疑问是具有非常重要的意义的。但是，如果现实的劳动教育仅仅停留在方法或广义层面的劳动教育上，那么，其所带来的不良后果就在于，劳动教育所要真正实现的育人目标很难得以有效落实。

因此，落实劳动教育，主要重在目标层面的落实而不仅仅是方法层面的改变。唯有如此，才能真正彰显劳动教育的时代内涵和历史使命，也才能把学校劳动教育切实落到实处。

四、新时期劳动教育需要新的理论建构

新时期劳动教育的新内涵、新特征，必然呼唤更加自觉的劳动教育理论体系构建。当前，劳动教育无论是在政策上还是在实践层面，已经有了长足的推进，但总体而言，相关的基础理论研究还较为薄弱。学界对于何为劳动、何为劳动教育、劳动与劳动教育的关系、劳动教育与“教劳结合”的关系以及劳动教育与德智体美四育的关系、大中小学劳动教育的有效衔接和整体推进等基本理论问题尚未取得一致性的认识。这必然会影响劳动教育实践的深入推进。在很大程度上，当前劳动教育实践存在的诸多现实问题，都与相关基础理论研究

的不透彻有着非常密切的关系。

目前的劳动教育研究更关注的是劳动的经济价值、社会价值与政治价值，在很大程度上忽视了劳动本身对于个体的成长意义。这突出表现为当前的劳动教育研究更多的指向外部世界的手段性目的，而忽视了人的自由发展和自我完善这一根本价值在劳动教育研究中的实现。在这种情况下，劳动教育就特别容易异化为政治驯化和为经济建设服务的工具，劳动教育在实践上就只能停留在体能训练或是技能培训的层面，不利于自由、全面发展的人的价值的实现①。此外，当前的研究大多聚焦于劳动教育某一具体问题的研究。这固然有助于深化对该问题的理论认识，但是，如果缺乏从整体层面对劳动教育做体系化的理论建构，那么，这将在很大程度上影响理论内在逻辑一致性的取得和对现实劳动教育总体洞察力的提升。因此，有必要在现有的散点式具体研究、专题研究的基础上，根据新的社会状况，开展劳动教育理论体系的建构研究。

总体上，对劳动教育的理论体系建构而言，主要涉及的核心议题包括：劳动教育的内涵界定、劳动教育的价值、劳动教育的目的、劳动教育的内容、劳动教育的社会支持等。其中，劳动教育的内涵界定是整个劳动教育理论体系得以构建的基本前提，劳动教育的价值和目的主要关涉劳动教育理论体系中的方向性问题，劳动教育的内容是劳动教育体系中的实践性问题，而劳动教育的社会支持主要指的是劳动教育和整个社会系统之间的关系问题。当然，劳动教育的理论体系所涉及的问题远不止以上所列的这几大议题，但以上这些问题可以说是劳动教育理论体系构建中的重要方面。本书对于劳动教育理论体系的建构，主要就是围绕这几大议题展开论述。

---

① 徐海娇. 劳动教育的价值危机及其出路探析[J]. 国家教育行政学院学报，2018（10）：22-28.

第一章

劳动教育概念的时代定义

当前，劳动教育中存在的诸多现实问题，都与对劳动教育概念理解的偏颇有着非常密切的关系。可以说，具有什么样的劳动教育观念，就会导向什么样的劳动教育实践。因此，准确定义劳动教育概念是整个劳动教育理论体系得以构建的基本前提。

第一节
如何定义当代劳动

劳动是一个大家都非常熟悉的日常词汇。但是，要想给劳动下一个明确的概念，却是不容易的。而且，正因为劳动这个概念过于日常，所以每个人都可以对其进行经验化的个体解读。目前，在劳动教育研究中，学者们都同意既不能对劳动概念进行泛化理解，也不能窄化劳动的定义。但是，劳动这一概念在多大程度上属于泛化理解，在多大程度上又属于窄化定义，并没有很好的理论澄清。这样一种认识上的模糊，必然会损害对劳动，以及劳动教育概念清晰度的认识。因此，需要对劳动这一概念作必要的理论澄清。

一、劳动的词源学分析

“劳动”一词在中文语境中最初见于《庄子·让王》“春耕种，形足以劳动；秋收敛，身足以休食”句中，作“活动、劳作”之义，亦见于《三国志·魏书·华佗》“人体欲得劳动，但不当使极尔”句中。从使用环境来看，这里的“劳动”主要指体力劳动。另外，“劳动”还有侵扰、偏劳等意思，如白居易《初到江州》中所写的“遥见朱轮来出廓，相迎劳动使君公”。

清代陈昌治刻本《说文解字》中对“劳”的解释是：勞，劇也。从力，熒省。熒，火烧冂，用力者勞。从这个解释可以看出，“劳”是与力量的使用相关的一个概念，主要指体力上的付出。而“动”在《说文解字》中则被解释为：動，作也。从力重聲。古文動从辵。由此可见，“动”更多强调的是身负重物的行走。从《说文解字》来看，不管是“劳”还是“动”，二者指向的都是人的一种负重用力状态。

通过考证，“劳动”与“labor”之间的概念发生联系与日本有关。日本在古代和中世纪多师法中国，其文字也是以汉字为雏形，但自近代逐渐开始学习西方文化。“劳动”一词也在这期间通过借用中国古典词对译西方概念，与“labor”一词相关联。新文化运动和五四运动时，一些译者和留学生将日文中的“劳动”这一被赋予新意的中国古词直接用于汉语当中，并为现代汉语所吸纳。在《现代汉语词典（第7版）》中，“劳动”一词指“人类创造物质或精神财富的活动”，也在某些语境下有“专指体力劳动”的意思。

在Merriam-Webster词典中，labor作为名词最核心的意涵主要包括三个方面：1.身体或精神上的努力（physical or mental effort）；2.获取工资的工作（work for which someone is paid）；3.工人组织（workers considered as a group）。而labor作为动词，则特指个体在运用自我身体或精神的力量时伴随着痛苦或艰苦的努力（to exert one’s powers of body or mind especially with painful or strenuous effort）。不管是名词还是动词，labor在英语世界中都主要指向的是两个基本内涵：工作与辛苦。这一点在英国文化研究学者雷蒙·威廉斯的《关键词：文化与社会的词汇》一书中，也有着明显的表达。该书对labor作了词源学上的梳理，认为labor作为名词，主要指的是“开始工作（labor）……不辞辛苦（toure）”与劳动（labor）和悲痛（soru）。在动词上，labor则主要指犁地或在土地上耕作，也可延伸至其他任何需要费力的工作上。[①]后来，labor一词又被引申到了“分娩的阵痛”等方面的意涵。不管作了何种延伸，labor一词都是与费力、辛劳等意思紧密结合在一起的。

---

① 雷蒙·威廉斯．关键词：文化与社会的词汇[M]．刘建基，译．北京：生活·读书·新知三联书店，2005：256.

从德文看，劳动源于arbeit一词，其词根为Arb，具有继承、隶属、奴仆的意味。因此，arbeit在德文中一般指涉的是奴仆的劳役。从路德（Luther）起，这一词被赋予了新的内涵，变成辛勤努力的意味。随后，康德（Kant）等人将这一词语用于精神层面的工作。由此演化出头脑的劳作（kopfarbeit）、书籍上的劳作（bucherarbeit）、学者的劳作（gelehrte arbeit）和精神的劳作（geistige arbeit）等不同的劳动形态。[①]对于arbeit一词的翻译，向来有多种不同的译法，主要有劳动、作业、勤劳、劳作等。有学者认为，将其翻译为劳作更合适，其理由是"劳动过于实际化，作业或勤劳又缺乏创作、创造的意味，作为也不十分妥善，比较适宜的惟有劳作二字。劳是勤劳之劳，作非作业之作，而是创作之作，此译语不但含有道德性且更含有创造的意义"。[②]

从以上论述可以看出，不管是在中国还是西方的语境当中，劳动一词从其最初意涵而言，都意味着劳动是对个体力量（尤其是体力）的一种消耗，这种消耗过程伴随着个体的诸多努力和艰辛。

二、马克思的劳动概念

劳动是马克思学说当中一个非常重要的分析概念。有学者认为，劳动这一概念在马克思那里，才真正获得了本体论意义的确认并获得其存在的独立性。[③]马克思一方面看到了劳动就其本质而言对于人的存在以及人的类本质的实现所具有的积极意义，另一方面也深刻地揭示了在资本主义制度下劳动的异化对人的压迫性。

（一）劳动与人的类本质的实现

马克思作为"现代最为伟大的劳动理论家"，在继承整个西方思

---

① 李化方．欧美劳作教育思想史[M]．郑州：河南人民出版社，2016：1-2.

② 李化方．欧美劳作教育思想史[M]．郑州：河南人民出版社，2016：2.

③ 付长珍，王成峰．从生产自身到发展自身——西方劳动观念的变迁及其启示[J]．上海师范大学学报（哲学社会科学版），2016（1）：130-143.

想传统的基础上，提出“劳动作为人的自由自觉的类生命活动”这一存在论的基本判断。这一判断被阿伦特称为“对劳动的最高赞美”：“马克思看似大逆不道的观点——劳动（而非上帝）创造了人，或劳动（而非理性）使人区别于其他动物，是整个现代都一致同意的某种观点的最连贯和最激进的表述。”①马克思将劳动作为人的内在本质加以肯定与赞美，也提供了我们理解“劳动”的存在论基础。

在马克思看来，劳动是实现环境的改变与人之自我改造的中介性活动。“劳动首先是人和自然之间的过程，是人以自身活动来中介、调整和控制人和自然之间的物质交换的过程。”②正是在劳动中，人通过对环境的改造获得赖以生存的物质生活条件。“第一个历史活动就是生产满足这些需要的资料，即生产物质生活本身，而且，这是人们从几千年前直到今天单是为了维持生活就必须每日每时从事的历史活动，是一切历史的基本条件。”③可以说，人从事劳动的“第一需要”在于满足自身生存与发展的需要，劳动首要的意义与价值也在于满足人们的生存需要，是人创造、表征、确证自身存在本质的生命活动。

虽然劳动的第一性是维生之必需，即“服从那普遍的自然规律，即：为了吃饭，必须劳动”④，但在马克思看来，劳动受制于生存性目的并非意味着劳动是强制的、必然的。“诚然，劳动尺度本身在这里是由外面提供的，是由必须达到的目的和为达到这个目的而必须由劳动来克服的那些障碍所提供的。但克服这种障碍本身，就是自由的实现，而且进一步说，外在目的失掉了单纯外在自然必然性的外观，

① 阿伦特．人的境况[M]．王寅丽，译．上海：上海人民出版社，2009：64.

② 马克思，恩格斯．马克思恩格斯文集（第五卷）[M]．中共中央马克思恩格斯列宁斯大林著作编译局，编译．北京：人民出版社，2009：207-208.

③ 马克思，恩格斯．马克思恩格斯文集（第一卷）[M]．中共中央马克思恩格斯列宁斯大林著作编译局，编译．北京：人民出版社，2009：531.

④ 马克思，恩格斯．马克思恩格斯全集（第二十一卷）[M]．中共中央马克思恩格斯列宁斯大林著作编译局，编译．北京：人民出版社，2003：269.

被看作个人自己提出的目的，因而被看作自我实现。”[①]可以说，正是在严肃的劳动之中，人成为“自在自为的存在者”[②]，通达自由王国。在此意义上，劳动使人确证其自由自觉的“类本质”。在劳动中人获得其能动性，使自身之存在彻底与动物性生存揖别。“一个种的全部特性、种的类特性就在于生命活动的性质，而人的类特性恰恰就是自由的自觉的活动。”[③]

劳动在创造物质文化产品的同时创造出以这些产品为载体的人与人的社会关系。在马克思看来，人的劳动是在社会中展开的，是一项社会性的活动。当人以劳动进行物质资料交换、维持生存，通过劳动将自我本质力量外化为物质产品的同时，也在劳动中形成个体与他者的关系——社会关系。在劳动中，“我直接证实和实现了我的真正的本质，即我的人的本质，我的社会的本质”[④]。不是从单个的、抽象的个人出发，而是从现实的关系出发理解劳动，这也构成了马克思理解劳动的重要视角。

从马克思关于劳动的分析可以看出，劳动一方面作为人得以存在的基本物质前提，另一方面则又确保人获得其不同于其他动物的类的规定性。

（二）资本主义私有制与劳动的异化

虽然马克思高度肯定劳动的价值和意义，但是，他也清晰地看到了在资本主义私有制条件下的雇佣劳动所导致的异化劳动问题。在马克思看来，资本主义私有制的存在，导致了本应体现人主体力量和类

---

① 马克思，恩格斯．马克思恩格斯文集（第八卷）[M]．中共中央马克思恩格斯列宁斯大林著作编译局，编译．北京：人民出版社，2009：174.

② 马克思．1844年经济学哲学手稿[M]．北京：人民出版社，2000：85.

③ 马克思，恩格斯．马克思恩格斯全集（第四十二卷）[M]．中共中央马克思恩格斯列宁斯大林著作编译局，编译．北京：人民出版社，1979：96.

④ 马克思，恩格斯．马克思恩格斯全集（第四十二卷）[M]．中共中央马克思恩格斯列宁斯大林著作编译局，编译．北京：人民出版社，1979：37.

本质特征的劳动，变成了异己的压迫力量。这样一种劳动本质上是一种异化的劳动，它“使人自己的身体，以及在他之外的自然界，他的精神本质，他的人的本质同人相异化”[①]，从而也导致了劳动者自身的异化。

首先，劳动者与其劳动产品的异化。在资本主义私有制下，劳动者所创造的价值并不属于他自身，而是属于资本家。因而，在这种制度背景下，“劳动越有力量，工人越无力；劳动越机巧，工人越愚笨，越成为自然界的奴隶”。[②]由于劳动成果不属于劳动者，因此这种劳动也就从根本上剥夺了劳动者从劳动中获得价值感和意义感的可能。

其次，劳动者与其劳动过程相异化。劳动者是作为被购买的劳动力而参与资本主义生产的。如何使用和消费这种作为商品而存在的劳动力，主要取决于商品的购买者——资本家。因此，劳动者从根本上而言无权参与其所从事的整个劳动过程。这样的劳动对于劳动者而言，“不是肯定自己，而是否定自己，不是感到幸福，而是感到不幸，不是自由地发挥自己的体力和智力，而是使自己的肉体受折磨、精神遭摧残”。[③]因而，劳动者在面对这个不属于他的劳动时，更多感到的是一种痛苦和不幸，只有逃离劳动，才能觉得自在和舒畅。

再次，劳动者与其类本质的异化。人的类本质是人作为人区别于其他物种的最根本的本质属性。在马克思看来，“人的类特性恰恰就是自由自觉的活动”。私有制下的劳动，是一种被压迫、被剥削的异己的劳动。这种劳动下的个体更像是被驱使的物，而不是活生生的具有独立自主意志的个体。“异化劳动把自我活动、自由活动贬低为手

① 马克思，恩格斯．马克思恩格斯全集（第四十二卷）[M]．中共中央马克思恩格斯列宁斯大林著作编译局，编译．北京：人民出版社，1979：97.

② 马克思，恩格斯．马克思恩格斯选集（第一卷）[M]．中共中央马克思恩格斯列宁斯大林著作编译局，编译．北京：人民出版社，2012：53.

③ 马克思，恩格斯．马克思恩格斯选集（第一卷）[M]．中共中央马克思恩格斯列宁斯大林著作编译局，编译．北京：人民出版社，2012：53.

段，也就是把人的类生活变成维持人的肉体生存的手段。”[①]这样一种劳动明显与人的类本质不符。

最后，劳动者与其自身和他人关系的异化。异化劳动造成的最终后果是劳动者个人的异化。这种异化对内表现为，他失去了作为劳动者的主体地位，降格为一种物的存在。对外则表现为劳动者同他人的对立。他不仅生产出一种“作为异己的、敌对力量的生产对象和生产行为的关系”，生产出一种“他人对他的生产和他的产品的关系”，而且还生产出“他对这些他人的关系”。[②]由于劳动者已经异化于他所从事的劳动，因而，必然也会带来他与整个周遭世界关系的异化。

马克思关于异化劳动的论述，对于我们更好地理解劳动的现实性，有着非常重要的方法论意义。也就是说，从马克思关于劳动的分析中，我们一方面需要把握其关于劳动的本质的论述，另一方面也要注意区分劳动的现实性与劳动本质之间可能存在的诸多落差，不能够用现实的“异化”劳动现象来否定劳动之于人、之于社会、之于历史的积极意义。

三、劳动的概念辨析

劳动概念之所以难以定义，非常重要的原因就在于，劳动与诸如实践、生产、工作等日常概念密切相关。以至于很多时候人们在运用这些概念的时候并未做过多的区分。这势必会影响对劳动内涵的准确把握。

汉娜·阿伦特将作为人类整体生活形式的“实践”区分为三种基本形态，分别是：关于“生理”的劳动（labor）、关于“事理”的制作（work，fabricate；在阿伦特的用语中，“work”与“fabricate”交

① 马克思，恩格斯．马克思恩格斯全集（第四十二卷）[M]．中共中央马克思恩格斯列宁斯大林著作编译局，编译．北京：人民出版社，1979：97.

② 马克思，恩格斯．马克思恩格斯选集（第一卷）[M].中共中央马克思恩格斯列宁斯大林著作编译局，编译．北京：人民出版社，2012：59-60.

互使用，其实质便是亚里士多德所使用的“poiesis”）、关于“人事”的行动（action，praxis；在阿伦特的用语中，“action”与“praxis”是交互使用的，其核心内涵与亚里士多德的“praxis”基本一致）。这三种基本活动形态，在人的总体性生活之中各占有特殊的位置，也表现出各自特殊的经验与内容。

“劳动”在阿伦特的语境中是以人的生命必然性为条件的人类活动，即人通过对自身的“自然之力”（natural force）的使用为自身创造物质生活资料的活动，“劳动的人之境况是生命本身”。[①]因此，劳动乃是使人能够生存的必然性活动，其特质在于是由人的身体需要所引发的生产运动，是同其他生物有机体一样，基于生命本能的自然规律。“劳动总是在同一个循环上轮回，这个循环是生命有机体的生物过程规定好了的，它的‘辛苦操劳’一直要到这个有机体死亡时才结束。”[②]在阿伦特看来，“制作”活动具有“目的/手段”的基本结构。在制作的过程中，所有的一切皆是为了完成某一特定的目的，而对于“制作”活动本身之意义的判定也就在于有用性或工具性的价值理念。行动可以简易地理解为政治活动，但又不是一般意识形态意义上的政治。“行动”不为行动之外的任何目的，其仅仅是行动实践自身之体现。套用亚里士多德的语词，“行动”即“埃奴季亚”（ἐνέργεια，energeia），而非“隐德来希”（entelechia），即活动之体现或实现活动本身，或者说是一种此在之“显现”（manifestation）。“只要行动持续着，它们就展现在世上，行动停止了，它们也就不存在了……自由既不在行动之前，也不在行动之后，因为成为自由的和去行动是一回事。”[③]

“劳动”“制作”与“行动”三种形式的活动虽然以独特的形式共

① 汉娜·阿伦特．人的境况[M]．王寅丽，译．上海：上海人民出版社，2013（4）：1.

② 汉娜·阿伦特．人的境况[M]．王寅丽，译．上海：上海人民出版社，2013（4）：72.

③ Hannah Arendt. Between Past and Future: Eight Exercises in Political Thought[M]. New York: Viking Press,1968: 152.

同构成了总体性的“实践”本身，但也表现出具体的经验内容。而在三种形式的活动中，“行动”虽然以“劳动”与“制作”为基础，但却超越于二者并表现出鲜明的自我显现之本性。如果一定要对三者进行层次上的划分，劳动—制作—行动三者处于金字塔结构。

有学者根据柏拉图的两分法和亚里士多德的种加属差法，将劳动的定义作了如下的逻辑推断[①]：

定义1：劳动是人类的一种特有的活动，是人类区别于动物的特有的存在方式。

定义2：劳动是一种运用体力、智力、知识和工具实际地改变外部世界和周围环境的对象性活动，是主观见之于客观的实践活动。

定义3：劳动是一种运用体力、智力、知识和工具实际地改变自然界并生产出满足人类需要的物质财富的实践活动，是人类赖以存在和发展的、作为人类生存的永恒基础的物质资料的生产过程，是由人所主导的、有目的有意识地进行的人类与自然界的物质、能力和信息的交换和变换过程。

定义4：劳动是人们以自主或受雇的方式改造自然界并创造物质财富的直接的物质资料生产，是人与自然直接进行物质、能力、信息交换和变换的活动过程。

---

① 王江松．劳动哲学[M]．北京：人民出版社，2012：251-252.

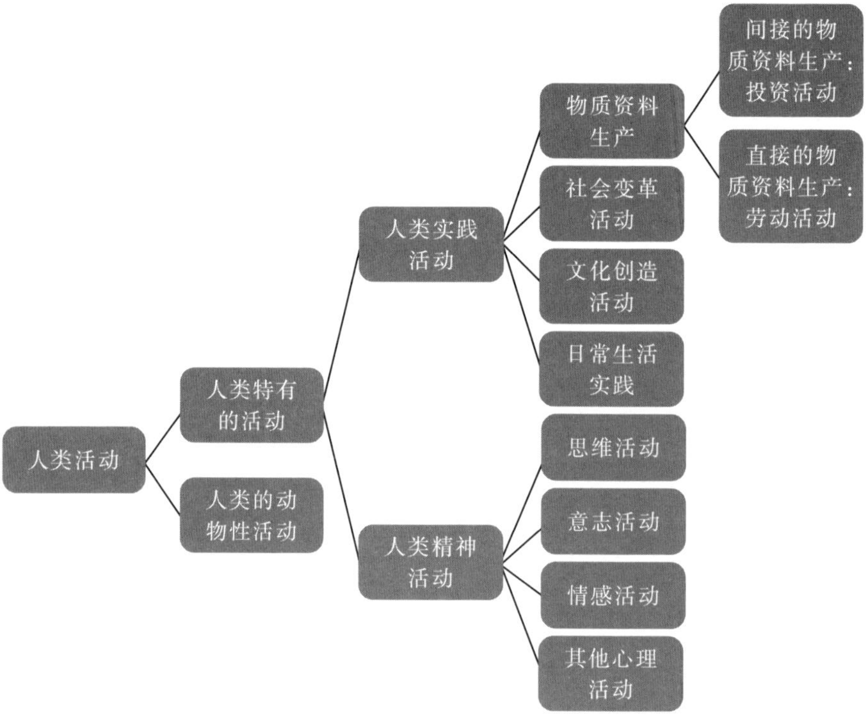

图1　人类活动的基本结构①

从以上分析可以看出，劳动与活动、实践等概念既有着非常密切的关系，但也有着诸多的不同。总体来看，活动毫无疑问是一个包含范围最广的概念，可以说，任何一种形式的运动，都可以称为活动。因而，活动不是一个专属于人的概念，人之外的其他生物同样也存在着不同形式的生命运动，因而也会有其生命活动形式。实践不同于活动之处就在于，它主要指的是个体能动地改造和探索现实世界的一切客观物质的社会性活动，其“主要形式包括改造自然的物质劳动、改进社会关系的社会活动，以及探索世界奥秘的科学探索活动等”②。因此，实践更多的是与理论相对的一个概念，体现的是人的一种主观

① 王江松．劳动哲学[M]．北京：人民出版社，2012：253.

② 檀传宝．劳动教育的概念理解——如何认识劳动教育概念的基本内涵与基本特征[J]．中国教育学刊，2019（2）：82-84.

见之于客观的活动，主要强调的是人的能动性、创造性和社会历史性。也就是说，实践必然是一个对象性的活动。从这个角度看，实践是专属于人的概念。根据对象和目的的不同，人类的实践领域既可以是生产层面的，也可以是文化、社会活动层面的。而劳动主要是属于生产层面的人类实践，它虽然很重要，但也仅是实践的一种形式。

生产与劳动是一对关系更为紧密的概念。在现实中，人们会有生产经营、生产劳动等不同的概念，这些概念存在本身实际上表明了在生产领域中存在着不同的实践形态。生产经营者、投资者虽然不直接参加具体的生产活动，但是他们同样是现代生产不可或缺的组成部分。可以说，现代生产的不断发展，与生产经营者、投资者的加入有着非常密切的关系。因此，生产的参与主体是多元的。但是就生产的具体过程而言，参与主体只能是劳动者。即劳动者实际承担着将劳动工具应用于劳动对象，从而实现价值创造的任务。其他生产参与者在这个过程中更多发挥的是价值转移或价值实现的作用。因此，生产者是一个比劳动者范围更为宽广的概念。

就劳动与工作的概念关系而言，工作是一个比生产、劳动涵盖范围更广的概念。一般而言，工作主要是指在一定的社会分工体系中所从事的职业活动，因此，人类的绝大部分实践活动，除了以消费活动或人本身的生产为主的日常实践活动外，都叫作工作或职业活动。①在《英华大词典》中，工作（work）的名词形式主要指的是：（1）操作、劳动、作业；工件；功课；努力；行为，作用。（2）（待办的）事务，义务；职业。（3）[前有形容词]行为，事业，做法，手腕。（4）针线活，缝补，刺绣；工序，加工制造；工艺品，制造品，制作，产品。（5）著作；（艺术）作品。在动词方面，work则主要指：（1）做活，工作（at，in）。（2）做……活（in）；做针线活；绣花。（3）（器官、机器等）工作，运转；（车轮等）旋转（on）。②由此可

① 王江松．劳动哲学[M]．北京：人民出版社，2012：255.

② 郑易里，曹成．英华大词典[Z]．北京：商务印书馆，1956：1596.

见，“工作是与人存在的非自然相应的活动，相应于人类在地球上建造的人为对象世界”[①]。因此，工作就其外延而言，是一个远大于劳动的概念。

这里需要进一步明晰的是，我们不能把各行各业的社会分工简单等同于劳动分工。虽然最初的社会分工是源于劳动分工，但是，社会分工的进一步发展使得社会的职能分化日益精细，这就使得社会分工的外延越来越宽广，劳动分工变成了社会分工的一部分。也就是说，只要一个人在社会分工体系当中从事一定的职业并获得相应的报酬，他就是在工作。但是，这并不意味着在工作的这个人就一定是在从事生产创造的劳动。[②]

总体而言，劳动最核心的意涵就在于，它是一种人类独有的创造性活动，这种创造性活动主要体现在人将一个自在之物变成为我之物的过程，是一种自然的人化过程。也就是说，人通过劳动，必然创造出自然原本不存在或至少由人加工改良了的东西。没有劳动，自然不能够凭借自身生产出新的事物。[③]人之所以需要劳动实现自然的人化，归根结底就在于，劳动可以满足人生存的第一需要并展示人的自由、自觉的类本质。当然，劳动的具体形态会由于时代的不同而呈现出不一样的形式，但是，劳动作为人的本质力量对象化的实践，作为人的自由、自觉类本质的展示这一核心是所用不同劳动形态背后共通的内涵。因此，我们可以认为，凡是能够体现人的对象化实践的创造性活动，都属于劳动的范畴。

① 赵荣辉．劳动教育及其合理性研究[M]．北京：中央民族大学出版社，2012：8.

② 王江松．劳动哲学[M]．北京：人民出版社，2012：255.

③ 王江松．劳动哲学[M]．北京：人民出版社，2012：275-276.

第二节
劳动与劳动教育的关系①

劳动教育作为全面发展教育的重要组成部分，正受到各级各类学校的高度重视。很多地方和学校也在实践中探索和总结出了诸多推进劳动教育的宝贵经验。然而，不可忽视的是，当前一些地方和学校对于劳动教育的理解还存在不同程度的观念上的偏差，从而不可避免地导致劳动教育实践上的种种问题。其中，最突出的问题就是对劳动与劳动教育的关系认识存在不同程度的误区，从而在实践中将劳动和劳动教育概念简单等同，在很大程度上导致了劳动教育实践中劳动与教育的两张皮问题。因此，有必要在学理上厘清劳动与劳动教育的关系。

一、劳动与劳动教育关系的实践误区

劳动与劳动教育是两类性质不同的人类实践活动。前者主要是对象化的实践，即以直接的物质财富和精神财富的创造为首要目的，而后者则是以学生劳动素养的培养为活动目标。但在实践中，劳动与劳动教育的关系并未得到有效区分，从而不可避免地带来了劳动教育的诸多实践误区。具体表现为在劳动教育形式上，将直接参与劳动代替对劳动的教育性设计；在劳动教育资源建设上，将劳动教育资源与劳动资源简单等同；在劳动教育评价方面，片面用劳动成果来衡量劳动教育的综合育人效果。

---

① 本节主体部分发表于《广西师范大学学报》（哲学社会科学版）2021年第3期。

（一）形式上：将直接参与劳动代替劳动的教育设计

当前，很多学校在开展劳动教育的时候，往往缺乏教育性的设计，用直接的生产劳动来代替劳动教育，在很大程度上造成了劳动教育过程中劳动有余而教育不足的问题。[①]具体表现为：（1）一些学生在观念上将参与劳动视作其逃离学校日常繁重学习生活的一种带有休闲性质的娱乐活动，而不是将其视为一种严肃的教育实践；（2）学生从直接的劳动中所获得的经验和感受不必然就具有正面的教育价值，甚至有可能导致负面的教育效果，比如学生会因为参加各种劳动而更加厌恶劳动。

实际上，劳动和教育遵循着不同的行动逻辑。马克思认为，“劳动首先是人和自然之间的过程，是人以自身的活动来中介、调整和控制人和自然之间的物质交换的过程”[②]。因而，劳动“是创造社会物质财富和文化财富的根源，是人类区别于动物的本质特征，是人类社会赖以生存和发展的基础”[③]。因此，劳动基本上是围绕着特定物质财富和精神财富的生产这一逻辑而展开的。在这个过程中，劳动者在劳动中更多地扮演着劳动力的生产要素作用。生产性而不是教育性是劳动的基本属性。也就是说，人们参与劳动的最终目的，主要是为了生产特定类型的财富，而不是基于自我发展和完善的教育需要。此外，劳动作为人类的一种重要实践形态，虽然蕴含着非常重要的教育因素，但是，这些教育因素如果缺乏自觉的教育设计，就只能是一种潜在的教育力量，其对学生的教育影响必然是自发的而不是自觉的。在这种情况下，如果缺乏必要的教育引导，那么，学生就容易被劳动过程中体力和智力的艰苦付出所引发的生理或心理上的紧张所压迫，

① 武秀霞．“劳动”离教育有多远？——关于劳动教育实践问题的反思[J]．当代教育论坛，2020（3）：114-121.

② 马克思，恩格斯．马克思恩格斯文集（第五卷）[M]．中共中央马克思恩格斯列宁斯大林著作编译局，编译．北京：人民出版社，2009：207-208.

③ 黄济．关于劳动教育的认识和建议[J]．江苏教育学院学报（社会科学版），2004（5）：17-22.

从而对劳动本身产生负面的情感体验，甚至形成错误的劳动观念。

教育归根结底是要致力于学生健全人格的培养和综合素质的提高，其作用的对象是活生生的、具体的人。因而，教育的中心工作是围绕着人的成长和发展而具体展开的，教育应遵循的基本行动逻辑是生长性而不是生产性。“对于学校教育而言，关键的问题就在于如何充分地引导儿童生活敞开，即建构属于儿童的校园美好生活，或者说美好教育生活。”[①]劳动教育作为教育的实践形态之一，也必然是以学生劳动素养的全面提升为其行动目的，同样必须遵循教育的生长性逻辑。这实际上就要求劳动教育不能过于突出学生在劳动过程中的劳动力身份，不能将其视为生产要素，而要将其作为成长和发展中的教育对象，作为需要不断提高自我劳动素养的学习者。因而，学习者而不是生产者是学生在劳动教育中的基本身份定位。

（二）资源上：将劳动教育资源简单等同于劳动资源

劳动教育的有效推进，毫无疑问离不开必要劳动教育资源的支持。在很大程度上，资源问题是当前制约劳动教育顺利开展的关键性问题之一。特别是对一些城区学校而言，相关劳动教育资源的匮乏更是影响其劳动教育有效推进的瓶颈。正是因为如此，很多学校在推进劳动教育方面所做的首要工作就是抓劳动教育资源建设。但在具体实践中，存在的最大问题可能就是误把劳动和劳动教育简单等同，从而在很大程度上导致劳动教育资源的开发变成了劳动资源的开发。

当前，很多学校把劳动教育与“学工学农”简单等同起来。在这种情况下，所谓的劳动教育资源开发基本上就是围绕着工农生产所需要的生产资料而展开。比如，一些学校为了推进劳动教育，就千方百计地把学校可利用的空间都开发成学生可以进行种植活动的场地。对于校园面积相对较大或生均占地面积大的学校来讲，这样一种劳动资源开发相对来讲是比较好实现的，但对于那些生均占地面积相对小的

① 刘铁芳．游戏到审美：教育引领与儿童美好生活建构[J]．教育研究，2018（11）：34-41.

学校来讲，如果以这种思路来开发劳动教育资源，只会把这些学校的劳动教育导向一个难以为继的困难境地。

诚如前文所述，劳动与劳动教育是两类不同的人类实践。人们参加劳动的最终目的，是生产和创造财富。因此，围绕着生产和创造财富这一目的，劳动所追求的资源必然与劳动力的高效率性、劳动工具的先进性、劳动资料（对象）的可及性等因素紧密联系在一起。也就是说，劳动资源的开发基本上是围绕着生产要素而展开的。其关注的资源重点主要是生产要素数量上的完备性和质量上的高效性。

教育资源在很大程度上是学生成长和发展的重要载体，其根本价值是助力提高学生综合素质。可以说，凡是能够对学生的全面发展产生积极正面影响的教育力量，都可以纳入教育资源的范畴予以开发利用。从这个角度看，劳动教育资源就其外延而言，是要远远大于劳动资源的。即一切有助于提高学生劳动素养的教育载体，如劳模故事、反映劳动精神和劳动文化的文学艺术作品等等，虽然不属于生产要素的范畴，但是由于其蕴含着对学生正确劳动观念、劳动精神的教育影响力量，因而都可以纳入劳动教育资源开发的范畴。因此，从劳动教育资源的视角而不是劳动资源的视角去审视学校的劳动教育，将有利于我们开拓思路，全面盘活学校各种显性和隐性、直接和间接的劳动教育资源。

（三）评价上：将劳动成果取代劳动教育效果

劳动教育评价是确保劳动教育有效推进的关键性因素。可以说，有什么样的劳动教育评价导向，就会有什么样的劳动教育实践追求。当前，在劳动教育评价方面，同样也不同程度地存在着把对劳动的评价方式直接迁移到劳动教育的评价的现象。具体表现为：更看重的是学生在特定劳动形态方面的物化产出，却忽视学生在劳动过程中的真实体验；更在意对学生技能性劳动素养的考核，却忽视价值性、精神性劳动品质的评价。这就使得劳动教育评价往往只见物而不见人，只见生产而不见教育。

目的是评价的主要依据。在很大程度上，评价即对目的实现程度的一种考核。由于劳动的目的是物质财富和精神财富的创造，因而，对劳动的评价最终必然要落实到对劳动所创造的物质财富和精神财富的实现程度的评价上。以此为核心，对劳动的评价必然围绕着劳动物化成果的质量以及劳动的效率这两个关键问题而展开。前者是对劳动结果的一种质量性评价，而后者则是对劳动过程相关生产要素协调运转状况的评估。

而教育的最终目的是培养人，人的全面发展是教育的终极目的。因此，对教育的评价在很大程度上是对人的素养的评价。具体到劳动教育而言，其评价的对象应该是学生通过劳动教育在劳动素养方面所发生的变化。这些变化既包括行动性和能力性的，同样也包括观念性和价值性的。能够制作出精美手工作品的学生，如果其没有对劳动的正确认识，缺乏热爱劳动、尊重劳动的品质，那么，其劳动素养未必高。而一个学生虽然在特定的手工制作方面显得手脚笨拙，但是，他却是非常认真地对待其所从事的工作，并在这个过程中不断探索、不断尝试，内心充满了对劳动和劳动人民的热爱，这样的学生我们不能简单用其手工制作的水平来评价其劳动素养。这实际上表明，片面用学生在劳动中所生产出来的产品来评价劳动教育的效果在很大程度上将背离教育评价的初衷。关于这一点，教育部2020年颁布的《大中小学劳动教育指导纲要（试行）》就明确指出，劳动教育要“关注学生劳动过程中的体验和感悟，引导学生感受劳动的艰辛和收获的快乐，增强获得感、成就感、荣誉感”。如果简单套用劳动的评价逻辑来指导劳动教育的评价实践，必然会导致现实的劳动教育更加强化其生产属性，进而不断拔高对学生生产能力的要求，这实际上是不利于劳动教育的健康推进的。

综上所述，目前劳动教育由于在观念上缺乏对劳动与劳动教育关系的正确认识，导致了实践上用劳动代替劳动教育的不良倾向，从而在很大程度上影响了劳动教育育人目标的有效实现。因此，准确理解和把握劳动与劳动教育的关系意义重大。

二、劳动与劳动教育关系的实践形态

理解劳动与劳动教育的关系，重点就在于我们如何理解劳动教育这个概念中劳动与教育的关系。如果将劳动作为修饰语来看，那么劳动教育可以理解为具有劳动性的教育（education of labor），即强调的是教育的劳动属性。如果将劳动作为教育的目标，那么劳动教育则表现为为了劳动的教育（education for labor），即立足于学生劳动素质和劳动者的培养。如果将劳动作为教育的途径，那么劳动教育则是一种通过劳动来进行的教育（education by labor），强调的是劳动的教育功能。这三种关于劳动与教育关系的不同理解，在当前的劳动教育实践中都共同存在。

（一）作为教育属性的劳动与劳动教育

长期以来，人们对教育最大的诟病之一就在于，学校教育更多的是一种以知识学习为主的智力活动，其对于学生动手实践能力的培养存在明显的不足。这一方面导致经由教育所培养的人的素养不能够有效地满足各行各业劳动的具体要求，另一方面也造成学生“四体不勤、五谷不分”的片面发展。而要从根本上解决这一问题，就必须对教育做根本性的改造。改造的重点就是要强化整个教育的实践性或生产性，确保教育与现实的生产实践充分结合起来。这不仅仅是着眼于一般性的教育内容的增减问题，而且是事关教育的社会主义性质的重大问题。2020 年教育部印发的《大中小学劳动教育指导纲要（试行）》就明确强调，劳动教育是新时代党对教育的新要求，是中国特色社会主义教育制度的重要内容。

强调劳动教育之于整个教育制度的重要价值，其最为重要的思想资源就是马克思主义关于“教劳结合”的重要论述。这一论述重点要解决的是教育与生产劳动的关系，目的就是为了克服教育与生产劳动相脱离所造成的人的片面发展问题。在马克思主义经典理论看来，生产劳动与教育相结合“是造就全面发展的人的唯一方法”。[①]“没有年轻一代的教育和生产劳动的结合，未来社会的理想是不能想象的，无论是脱离了生产劳动的教学和教育，或者没有同时进行教学和教育的生产劳动，都不能达到现代技术水平和科学知识现状所要求的高度。”[②]因此，教育与生产劳动相结合不仅有人才培养的目标诉求，更有指向于经由教育改造而实现人的全面发展和社会发展进步的内在使命。在这种情况下，劳动教育中的教育，就不仅仅是某一具体的教育活动类型，而是指向德智体美等诸育在内的整个教育。也就是说，马克思主义所讲的“教劳结合”不是专指一种具体的教育活动类型与劳动的结合，而是所有教育都必须具备的基本属性。实际上，在马克思那里，与生产劳动相结合的教育主要包括“三件事情”：心的教育（mental education）、身的教育（bodily education）和技术学训练（technological education）。[③]这几乎就涵盖了教育的所有方面。因而，以马克思主义“教劳结合”为思想资源所进行的劳动教育实践，实际上是对整个教育社会主义属性的一种价值规定性的整体要求，即教育不能脱离社会生产实践。

这一点在我国的教育方针中表述得更为充分。我国现行的教育方针一开始就强调“教育必须与生产劳动相结合”。这一要求显然是针对德智体美等所有教育活动类型而言的。也就是说，不管是德育、智育、体育还是美育，都存在一个与生产劳动相结合的问题。因此，从“教劳结合”思想来论证劳动教育的必要性，其价值或意义显然就不是专指一种与德智体美并列的具体教育活动——劳动教育，而是指向

① 马克思，恩格斯．马克思恩格斯全集（第二十三卷）[M]．中共中央马克思恩格斯列宁斯大林著作编译局，编译．北京：人民出版社，1972：530.

② 上海师范大学教育系．列宁论教育[M]．北京：人民教育出版社，1979：18.

③ 瞿葆奎．教育基本理论之研究（1978—1995）[M]．福州：福建教育出版社，1998：673-674.

整个教育世界。这实际上表明，“教劳结合”作为我国的教育方针，其重要性毋庸置疑。但是，将其仅视为论证劳动教育这一具体教育活动类型合理性的必要思想资源，则在很大程度上弱化了其对整个教育的意义，并窄化了其实践应用的指导力。

由此可见，“教劳结合”所定义的劳动教育是一种广义的劳动教育，它更多指向的是整个教育必须与生产劳动相结合这样一种实践要求。这里的劳动所指向的是整个教育。也就是说，只要我们的整个教育真正做到了与生产劳动相结合，那么，这个教育就是劳动教育。具体而言，就是具有了劳动属性的教育，而不是脱离生产的纯粹知识的教育。

（二）作为教育目标的劳动与劳动教育

从目标的角度来审视劳动与教育的关系，主要强调的是这样一个社会现实：当前相当一部分学生存在不同程度的不爱劳动、不尊重劳动、不会劳动的问题。面对这样一种现实问题，教育应该有所作为，应该要帮助学生形成热爱劳动、尊重劳动，具备基本劳动能力的品质和素养。这就需要个体要经由教育这样一种实践活动而获得人的某种基本素养——劳动素养。具有劳动素养的人，才能真正做到热爱劳动、尊重劳动和会劳动。这种劳动素养不是现有的德智体美各育所能单独实现的育人目标，因而有必要针对这种素养的培养开展专门的教育实践。这种以专门培养劳动素养为目标的教育实践即目标意义上的劳动教育。

实际上，当我们强调“五育并举”的时候，这里的“五育”基本上都是以各自目标任务的特殊性来相互区分的，即“五育之所以能相对独立、自成一体，归根结底是各自有其价值目标”。[①]比如，德育致力于人的思想品德的提升，智育以人的智力和思维品质为培养方向，体育重在强健人的心智体魄，美育则主要涵养人的审美格调和生

① 柳夕浪. 全面准确地把握劳动教育内涵[J]. 教育研究与实验，2020（4）：9-13.

活情趣。依此逻辑，劳动教育就是培养人的劳动素养的教育。对此，有学者认为，劳动教育“是以促进学生形成劳动价值观（即确立正确的劳动观点、积极的劳动态度，热爱劳动和劳动人民等）和养成劳动素养（有一定劳动知识与技能、形成良好的劳动习惯等）为目的的教育活动”。[①]这一点在中共中央、国务院《关于全面加强新时代大中小学劳动教育的意见》关于劳动教育目标的表述中就得到了充分的说明。在该文件中，劳动教育的目标即被表述为：通过劳动教育，使学生能够理解和形成马克思主义劳动观，牢固树立劳动最光荣、劳动最崇高、劳动最伟大、劳动最美丽的观念；体会劳动创造美好生活，体认劳动不分贵贱，热爱劳动，尊重普通劳动者，培养勤俭、奋斗、创新、奉献的劳动精神；具备满足生存发展需要的基本劳动能力，形成良好劳动习惯。由此可见，马克思主义劳动观、劳动精神、基本劳动能力和良好劳动习惯就构成了劳动教育所要培养的劳动素养的基本内容。而这也就构成劳动教育作为一种独立教育活动类型的合法性的基本依据。

作为目标意义上的劳动教育，不仅致力于人的劳动素养的培养，而且还从根本上规定了具有这种劳动素养的人的基本身份底色——劳动者。劳动者这个身份是相对于剥削者身份而言的，其最核心的特征就在于是社会物质财富和精神财富的创造者。这实际上就是习近平总书记反复强调的“人类是劳动创造的，社会是劳动创造的。劳动没有高低贵贱之分，任何一份职业都很光荣”“无论从事什么劳动，都要干一行、爱一行、钻一行”。[②]致力于这样一种劳动者身份培养的劳动教育因而具有了对抗资本、反对剥削、反对不劳而获的不正义社会制度的内涵在里面。正是因为如此，《关于全面加强新时代大中小学劳动教育的意见》旗帜鲜明地指出了劳动教育直接决定社会主义建设

① 檀传宝．劳动教育的概念理解——如何认识劳动教育概念的基本内涵与基本特征[J]．中国教育学刊，2019（2）：82-84.

② 习近平．在知识分子、劳动模范、青年代表座谈会上的讲话[M]．北京：人民出版社，2016：9.

者和接班人的劳动精神面貌、劳动价值取向和劳动技能水平。

综上所述，目标视角中劳动与劳动教育的关系，更像是一种目的与手段之间的关系。劳动所指向的劳动素养、劳动者相对于教育而言是一种目的性的存在，而劳动教育则是达成此目的的具体教育形态。劳动教育的价值及其存在的合法性因其所要实现的育人目标的特殊性——劳动素养的培养而得以确立。

（三）作为教育载体的劳动与劳动教育

如果从教育载体的角度来看劳动与劳动教育的关系，那么，劳动教育更多指向的是一种以劳动为主要教育途径的教育形态。即凡是通过劳动所进行的教育教学实践，都是载体意义上的劳动教育。这一载体意义上的劳动教育，实际上强调的是劳动的育人价值。

毫无疑问，劳动天然具有教育价值。劳动作为一种主观见之于客观的对象化实践活动，既反映了人改造客观世界的主动意识和能力，也体现了人改造主观世界的内在能动性。此外，以劳动为中介所形成的丰富的社会关系，是人获得自我本质规定性的根本依据。人要获得发展，获得自我存在的价值感和意义感，都离不开劳动这样一种人的本质力量对象化的实践活动。从这个角度而言，劳动对于个人品德、智力、身体和审美的发展，乃至对于作为人的本质的丰富性的提升，都有着非常重要的教育价值和意义。当前很多人在论证劳动教育的重要性的时候，就是从劳动对于德智体美的综合育人价值的角度来进行论述的。比如，有学者认为，“劳动教育具有以劳树德、以劳增智、以劳健体、以劳益美、以劳促创的综合育人功能”。①这样一种认识充分肯定了劳动所具有的非常明显的综合育人功能。

当前的劳动教育实践，很多都是从实现劳动的综合育人功能的角度来设计的。这样一种设计在教育中的主要体现就在于，将劳动作为德智体美等各育的重要实施载体和途径。比如，被教育部确立为中小

① 顾建军，毕文健．刍议新时代劳动教育课程的一体化设计[J]．人民教育，2019（10）：11-17.

学劳动教育示范校的杭州富春第七小学在其“开心农场”所进行的语文、数学、美术教育，就是典型的以劳动为载体所实施的教育①。这样一种将劳动作为教育实施载体的劳动教育，其最大的好处就在于，可以最大程度地实现教育与生产劳动相结合的教育方针要求，为学校劳动教育的全面推进营造良好的劳动文化氛围。

由此可见，作为载体意义的劳动，实际上指向的也是整个教育，即德智体美劳各育都可以根据实际情况选择劳动作为其落实各自具体教育目标的途径。因此，从载体的角度来理解劳动与劳动教育的关系，主要强调的就是劳动的教育价值。在这样一种关系认识中，劳动教育的合法性是奠基在劳动具有育人价值这一基本前提之上的。也就是说，在载体的意义上，劳动只是教育的一种途径，而教育才是劳动存在的目标。只不过这里的教育指向的是整个教育。即凡是个体通过劳动这样一种途径获得了教育，实现了个人综合素质的提升，这样一种教育实践即可称为劳动教育。

三、劳动与劳动教育关系的实践反思

就当前的劳动教育实践研究而言，劳动无论是作为教育的一种属性、目标还是载体，都有其各自存在的合理性。其所要讨论和试图解决的问题，都是当前中国教育需要高度关注的重大现实课题。就教育属性而言，劳动教育事关社会主义教育制度的根本性质问题；就目标来说，劳动教育与我们要培养什么样的人这一教育方向性问题息息相关；就载体来看，劳动教育反映的是怎样培养人的教育变革问题。

基于劳动与劳动教育这三种基本关系来全面推进劳动教育是一种理想状态的教育，但不同的关系基础之上所构建起来的劳动教育所要承担的具体任务是不一样的，与此同时，它们各自实践的教育机理也存在很大的不同。作为教育属性的劳动教育，更多的是要从学理上论

① 章振乐．劳动教育的时代转型——以富春七小新劳动教育探索为例[J]．人民教育，2019（22）：58-61.

证其与封建社会、资本主义社会教育制度的不同，追求社会主义教育制度与现代生产和社会发展趋势的内在一致性，从而凸显社会主义教育制度的优越性和时代活力。作为目标的劳动教育，则是聚焦在对人的素养，重点是劳动素养的深入分析，从而为教育提供人才培养的基本规格和方向。这就需要深入研究人的素养结构。对于载体意义上的劳动教育，更多指向的是一种教育的途径、方式、方法的深刻变革。因而需要从教育路径的改进上下功夫。对于实践而言，以上这三种不同的劳动教育要想完全兼顾，是有一定难度的。这就需要我们回归劳动教育最基本的层面来思考何种意义上的劳动与劳动教育关系更有利于实践的开展。总体而言，我们可以从教育活动的命名逻辑、教育政策的价值取向以及现实劳动教育实践存在的突出问题等三个方面来进行讨论。

（一）从教育活动的命名逻辑来思考劳动与劳动教育的关系

毫无疑问，劳动教育是对某一教育活动类型的命名。从现有的教育活动命名方式来看，一个具有共识性的认识是：从活动所要解决的问题的特殊性来对其进行命名。德育、智育、体育、美育的命名方式是依循这样的逻辑进行的，劳动教育的命名方式也应当遵循此逻辑进行。那么，劳动教育这一实践活动所要解决的特殊问题是什么呢？教育属性的问题是所有教育活动都要解决的问题，而教育载体的变革指向的也是整个教育。从教育属性和载体的角度来给劳动教育命名，并不具有解决问题的特殊性的性质。也就是说，教育应该具有劳动属性和劳动应该具有育人价值是就整个教育而言的，它并不能够专属于某种具体的教育活动。如果从这两个角度来定义劳动教育，就会使得劳动教育这个概念过于宽泛而失去了其存在的特殊价值。

因此，这就需要我们回到劳动教育所要解决的问题的特殊性的角度来思考劳动教育的具体所指。实际上，德智体美四育所要解决的问题的特殊性是与其各自的育人目标的独特性紧密结合在一起的。德育之所以为德育，就是因为其要培养的是人的思想品德；智育之所以为智育，也是因为其专注于人的智力和思维品质的培养。因此，作为“五育并举”之一的劳动教育之所以有别于德智体美四育，显然也不是因为其教育载体的特殊性，而是因为其所要培养的劳动素养是其他四育所不专注于此的。

从教育活动的命名逻辑可以明显看出，一项教育活动区别于其他项教育活动的最主要特征就在于其所要实现的目标的特殊性。基于此，从目标的角度来思考劳动与劳动教育的关系，更能够体现劳动教育的独特育人价值。

（二）从教育政策价值取向来定义劳动与劳动教育的关系

教育政策主要反映的是党和国家对教育活动的价值期待和实践要求，是指导教育实践的纲领性文件。因此，关于劳动与劳动教育关系的理解，必须在相关教育政策的价值框架下进行解读。

从当前有关劳动教育的政策文本来看，其基本的价值取向主要还是从目标层面来定义劳动教育。比如，教育部所颁布的《大中小学劳动教育指导纲要（试行）》就非常强调通过学科专业渗透的方式来开展劳动教育，要求“中小学道德与法治（思想政治）、语文、历史、艺术等学科要有重点地纳入劳动创造人本身、劳动创造历史、劳动创造世界、劳动不分贵贱等马克思主义劳动观，纳入歌颂劳模、歌颂普通劳动者的选文选材，纳入阐释勤劳、节俭、艰苦奋斗等中华民族优良传统的内容，加强对学生辛勤劳动、诚实劳动、合法劳动等方面的教育。数学、科学、地理、技术、体育与健康等学科要注重培养学生劳动的科学态度、规范意识、效率观念和创新精神”。如果从载体的角度来理解劳动教育，那么，学科专业显然并不属于劳动的范畴。然而，它们同样被纳入劳动教育实施的政策框架之中，成为学校劳动教育的有机组成部分，这只能是从劳动教育目标的角度才能予以有效说明。即这些学科专业虽然并不是劳动，但它们却可以实现劳动教育培养劳动素养、培养劳动者的育人目标，因而也属于劳动教育的范畴。

这一点同样在中共中央、国务院《关于全面加强新时代大中小学劳动教育的意见》中有明显的体现。它主要针对的就是“近年来一些青少年中出现了不珍惜劳动成果、不想劳动、不会劳动的现象”而提出为什么要加强新时代的劳动教育。其中的这一表述明确指向了学生的劳动素养培养问题，即劳动教育要“把准劳动教育价值取向，引导学生树立正确的劳动观，崇尚劳动、尊重劳动，增强对劳动人民的感情，报效国家，奉献社会”。

由此可见，从当前最为重要的两个劳动教育政策文本来看，其对劳动教育的强调基本上都是围绕如何更好地提高学生的劳动素养这一教育目标而展开的。

（三）从劳动教育实践问题解决的角度来厘定劳动与劳动教育的关系

当前劳动教育实践中不同程度地存在着劳动和教育的两张皮问题，典型表现就是“有劳动无教育”。造成这一问题的原因是多方面的，但从思想认识的角度看，人们对于劳动和劳动教育的关系把握不准是重要因素。

实际上，劳动和教育在劳动教育实践中的两张皮问题，在很大程度上根源于人们对马克思主义“教劳结合”思想的实践误用。在经典马克思主义者的观念中，教育与生产劳动相结合的是以教育和生产劳动彼此作为两种独立的实践活动为前提的。只有二者彼此独立，才有所谓的结合问题。[①]但现实的劳动教育实践往往忽视了这一前提条件，把教育与劳动的结合问题理解为用劳动来取代教育的问题。这在很大程度上就造成了劳动对教育的僭越，从而不可避免地导致“有劳动无教育”这一问题的出现。这主要是因为，劳动具有育人价值不等于劳动天然就是教育。诚如前文所述，劳动与教育是两种性质不同的人类实践活动。劳动自身所具有的育人价值是一种可能性的存在。并

① 成有信．论教育与生产劳动相结合的实质[J]．中国社会科学，1982（1）：163-176.

不是说一个人劳动越多，他的劳动素养就一定越高。如果个体在劳动中并未得到有效的教育引导，那么，劳动所要求的人的体力和智力的付出极有可能会引发人的不舒适感，进而导致个体对劳动的厌倦和逃离。这是有悖于劳动教育的初衷的。

此外，如果从载体的角度来定义劳动教育，则容易将作为手段和途径的劳动的教育作用片面拔高，从而出现手段僭越目的的问题。实际上，强调劳动作为教育手段的重要性，归根结底是要重构教育与生活、生产实践的关系，最终重构培养人的教育体系。因此，劳动之于教育的重要性不能从手段和途径的角度予以说明，而只能从人的成长和全面发展这一角度才能得到有效论证。现在的劳动教育在很大程度上过于迷恋作为教育载体的劳动，片面强调让学生参加各种形式的劳动，却忽视了学生在劳动中的素养发展这一更为关键的教育问题。“这种把教育手段与教育目标混为一谈，甚至颠倒过来，为结合而结合的指导思想，曾经使我们的教育工作走了一些弯路。若不纠正，今后还将会出现类似的情况。”[①]实际上，劳动教育不等于职业教育，其教育的目标不是指向某一专门劳动专业能力的培养，而是指向于所有学生都必须具备的劳动素养的习得。过于强调劳动本身而遗忘了劳动应承载的教育目标，一方面会导致劳动和教育的简单对立，另一方面则容易造成劳动教育的技能化和职业化。这一切都不利于劳动教育的有效落实。

目标是行动的先导，是指导实践的行动指南。包括劳动教育在内的整个教育，都应该在目标的引领下开展具体实践。因此，在理解和把握劳动与劳动教育关系的时候，应遵循目标性原则。即需要从劳动教育所要实现的目标特殊性的角度，来把握劳动与劳动教育的关系，这样才能从根本上保证劳动教育育人方向的正确性和科学性。虽然《关于全面加强新时代大中小学劳动教育的意见》强调要“有目的、有计划地组织学生参加日常生活劳动、生产劳动和服务性劳动，让学

① 陆正林. 实践唯物主义视野中的教劳结合理论[D]. 苏州大学，2007：37.

生动手实践、出力流汗”，但是，随后《关于全面加强新时代大中小学劳动教育的意见》立即明确了让学生动手实践、出力流汗的目的是要让学生“接受锻炼、磨炼意志，培养学生正确劳动价值观和良好劳动品质”。正是后者的存在赋予了前者存在的合法性。也就是说，没有学生在劳动教育中正确劳动价值观和良好劳动品质的形成，动手实践、出力流汗这一劳动载体将失去其教育上的意义。

从目标的角度去思考作为劳动教育载体的劳动，将有利于我们对劳动育人价值的正面挖掘，也有利于我们对劳动教育载体多样性的认识。从实现劳动教育目标的角度看，其他非劳动形态的教育资源，如诗歌、故事等同样具有涵养学生劳动素养的教育功能。关于这一点前文已有论述，在此不再赘述。

综上所述，不管是从教育活动的命名逻辑、教育政策文本的价值取向还是劳动教育实践的问题解决来看，从目标的角度来理解劳动和劳动教育的关系，更能够凸显劳动教育存在的特殊性，也能够使我们更好把握劳动教育的内涵。这对于劳动教育实践而言，最大的意义就在于，能够引导学校将劳动教育工作的重心从对劳动的关注聚焦到育人目标的实现上来，从而真正确保劳动教育的有效落实。

第三节
与劳动教育相关的几个概念

为了对劳动教育有更为准确的理解，需要进一步辨析与劳动教育相关的其他教育概念，如生涯教育、职业教育、综合实践活动之间的关系。

一、劳动教育与生涯教育

劳动教育与生涯教育毫无疑问都要培养学生特定的劳动观念和劳动能力，但是，二者在理论渊源、培养目标、教育内容和途径等方面还是存在很大的不同。

（一）理论渊源不同

劳动教育与生涯教育有着完全不同的理论渊源。总体来讲，我国劳动教育主要是建立在马克思主义的劳动观和教育与生产劳动关系的学说基础之上的。而生涯教育的理论渊源显然不同于劳动教育。

生涯教育源于20世纪后期的美国。最早由当时的美国联邦教育署署长马尔兰得（Marland）正式提出。纵观已有文献，学者们关于生涯教育的理论来源没有统一的意见。尤敬党认为生涯发展，是源于哈维赫斯特（Havighurst）提出的发展任务理论。这一理论认为生涯发展是个体在其特定年龄阶段所应完成的任务。它是“一个持续不断的过程，其发展的时间、广度、深度诸要素将与自我生涯设计紧密相联”。[①]池忠军[②]、刘辉[③]等人则认为，帕森斯的人职匹配论是生涯教育的理论基础。“他预想通过心理测验来评定个人的心理特征，创建‘职业辅导的三大原则’：对工作性质和环境的了解；对自我爱好和能力的认识以及他们两者之间的协调与匹配。”[④]帕森斯的人职匹配理论为各国中小学开展教育活动提供了理论支持。此外，孟可可在其文章中认为对生涯教育的产生有重大影响的是金斯伯格（Ginzberg，1951）和舒伯（Super，1957）的生涯发展理论。[⑤]“在美国是海尔（Herr，1969）最早提出了生涯教育的概念，并把生涯发展的理论应用于教育领域：生涯教育是围绕生涯发展而进行的所有正规教育。”[⑥]不同的国家都在之后开始逐渐重视生涯教育，并在理论的指导下实施生涯教育。如，上世纪70年代在美国兴起了一场生涯教育的运动。

由此可见，劳动教育与生涯教育遵循的是不同的理论脉络。劳动教育的理论发展基本上是沿袭马克思主义的劳动观以及教育与生产劳动相结合的学说脉络而展开的；而生涯教育的理论基础虽然说法不一，但大多都是与生涯发展、职业发展相关的理论在教育层面的应用。

（二）目的侧重点不同

虽然劳动教育和生涯教育的目的都落脚于培养适应社会需要的工作者，但其目的的性质和侧重点却有所不同。

一般而言，劳动教育的目的在于“使学生树立正确的劳动观点和

---

① 尤敬党，吴大同．生涯教育论[J]．江苏教育学院学报（社会科学版），2003（1）：12-16.

② 池忠军．生涯辅导的理论渊源与方法辨析[J]．中国矿业大学学报（社会科学版），2003（1）：91-96.

③ 刘辉．中学生涯教育研究[J]．现代中小学教育，2006（3）：7-9.

④ 刘辉．中学生涯教育研究[J]．现代中小学教育，2006（3）：7-9.

⑤ 孟可可．英国普通中学生涯教育研究[D]．上海师范大学，2015：5.

⑥ 孟可可．英国普通中学生涯教育研究[D]．上海师范大学，2015：5.

劳动态度，热爱劳动和劳动人民，养成劳动习惯”[①]，从而成为一名合格的社会主义劳动者。其目的指向的是对劳动者的劳动能力、劳动情感、态度价值观等方面的培养，始终是围绕一名合格的劳动者必须具备的素质、品质而展开讨论的，这与生涯教育目的的侧重点有很大不同。

对于生涯教育来说，从产生之初，其广义含义就被大多学者认为是指学校所有的教育内容。具有代表性的论述有：（1）马尔兰得提出：“所有的教育都是或都将是生涯教育。我们教育家所应努力的，便是让青少年在中学毕业后，能成为适当有用的受雇者，或继续接受更进一步的深造。”[②]这意味着生涯教育的目的兼顾学生的升学和就业，是为着学生的终身发展、生涯发展考虑的。（2）美国职业教育学会（American Vocational Association）在其1972年所推广的教育工作报告书中提出：“生涯教育是针对所有国民，从孩提时代至成年的整个教育过程。它能使学生对学习的目的有清楚的认识，并对将来所要从事的工作具有热忱，这是整个教育事业的重心与目标。”[③]（3）赫依特认为“生涯教育应包括个体一生的教育历程”[④]。由以上论述我们可以看出，生涯教育的目的指向的是人的整个生涯发展，是学生对自我以及世界的探索、对未来生涯（即过什么样的生活）的规划，是“基于人类对生命质量追求演进而来的有关人生的探索与实践活动”[⑤]。

由此可以，劳动教育与生涯教育在教育目的上的不同可以归纳为：劳动教育的目的指向对劳动者所必须具备的能力和素质的培养和

① 王连照．论劳动教育的特征与实施[J]．中国教育学刊，2016（7）：89-94.

② 王焕勋．实用教育大词典[Z]．北京：北京师范大学出版社，1995：816.

③ 南海，薛勇民．什么是“生涯教育”——对“生涯教育”概念的认知[J]．中国职业技术教育，2007（3）：5-6，10.

④ 南海，薛勇民．什么是“生涯教育”——对“生涯教育”概念的认知[J]．中国职业技术教育，2007（3）：5-6，10.

⑤ 尤敬党，吴大同．生涯教育论[J]．江苏教育学院学报（社会科学版），2003（1）：12-16.

塑造，而生涯教育的目的着眼于对个体生涯发展的规划和准备。教育目的侧重点的不同，带来的是教育内容和实现途径上的差异。

（三）教育内容及途径不同

劳动教育的内容是广泛、多元的。黄济认为，劳动教育的内容应包含劳动技术教育和劳动品德教育，具体来说包括：（1）生产劳动教育，如农业劳动、工业劳动等；（2）社会公益劳动，如植树造林、维护公共秩序、扶助病残等；（3）自我服务劳动教育，如个人起居饮食、家务劳动等。[①]文新华在阐释了劳动、劳动素质的内涵的基础上，对劳动教育的内容进行了细致的分类：首先，从劳动付出的角度看，劳动教育包括体力劳动、脑力劳动和体脑结合的劳动，认为“教育的内容应根据各地经济发展的实际从单纯的体力劳动逐渐过渡到体力和脑力相结合的劳动内容上来”。其次，从劳动过程的角度看，劳动教育包括简单劳动和复杂劳动。劳动教育应反映市场经济发展的历史趋势，“根据各地的经济发展实际和受教育者的年龄特点，分层次地引进复杂的劳动内容，以便受教育者能逐步掌握不同种类和不同层次的劳动技能”。再次，从劳动对象的角度看，劳动教育包括物质生产劳动和精神生产劳动。既要肯定物质生产劳动的必要和必需，也应进行创造性的精神生产劳动。最后，从劳动结果的角度看，劳动教育包括生产性劳动和服务性劳动。[②]萧宗六明确了教育与生产劳动相结合的具体内容，包括：知识分子与工人农民相结合，脑力劳动与体力劳动相结合，理论与实践相结合，学与用相结合。并强调了劳动内容应与学生的年龄特点和知识水平相适应，在不同的年龄阶段应参加不同的劳动。[③]

各国实行劳动教育的内容和途径也很丰富。北师大国际与比较教

① 黄济．关于劳动教育的认识和建议[J]．江苏教育学院学报（社会科学版），2004（5）：17-22.
② 文新华．论劳动、劳动素质与劳动教育[J]．教育研究，1995（5）：9-15.
③ 萧宗六．怎样理解“教育与生产劳动相结合”[J]．教育研究，1999（6）：52-56.

育研究院在《世界主要国家“劳动教育”的政策与实践》报告中，对俄罗斯、美国、英国、德国、日本等11个国家的劳动教育进行了研究。研究发现，俄罗斯通过单独开设劳动与综合技术教育课程来实施劳动教育[①]，其劳动教育内容大致包括培养儿童的自我服务技能、技术培训、干家务活、专业技能的劳动教育、回馈社会的劳动教育等方面。[②]美国劳动教育包括基于成为家庭有效成员的劳动教育、基于就业的劳动教育和基于公民培养的劳动教育三方面。[③]韩国则包括与个人生活技能有关的教育（实科、技术、家政课程）、与个人健康生存有关的教育（保健课程）、与个人作为职业人在社会中生存所需要的能力有关的教育（职业指导课程）。[④]日本并没有单独开设劳动教育课程，劳动教育的内容“都是‘隐居’在其所在的课程之中。其所隐居的课程都有自己的教学目标和内容体系，关于劳动的内容仅是其课程内容的一部分”。[⑤]比如，在其社会、地理、历史、公民学科中调查社会生产状况，在家政、技术与家长、“家政”学科中学习日常生活所需的家务等。[⑥]

由以上论述可以概括出劳动教育内容主要的四个层面：一是与生产劳动相关的教育，个体在体力劳动中习得相应的劳动技能、生活技能；二是与精神劳动相关的教育，个体在脑力劳动中学会思考、发展思维；三是与自我服务相关的教育，比如家务劳动、饮食起居等，培养学生的自理能力；四是与社会服务相关的教育，比如植树造林、助老助残等，培养个体的劳动意识、劳动价值观和社会责任感。各国进行劳动教育的途径主要分为两种，一是如俄罗斯、德国等国家单独设

① 张德伟．国际中小学劳动教育初探[J]．中国德育，2015（16）：39-44.

② 北师大国际与比较教育研究院．世界主要国家“劳动教育”的政策与实践[R]，2018.

③ 北师大国际与比较教育研究院．世界主要国家“劳动教育”的政策与实践[R]，2018.

④ 北师大国际与比较教育研究院．世界主要国家“劳动教育”的政策与实践[R]，2018.

⑤ 张德伟．国际中小学劳动教育初探[J]．中国德育，2015（16）：39-44.

⑥ 张德伟．国际中小学劳动教育初探[J]．中国德育，2015（16）：39-44；北师大国际与比较教育研究院．世界主要国家“劳动教育”的政策与实践[R]，2018.

立劳动课程进行劳动教育；二是如日本等国家将劳动教育内容融入其他课程的教学之中。

虽然所有的教育活动在某种程度上都具有生涯教育的内涵，但学界在具体讨论生涯教育的实施时，都取其狭义含义。狭义上的生涯教育可以理解为是按照社会要求和受教育者的发展需要，帮助学生在正确认识自我的基础上自主规划人生的教育。[①]不同学者关于生涯教育的内容有不同的认识。杨曦认为教育工作者普遍认为“生涯认知、生涯探索、生涯定向、生涯准备、生涯熟练构成生涯教育的内容”[②]。她进而提出中学生的生涯教育应包括以下内容：第一，进行日常生活的基本常识教育，培养其独立生存能力；第二，训练思考能力、学习能力，培养其创新精神，形成可持续发展的能力、挖掘潜能和规划决策的综合能力；第三，传授职业基础知识，树立正确的职业观，掌握基本的职业技能；第四，帮助中学生养成关爱生命的人生态度，培养他们与人和谐相处的基本能力，帮助他们养成健全的人格，从而确保他们能够顺利融入社会，并与他人构建良好的社会关系，逐步实现自己的生涯发展。[③]尤敬党将生涯教育的内容分为学习如何生活（learning to live）、学习如何学习（learning to learn）、学习如何谋生（learning to make a living）以及学习如何爱（learning to love）四部分[④]，涵盖了社会化、学习能力、知识技能和价值观四个方面的内容。

此外，很多学者关注国外的生涯教育经验，总结他国生涯教育的内容和途径。如，朱凌云提到，新西兰在《新西兰学校中的生涯教育与指导》这一政策文件中要求各学校依据一套国际公认的生涯管理胜任力标准来设计生涯教育与指导的课程标准，该标准涵盖了三大内容领域，包括发展自我意识、探索机会和决策与执行，从而使学生认识

---

① 杨曦．对中学生涯教育的再认识[J]．中国教育学刊，2007（9）：26–29.

② 杨曦．对中学生涯教育的再认识[J]．中国教育学刊，2007（9）：26–29.

③ 杨曦．对中学生涯教育的再认识[J]．中国教育学刊，2007（9）：26–29.

④ 尤敬党，吴大同．生涯教育论[J]．江苏教育学院学报（社会科学版），2003（1）：12–16.

自我，探索并有效利用生涯信息，制定与落实生涯发展的决策，有效地管理自我的生涯发展。在新西兰的学校教育中，生涯教育理念充分渗透于课程，从学前教育阶段就开始进行，并在高中阶段设置选修课程“让学生了解学校科目以外的知识领域和生涯发展路径”。[①]此外，还设立了心理辅导系统，开展专门的生涯教育活动，如职业博览会、中高等教育衔接项目（STAR）等。同时，充分发挥家长、社区的作用进行三方合作，共同进行生涯教育。谷峪指出，日本职业生涯教育内容包括“学生的自我理解、对自己人生发展的关心和愿望；树立劳动观、职业观，掌握与未来职业和出路相关的知识与信息；学习对自己人生道路的选择和决定能力；养成与将来的职业生活相关的习惯和行为方式，学会必要的技术技能等”。[②]职业生涯课程也贯穿了日本小学到大学教育阶段。孟可可聚焦英国生涯教育，指出“现在英国学校的生涯教育被称为生涯教育与工作相关的教育（Careers and Work-related Education，简称CWRE）。根据英国2012年颁布的生涯课程框架《生涯教育与工作相关教育框架》，现在学校的生涯教育主要包括三大块的内容：通过生涯教育与工作相关教育发展自我；探索生涯与工作世界；发展生涯成功与就业所需的技能”。[③]这些教育内容通过生涯教育课程和生涯指导服务两种形式得以实施。

综合以上学者关于生涯教育内容的论述可以发现，不论是从宏观的理论视角去研究生涯教育的内容，还是从微观视角探析各国实际的生涯教育内容，生涯教育的内容都绕不开认识和探索自我、培养职业知识技能、形成职业价值观、实现社会化等方面。而生涯教育的形式也更多是围绕未来职业选择展开。

对比劳动教育与生涯教育可知，一方面，在教育内容上，二者在劳动的专业知识技能方面有所交叉，但是劳动教育强调的是个体包括

① 朱凌云．新西兰中小学生涯教育的特点与启示[J]．外国教育研究，2013（8）：20-26.

② 谷峪．日本的职业生涯教育及其启示[J]．职业技术教育，2006（10）：81-84.

③ 孟可可．英国普通中学生涯教育研究[D]．上海师范大学，2015：28.

体力劳动和脑力劳动在内的劳动能力和劳动价值观念的培养，在内容的选择上，范围更广，小至个人的起居饮食，大至进行物质生产劳动和精神生产劳动都属于劳动教育的重要内容。而生涯教育虽然面向整个生涯发展过程，但在内容上却较大程度地局限于对个体职业生涯的规划、准备和发展。另一方面，在教育途径或形式上，劳动教育主要是以实践活动的形式开展。而实施生涯教育的途径和形式似乎更显丰富：除了开设相应课程和实践活动之外，很多国家还专门提供相应的生涯指导服务、设有心理辅导系统等。同时，生涯教育还重视学校与家庭、社会的相互作用与联系，共同为个体提供完善的生涯指导，这点在刘辉①、朱凌云②的文章中都有论述。

二、劳动教育与职业教育

劳动教育和职业教育都是国民教育体系的重要组成部分，但两者的地位层次各有不同。

（一）地位层次

我国将教育体系划分成普通教育、职业教育、高等教育和成人教育四类。职业教育一般被看作是与普通教育相对的教育类型，和普通教育都是整个教育系统的有机组成部分。

而劳动教育是党的教育方针的组成部分，是包括职业教育在内的整个国家教育体系都必须贯彻落实的教育要求。一般而言，劳动教育是与德育、智育、体育、美育并举，和四育互相渗透、相互补充的。劳动教育在人的全面发展教育中的地位和作用，不是德智体美各育所能完全替代的，它在实现人的全面发展教育中有着特殊的综合育人作用③。

---

① 刘辉．中学生涯教育研究[J]．现代中小学教育，2006（3）：7-9.

② 朱凌云．新西兰中小学生涯教育的特点与启示[J]．外国教育研究，2013（8）：20-26.

③ 黄济．关于劳动教育的认识和建议[J]．江苏教育学院学报（社会科学版），2004（5）：17-22.

（二）培养目标

劳动教育和职业教育都是希望培养出符合社会时代要求的具备一定劳动素质的人才，但职业教育更具有职业针对性，劳动教育的目标更具有普遍意义。

《辞海》中将职业教育定义为“给予学生或在职人员从事某种生产、工作所需的知识、技能和态度的教育”。顾明远、梁忠义在主编的《世界教育大系——职业教育》中指出：“职业教育就是为了培养职业人的，以传授某种特定职业所需的知识、技能和职业意识的教育。”董仁忠认为职业教育是以培养技术应用型技能型人才为目标的，主要以就业为导向[①]。高奇在《职业技术教育概论》一书中从广义和狭义两个角度对职业教育进行了定义。广义的职业教育是社会的需要，提升智力、发展个性，培养人的职业兴趣，训练职业能力，谓之职业教育。狭义的职业教育系指对全体劳动者在不同水平的普通教育的基础上，所给予的不同水平的专业技能教育，培养能够掌握特定劳动部门的基础知识、实用知识和技能技巧的人才的教育。

《教育大辞典》中则将劳动教育定义为：“劳动教育，劳动、生产、技术和劳动素养方面的教育。主要任务是：培养学生正确的劳动观点。培养学生正确的劳动态度。培养学生具有良好的劳动习惯、艰苦奋斗作风，遵守劳动纪律，爱护劳动工具，珍惜劳动果实，抵制不劳而获、奢侈浪费等不良思想倾向。使学生获得工农业生产基本知识和技能。”文新华认为劳动教育的根本目的是要提高受教育者的劳动素质，也就是要培养受教育者正确的劳动态度，提高他们的劳动能力，养成他们良好的劳动习惯。[②]

综合来看，职业教育的培养目标主要是造就集职业态度、职业技能、职业素养于一身的人才，劳动教育的培养目标是学生的劳动观

① 董仁忠．演变、内涵界定及类型：职业教育概念再探讨[J]．职业技术教育，2008（1）：5-8.

② 文新华．论劳动、劳动素质与劳动教育[J]．教育研究，1995（5）：9-15.

念、劳动精神、劳动技能和劳动习惯。职业教育的培养目标更具有针对性和专门化，与社会的职业分工紧密相连，而劳动教育的培养目标更具有普遍、广泛和全面意味，与整个社会的政治、经济、文化紧密相关。

（三）教育对象

从广义的角度讲，所有教育都有职业的意义。但从狭义的角度看，职业教育是特指对特定学生的教育，因此职业教育的对象更具有针对性和阶段性，而劳动教育的对象则更具有普遍性和长期性。

职业教育有一定的准入门槛，很多学者都认为职业教育主要面向接受过基础教育的学生。顾明远、梁忠义等指出，当大机器工业代替手工工具后，对劳动者素质的要求提高了，它要求劳动者必须掌握一定的科学知识和技术。过去那种在生产劳动中掌握技术、技能的方式，已经难以适应社会生产发展的需要。在这一背景下，职业学校成为职业教育的主要载体。职业教育教授给学生的不再是简单的劳动经验，而是系统的专业知识，显然，没有接受过一定的基础教育，是无法向书本学习这些专业知识的。周勇则认为职业教育是指在基础教育之上，持续提升学生职业素质的一类教育活动①。

劳动教育则不一样。由于劳动教育是教育方针的范畴，因而，其对象就是所有接受教育的学生，而不是特指某个阶段、某种类型的学生。从这个角度看，劳动教育的对象相比于职业教育而言，更具普遍性。

（四）教育内容

劳动教育和职业教育都强调实践，都要求理论与实际结合，但在具体的教育内容方面还存在着较大差异。

董仁忠认为职业教育内容是以职业知识、职业技能和职业态度为

---

①周勇．对职业教育概念的回顾与思考[J]．职教论坛，2003（9）：12-16.

主。欧阳河认为职业教育是在终身教育和终身学习的体系中，建立在基础教育之上的、为引导学生掌握在某一特定职业或职业群中从业所需的实际技能知识和认识的教育服务。层次上一般分为初等、中等和高等，主要包括就业前的职业准备教育和就业后的岗位培训、转岗培训。[①]米婧从职业教育所承担的核心使命与任务这一标准出发，将职业教育划分为“非专门化和非职业定向的职业教育”“专门化的以职业定向为目标的职业教育”“专门化的以职业发展为目标的继续职业教育”。[②]还有一些学者从“大职业教育观”着手，将职业教育这一系统分成三大类，即行业企业职业培训、学校职业教育和社会职业教育，然后再对各大类职业教育进行细分。行业企业职业培训是指以行业企业为主要实施场所的非学历职业教育；学校职业教育是指以学校为主要实施场所的职业教育，既包括公办的学校职业教育，也包括行业企业等主体举办的学校职业教育，既包括学历职业教育，也包括非学历职业教育；社会职业教育是指以行业企业和学校外的其他机构为主要实施场所的职业教育，既包括各级电大等机构举办的远程职业教育，也包括事业单位和社会培训机构等举办的职业培训。此外，所有形态的职业教育都和劳动力市场紧密联系在一起，这是由职业教育的职业针对性特征所决定的。[③]

黄济认为劳动教育是一个涉及范围很广，不甚确定的概念。从其基本内容来分，可分为生产技术劳动、社会公益劳动、生活服务劳动等；从其基本素养来分，可分为劳动观点、劳动态度、劳动习惯等。但从其基本任务而言，不外两大方面：一是劳动技能的培养，二是思想品德的教育。劳动教育的基本内容，包括了生产技术劳动、社会公益劳动、自我服务劳动等方面的教育。[④]徐长发认为“劳动教育是使

① 欧阳河．试论职业教育的概念和内涵[J]．教育与职业，2003（1）：24-26.
② 米靖．职业教育概念、分类与使命再论[J]．中国职业技术教育，2012（9）：26-31，36.
③ 董仁忠．演变、内涵界定及类型：职业教育概念再探讨[J]．职业技术教育，2008（1）：5-8.
④ 黄济．关于劳动教育的认识和建议[J]．江苏教育学院学报（社会科学版），2004（5）：17-22.

青少年学生获得正确劳动观念、劳动习惯、劳动情感、劳动精神，了解和懂得生产技术知识，掌握生活和劳动技能，在劳动创造中追求幸福感的育人活动。它包括劳动思想观念的教育、劳动技术知识和劳动技能的教育”①。文新华认为在现代社会中，劳动的范畴是多方面的，劳动素质的构成也是多方面、多层次地体现在劳动教育中，是劳动教育目标的整体性和劳动教育意义的多元性。这些都决定了劳动教育的内容必然是广泛而有所侧重的。从劳动付出的角度出发，劳动教育的内容应包括体力劳动、脑力劳动及体力和脑力相结合的劳动；从劳动过程的角度出发，劳动教育的内容既包括简单劳动，又包括复杂劳动；从劳动对象的角度出发，劳动教育的内容既包括物质生产劳动，又包括精神生产劳动。②中共中央、国务院颁布的《关于全面加强新时代大中小学劳动教育的意见》规定的劳动教育内容主要包括：日常生活劳动、生产劳动和服务性劳动，并结合产业新业态、劳动新形态，注重选择新型服务性劳动的内容。

综合看来，劳动教育的内容更为广泛、多元，它并不具体指向某一特定的职业类型。职业教育的内容更有针对性，主要以个体将来的职业发展为目标，服务于个人的职业规划和成长。

（五）培养模式

学校作为劳动教育和职业教育的重要实施场所，是两者的主要交集点。基于教育内容的不同，劳动教育和职业教育在整体培养模式上有所不同。

董仁忠认为职业学校教育在我国职业教育体系中居于主体地位，同时也要关注普通教育中的职业教育，还将企业职业教育、远程职业教育、事业单位举办的职业培训和社会培训机构举办的职业培训也纳

① 徐长发．劳动教育是人生第一教育[N]．中国教育报，2015-05-06（007）．

② 文新华．论劳动、劳动素质与劳动教育[J]．教育研究，1995（5）：9-15.

入到职业教育这一系统之中。[①]徐涵认为当前职业教育人才培养模式是在一定的职业教育理念的指导下，职业教育工作者群体所遵从的关于技能型人才培养活动的实践规范和操作样式，它以现代职业教育理念为基础，以形成学生的职业能力为目标，以技术知识和工作过程知识为主要内容，以校企合作、强调做中学为主要的教育方式。[②]

徐长发认为劳动教育包含丰富的内容和层次，自我劳动教育、家庭劳动教育、学校劳动教育、社会劳动教育[③]，几乎涉及了生活的各个空间和时间点。黄济认为劳动教育的实施必须抓住以下两点：生产劳动教育与科技教育相结合；劳动活动与思想品德教育相结合。[④]

综合来看，职业教育培养模式的突出特点是校企合作，劳动技术与就业紧密结合，更为直接和专业。而劳动教育的培养模式涉及自我、家庭、学校、社会方方面面，并且更多时候与德智体美四育融合在一起。

三、劳动教育与综合实践活动

劳动教育与中小学的综合实践活动有着非常密切的关系。甚至在一段时间里，劳动教育是作为综合实践活动中的一部分予以实施的。但总体而言，劳动教育与综合实践活动有着本质性的不同。

首先，劳动教育是党的教育方针的重要组成部分，而综合实践活动只是学校课程的一种组织形式，二者在性质上存在很大的不同。劳动教育是德智体美劳全面发展教育中的重要一环，是中国特色社会主义教育制度的重要内容。它不仅关乎劳动者的精神风貌和劳动能力，也关乎社会主义的教育性质。而综合实践活动是国家义务教育和普通高中课程方案规定的必修课程，与学科课程并列设置，是基础教育课

---

① 董仁忠．演变、内涵界定及类型：职业教育概念再探讨[J]．职业技术教育，2008（1）：5-8.

②徐涵．职业教育人才培养模式创新[J]．中国职业技术教育，2010（3）：8-11，16.

③徐长发．劳动教育是人生第一教育[N]．中国教育报，2015-05-06（007）.

④黄济．关于劳动教育的认识和建议[J]．江苏教育学院学报（社会科学版），2004（5）：17-22.

程体系的重要组成部分。由此可见，劳动教育与综合实践活动在性质上是不一样的。

其次，劳动教育的目标与综合实践活动的目标也有很大的不同。2001 年，国家设立综合实践活动课程的目标在于转变学生的学习方式，提高学生的创新精神和实践能力。当时，为了减少课程门类，增强课程的综合性，把劳动与技术教育纳入了综合实践活动的范畴。2017 年，教育部印发的《中小学综合实践活动课程指导纲要》明确指出，综合实践活动的目标在于，帮助学生能从个体生活、社会生活及与大自然的接触中获得丰富的实践经验，形成并逐步提升对自然、社会和自我之内在联系的整体认识，具有价值体认、责任担当、问题解决、创意物化等方面的意识和能力。2020 年 6 月，教育部再次修订颁发《普通高中课程方案（2017 年版 2020 年修订）》，将劳动教育从综合实践活动课程中独立出来，作为国家课程赋予了 6 个学分的必修学分。而劳动教育的目标则在于培养学生正确的劳动观、劳动精神、基本劳动能力和劳动习惯。二者在培养目标方面是不一样的。当前，可以将综合实践活动视为推进劳动教育的重要载体。①

再次，劳动教育是面向所有学段、所有类型学生的教育，而综合实践活动只是基础教育阶段的学生所要接受的教育形式。由于劳动教育是教育方针层面的范畴，因此，不管是中小学还是大学，不管是普通教育还是职业教育，都需要开展劳动教育。但是，综合实践活动的开展，仅限于中小学，并不包含大学和学前教育。

① 冯新瑞．劳动教育与综合实践活动课程的关系[J]．基础教育研究，2020（13）：4-9.

第二章

劳动教育价值的时代诉求

劳动教育价值实际上回答的是劳动教育的作用或意义方面的问题。从价值哲学的角度看，所谓价值，主要指的是客体的存在、属性及其变化同主体尺度是否相一致或相接近。[1]即价值是对主客体关系的一种主体性描述，主要反映的是客体对于主体的意义。因而，劳动教育价值主要反映的就是劳动教育这一客体对于不同主体所具有的意义。总体而言，与劳动教育构成价值关系的主体主要包括个人和社会两个不同主体。因此，探讨劳动教育的时代价值，需要从个人和社会这两大主体的需求特点入手。

实际上，劳动教育会随着时代的发展变化而具有新的价值。总体而言，劳动教育价值的变化与社会生产力的发展、人们物质生活的提高以及劳动世界复杂性的增强等因素有着非常密切的关系。因此，要想准确把握当代劳动教育价值的新特点，需要我们对我国劳动教育价值的历史变迁有基本的认识。

① 李德顺．价值论[M]．北京：中国人民大学出版社，2007：27.

第一节
新中国劳动教育价值的历史回顾

新中国成立后，在不同的发展阶段，劳动教育在其价值取向方面具有不同的侧重。正是这些价值取向侧重的不同，造成了劳动教育功能的变化。因此，了解劳动教育功能的演变，就必须准确把握不同历史时期劳动教育价值取向的基本特点。

一、新中国成立后劳动教育的价值取向

关于新中国成立后劳动教育价值取向的变迁，徐海娇在其《危机与重构：劳动教育价值研究》一书中做了很好的概况。在这本书中，新中国成立后的劳动教育价值取向的变迁被分成了五个阶段，分别是“体能”（1949—1956）、“生产”（1957—1965）、“工具”（1966—1976）、“技术”（1977—1998）和“素养”（1999至今）。[①]从这五个阶段的变迁中，可以将我国劳动教育的价值取向区分为以下几种。

（一）劳动教育的就业取向

新中国成立后，我国教育事业得到了很大的发展。据统计，“1952年底，小学在校学生已由1949年的2349万人，增加到5110万人，学龄儿童入学率达到49.2%；中学在校学生已由1949年的104万人增加到249万人，增长140%，其中初中生增长168%，高中生增长26%。”[②]随之而来的问题是，大量小学毕业的学生很难继续升学。

① 徐海娇. 危机与重构：劳动教育价值研究[M]. 北京：中国社会科学出版社，2020：85-125.

② 王英杰. 中国教育大事典（1949—1990）（上册）[M]. 杭州：浙江教育出版社，1993：321-334.

1954年暑期的高小和初中毕业生共计460万人左右，然而只有小部分毕业生可以继续升学。据统计，1954年，全国约有63%即209万名小学生、66%即38.1万名初中生不能继续升学，需要走进社会，参加劳动。[①]于是，1954年青年团中央出台了新中国成立后第一个关于劳动教育的政策——《关于组织不能升学的高小和初中毕业生参加或准备参加劳动生产的指示》，鼓励毕业生参加劳动生产。此后，陆续出台了一系列鼓励毕业生参加劳动生产以实现就业的政策，主要有《关于高小和初中毕业生从事劳动生产的宣传提纲》（1954）、《关于解决高小和初中毕业生学习与从事生产劳动问题的请示报告》（1954）、《关于有计划地组织未能升学的高小和初中毕业生参加工业生产的通知》（1954）、《关于组织高小和初中毕业生从事农业劳动和进行自学的报告》（1955）和《关于加强中小学校毕业生劳动生产教育的通知》（1957）等。总体而言，此阶段的劳动教育最为现实和直接的原因之一是解决初小、高小毕业生的就业问题，也是国家恢复、发展农业生产劳动的需要。

基于这种价值期待，这一时期的劳动教育在实施层面特别强调开设生产技术课程和进行劳动实践。1950年教育部颁布的《小学课程暂行标准（初稿）》和《中学暂行教学计划（草案）》对劳动教育的相关课程做了明确的要求。在“四二制”小学强调开设“劳作”课，每个年级要求一周一个学时。各个年级的课程包括“观察与研究”“联系与制作”项目系列。其培养目标就在于“使儿童从劳动生产中，获得初步的工农业生产知识和技术，以发展创造才能”。[②]而中学则要开设“制图”学科，其内容为“与工农业建设相关的各种图样的绘制”。[③]除了课堂教学外，这一时期的劳动教育还特别注重通过劳动实践的方式来提高学生的实际劳动能力。比如，1955年青年团

① 中国教育年鉴编辑部. 中国教育年鉴（1949—1981）[M]. 北京：中国大百科全书出版社，1984：1001，1021.

② 劳凯声等. 教育与生产劳动相结合问题新探索[M]. 长沙：湖南教育出版社，1998：301.

③ 卓晴君等. 教育与生产劳动相结合的理论与实践[M]. 北京：教育科学出版社，1992：26-27.

中央、教育部联合发文支持北京、江苏、辽宁等少年儿童倡议的“小五计划”活动，如栽培种植、饲养动物、帮农业合作社和家庭做事、帮助学校制作简单的教学实验用品、绿化环境和学校等。1956年，教育部还颁布了《中学试验园地工作暂行条例（草案）》，要求“每个中学都应该建立试验园地，并按试验园地和农业生产实践相结合的原则进行教学”。应该说，这样一种基于就业导向的劳动教育，对于解决当时升学有限、社会生产力不足这一现实问题发挥了积极的作用。

（二）劳动教育的思想改造功能

劳动教育不仅具有重要的就业价值，而且在一段时间里，劳动教育还成了思想政治教育的重要途径，发挥着非常重要的思想改造功能。1963年制定的《全日制中学暂行工作条例（草案）》对学生参加生产劳动的目的做了明确规定：“学生参加生产劳动，主要目的是养成劳动习惯，培养劳动观点，向工农群众学习，克服轻视体力劳动和体力劳动者的观点。”[①]在这一时期，“劳动教育被赋予强烈的政治教化功能，教育者将爱不爱劳动作为评判一个学生政治立场是否正确，道德觉悟是否高尚，甚至是属于哪个阶级的重要评判标准”。[②]到了“文化大革命”时期，劳动教育的思想改造功能更加突出。当时，“五七干校”在对干部和知识分子进行劳动改造和思想教育方面扮演着重要角色。知识青年“上山下乡”，接受贫下中农的再教育，成为年轻一代思想改造的全国性运动。

在当时这样一种劳动教育价值定位的背景下，劳动教育的形式就变成了简单的“开门办学”“知识青年上山下乡”等。1966年12月9日，中共中央《关于抓革命、促生产的十条规定（草案）》中第十条

① 课程教材研究所．20世纪中国中小学课程标准・教学大纲汇编（课程（教学）计划卷）[M]．北京：人民教育出版社，2001：286.

② 徐海娇．危机与重构：劳动教育价值研究[M]．北京：中国社会科学出版社，2020：100.

规定明确要求："学生可以有计划地到厂矿，在工人业余时间进行革命串连，交流革命经验，还可以有计划地和工人在一起上班，一起劳动，一起学习，一起讨论文化革命问题……"随后，"开门办学"成为各地学校的重要实践。从1968年开始，全国掀起了知识青年"上山下乡"，接受贫下中农教育的浪潮。据统计，从1962—1980年，城镇知识青年下乡人数达到1776.48万人。①由此可见，这一时期的劳动教育在很大程度上被窄化为"劳动改造"，片面强调其政治功能，一方面容易导致学校教育陷入无序状态，另一方面，也在很大程度上影响了劳动教育功能的正常发挥。

（三）劳动教育的经济建设要求

十一届三中全会的召开，标志着我国社会发展的重心从"以阶级斗争为纲"转移到"以经济建设为中心"上来。在这样一种大的社会背景之下，劳动教育呈现出了明显的经济建设的新功能。对此，邓小平明确指出："我们制定教育规划应该与国家的劳动计划结合起来，切实考虑劳动就业发展的需要。""不然，学生学的和将来要从事的职业不相适应，学非所用，用非所学，岂不是从根本上破坏了教育与生产劳动相结合的方针？"②因此，这一时期的劳动教育特别强调其在社会主义建设方面的重要作用。1986年召开的第六届全国人大第四次会议所颁布的《关于第七个五年计划报告》就特别指出："各级各类学校都要认真执行德育、智育、体育、美育全面发展的方针，并根据各自的特点适当加强劳动教育，坚持把提高教学质量、培养合格人才放在首位。"由此可见，这一阶段的劳动教育已经摆脱了"文化大革命"时期的过于政治化取向，主动与社会经济建设的发展路径结合起来。

基于这样一种价值定位，这一时期的劳动教育特别强调学生劳动

---

① 徐海娇．危机与重构：劳动教育价值研究[M]．北京：中国社会科学出版社，2020：104.

②《中国教育年鉴》编辑部．中国教育年鉴（1949—1981）[M]．北京：中国大百科全书出版社，1984：62.

技术的培养。1981年教育部颁发的《全日制六年制重点中学教学计划试行草案》和《全日制五年制中学教学计划试行草案的修订意见》提出了开设劳动技术教育课的要求。1984年，教育部先后颁布了《关于普通中学开设劳动技术教育课的试行意见》和《先行普通高中教学计划的调整意见》，指出开设劳动技术教育课是全面贯彻党的教育方针、完成中学双重任务的需要，是社会主义现代化建设的需要。1992年，教育部又印发了《九年义务教育全日制小学、初级中学课程计划（试行）》，要求小学开设劳动课，初中开设劳动技术课。由此可见，这一时期的劳动教育，主要是以劳动技术教育的形态出现的。这种偏重于“技术”的劳动教育，在很大程度上是为了回应“四化”建设对大量具有科学技术水平的建设者的需求。

二、新中国成立后劳动教育价值的历史反思

从前文论述可以看出，新中国成立后，劳动教育具有什么样的价值，在实际中发挥什么样的功能与当时的社会发展状况有着非常密切的关系。不管是强调劳动教育的就业功能，还是强调其思想改造和经济建设价值，它们的一个共同特点就在于，更多是从劳动教育的外部功能，即从劳动教育对于社会的作用的角度来开展劳动教育。这样一种劳动教育的价值定位，固然体现了劳动教育之于社会发展的重要意义，但不容忽视的是，其在实践当中也存在着诸多需要反思的现实问题。

（一）过于强调劳动教育的政治功能

新中国成立后，特别强调劳动教育的思想政治教育功能。其目的就是要防止教育脱离生产劳动实践，切实发挥劳动教育人、改造人的重要作用。可以说，这一时期的劳动教育在改造知识分子的思想认识、提升劳动者的社会地位以及增强学校教育的实践性、提高学生的生产劳动技能、促进社会发展等方面，取得了重要的教育和社会效益。这是社会主义建设的需要，也是社会主义教育性质使然。但客观

地讲，由于历史和发展条件所限，这一时期开展的劳动教育在很长一段时间内被视为改造旧学校、改造知识分子思想的基本教育途径，导致劳动教育的政治功能被无限放大，在很大程度上劳动教育变成了一种重要的社会政治运动。

（二）过于强调“劳动”的教育功能

劳动毫无疑问具有重要的教育价值，但是，不能把劳动教育简单等同于劳动。但在新中国成立后的很长一段时间里，劳动教育的实施途径被简单等同于劳动，导致劳动有余而教育不足，在很多时候劳动教育演变成为“劳动”而“劳动”，教育在无形中被劳动取代。这一点在“大跃进”和“文化大革命”时期表现得尤为突出。当时的劳动教育，其基本形式是学生直接参加生产劳动。也就是说，那个时候的劳动教育基本上是开门办学，直接让学生参加形式多样的生产劳动。比如，广西某中学在1958年给教育部的一封信中列举了该校从当年9月开学到年底的4个月间，全校师生按照上级指示办工厂、挖矿石、运料、炼铁、给前方战士制棉衣、支援秋收等实际情况。甚至有些学校提出“生产在哪里，学习到哪里”“工地是学校，炉旁是课堂”等口号，把原有的教学计划完全搁置，而是根据生产实际来开展所谓的教学。[①]由此可见，在当时，参加劳动就意味着接受教育。这样一种劳动教育的形式，更多的只是在形式层面实现了教育与生产劳动的结合，并未从根本上找到教育与生产劳动的实质结合点，从而在实践上导致了用劳动代替教育的片面做法，极大地冲击了包括劳动教育在内的整个学校教育的正常开展。

（三）过于强调体力劳动的教育价值

很长一段时间里，劳动教育被理解为体力劳动教育，其教育的内容主要聚焦在“体力劳动”技能和品质的习得上，而将“脑力劳动”

① 劳凯声，肖川，丁东．教育与生产劳动相结合问题新探索[M]．成有信，主编．长沙：湖南教育出版社，1998：318-319.

作为“体力劳动”的对立面加以批判，从而在很大程度上造成了对劳动的片面理解。在这种时代背景下，作为两种重要劳动形态的体力劳动和脑力劳动被人为对立起来，并以前者来否定后者。这样一种认识在劳动教育的内容上，就突出表现为以学习生产性的体力劳动为主，有关脑力劳动方面的学习是被排斥的。在当时，劳动教育的学习内容主要是“学工、学农、学军”，甚至有些地方用“三机一泵”（三机：拖拉机、柴油机、电动机；一泵：水泵）取代了物理教学。因此，这一时期的劳动教育往往强调其“体力劳动”的一面，而忽视，甚至是否定了“脑力劳动”的教育价值。这样一种关于劳动教育内容的片面定位，不仅在很大程度上否定了脑力劳动的价值，而且也使得脑力劳动被污名化。这实际上是对劳动教育的片面理解。

（四）对“教劳结合”与劳动教育关系理解的偏颇

产生以上问题的原因是多方面的，其中对马克思主义关于教育与生产劳动相结合这一思想的片面理解，可能是导致以上问题的重要思想根源。马克思主义作为我国革命和建设的指导思想，深刻影响着社会方方面面的变革。可以说，新中国成立后，中国劳动教育的实践主要就是在马克思主义关于教育与生产劳动相结合这一思想的指导下进行的。因此，是否能够准确地把握教育与生产劳动相结合这一命题的实质，对于劳动教育能否健康开展意义重大。从新中国成立后的劳动教育实践来看，当时对于马克思主义关于教育与生产劳动相结合思想的基本认识是，教育与生产劳动相结合就要将教育与劳动完全融为一体。这实际上是对教育与生产劳动相结合的实质产生了误判，从而导致了实践上的种种弊端。

实际上，教育与生产劳动相结合的前提是二者的分离。根据成有信教授的观点，教育与生产劳动有两次分离。第一次分离是统治者的教育从生产劳动中和从劳动者的教育中的分离，由此产生了古代学校教育；而第二次分离则是伴随着大工业的发展和科技的进步而促成的劳动者的教育从生产劳动中的分离。[①]第二次的分离造就了现代教育的产生。因此，马克思主义关于教育与生产劳动相结合的实质是“现代教育和现代生产劳动这两个独立过程以现代科学为结合点的这种相互联系和相互依存状态”。[②]也就是说，现代教育与现代生产是两个独立的过程，二者共同产生于社会生产力的高度发展，因此，不能简单用一个取代另一个。用劳动来代替教育，将教育完全融入劳动之中是一种历史的倒退。另外，教育与生产劳动的结合点是现代科学，因此，不能够用体力劳动来取代脑力劳动，不能只讲劳动技术而不讲相关原理。

在新的时代背景下，科学技术作为第一生产力的作用会更加突出，以脑力劳动为核心的劳动形态对于社会的发展和进步意义重大。因此，我们需要对马克思主义关于教育与生产劳动相结合这一命题的实质有更为完整和科学的认识。过去，我们更多的是在“形式”的立场上实现了教育与生产劳动的结合，即将教育完全融入生产劳动当中；现在，则需要我们更多地在“实质”的立场实现教育与生产劳动的结合，即在将教育和生产劳动作为两个独立系统的基础上，通过现代科学这个媒介，内在地将二者结合在一起，共同致力于培养全面发展的人。

当前，劳动教育在学校中被弱化，在家庭中被软化，在社会中被淡化，中小学生劳动机会减少、劳动意识缺乏，出现了一些学生轻视劳动、不会劳动、不珍惜劳动成果的现象。[③]针对这些问题，学校必须加强劳动教育。但是，解决这一问题不能够矫枉过正，重新回到过去用劳动代替教育的老路上。而是要深刻理解新时代教育与生产劳动相结合的实质，立足当代社会发展实际和学生特点，准确定位劳动教育的时代价值。

① 劳凯声，肖川，丁东．教育与生产劳动相结合问题新探索[M]．成有信，主编．长沙：湖南教育出版社，1998：76-77.

② 成有信．论教育与生产劳动相结合的实质[J]．中国社会科学，1982（1）：163-176.

③ 教育部，共青团中央，全国少工委．关于加强中小学劳动教育的意见 2015[EB/OL].http://www.moe.edu.cn/srcsite/A06/s3325/201507/t20150731_197068.html.

第二节
当代劳动教育的个体意义

劳动教育具有鲜明的时代性，只有扎根于具体的社会现实，才能充分彰显其时代活力和育人价值。总体而言，对于当代中国劳动教育而言，有两个需要高度重视的现实问题：一是当代学生优势需求的变化，二是当代劳动形态的改变。学生优势需求的变化意味着劳动教育不能仅仅强调其外在的工具性价值，而要能够主动回应学生的真实需要。劳动形态的改变则意味着劳动教育必须对于当下劳动世界的复杂性，尤其是中国劳动领域的时代挑战有充分的认识，能够助力中国社会的经济发展和社会进步。

一、劳动教育价值的代际认识冲突

劳动教育要想有效，需要具备对象意识。在很长一段时间里，我们在思考劳动教育的价值的时候，更多的是从政治、经济、社会的角度来定义其价值，但却在很大程度上忽视了我们的教育对象——学生的真实需要。这就容易导致劳动教育中人的缺席。实际上，教育归根结底是要实现人的成长，只有通过人，教育才能更好地发挥其政治、经济和社会等方面的功能。因此，劳动教育价值的实现，必须立足于人的需要。

人的需要既是生物性的，同时也是社会性的。而且，随着社会的发展与进步，人的社会层面的需求将会日益增强。在物质匮乏时代，人的诸多需求基本上都是围绕着生物性的需要（如吃饱穿暖）而展开，因而，基于这种需求的劳动教育，毫无疑问更强调它的谋生功能。但对于当代中国而言，一个突出的社会现实是，中国正日益摆脱昔日的贫困状态而走向富裕。2019年中国城乡平均恩格尔系数已经下降到28.2%（其中城镇为27.6%，农村为30.0%）。按照国际通行标准，恩格尔系数在20%—30%区间，就意味着这个国家的人民生活已经达到了“富裕”水平。在这样的前提下，劳动教育如果还是主要聚焦在其谋生功能上，势必与学生的优势需求存在时代落差。

（一）谋生的教育逻辑及其时代挑战

当前，年轻一代和年长一代两代人最重要的分歧就在于对劳动及其价值和意义的认识。比如，年长一代更多强调劳动的谋生功能，因而非常重视将孩子作为未来就业市场上有竞争力的劳动力或人力资本来培养。年长一代的诸多努力，比如尽可能地提高孩子的学习成绩，尽可能地培养孩子多方面的才能，尽可能地帮助孩子获得各种获奖证书，都共同指向不断提高孩子在教育领域中的竞争力，从而确保孩子将来能够在劳动市场上笑傲江湖。在这样一种以谋生为基本价值取向的教育逻辑中，孩子更多的是被当作潜在的生产要素去培养和开发，而不是被视为一个活生生的、具体的人去培养。这样一种教育逻辑在过去具有非常强大的亲子团结功能。也就是说，在物质匮乏的时代，将自我物化为现实社会激烈就业市场竞争的劳动力，不断提高个体作为劳动力的核心竞争能力，从而实现一种身份的向上流动，获得相对富足的生活这样一种人生诉求，是特别容易在代际达成共识的。一个非常重要的原因就在于这样一种诉求更多的是建立在社会物质财富普遍匮乏，人们生活普遍贫困的基础之上的。正是社会物质的匮乏导致了“生存需求成为压倒一切的需求”。这就为基于谋生的个体生存竞争能力的培养成为教育目的，尤其是家庭教育最为看重的目标奠定了非常重要的社会物质基础。

但是，我们也越来越发现，当下年长一代如果还是主要从谋生的角度，简单地把孩子当作未来就业市场上的潜在劳动力去培养的话，那么，这种教育逻辑将会越来越受到孩子的内心抵制和行动反抗。媒体曾经报道过这样一个事件，一个初二的孩子问老师，我们家有十几套房子，我学会收租就够了，为什么要学习？孩子之所以会有这样的疑问，一个非常重要的原因就在于，年长一代灌输给孩子的教育目标，就是要其成为一个能够在就业市场上具有高度竞争力的职业人，从而保证其过上体面的生活，而这种家长眼中的体面生活基本上是物质取向的。但对于从小就生活在富足家庭的大多数孩子而言，他们从未有过物质匮乏的生活体验。哪怕是对于一些家庭相对贫困的家长而言，他们往往也秉持着一种“再苦也不能苦孩子”的教育理念，在物质方面几乎竭尽所能地满足孩子的需要。在这样一种情况下，对于孩子来讲，当下的物质生活根本不是一个需要他焦虑的问题。他们需要什么，家长都会想方设法满足，尤其是物质层面的需要的满足更是如此。既然当下的物质生活就已经能够很好地满足孩子的种种需要，那么，他们为什么要再通过艰苦的学习去实现对于他们而言已经实现了的生活样态呢？

这实际上给教育提出了一个非常严肃的现实课题：在一个物质丰裕的时代，劳动对于不愁吃不愁穿的年轻一代而言，到底意味着什么？在物质匮乏时代，劳动具有非常明显的谋生功能，因此，基于劳动这样一种谋生的教育逻辑对孩子而言有着很强的动机作用。但是，谋生的重要性已经随着孩子生活条件的不断改善而在其心目中的作用日益降低，在这种情况下，仅仅从劳动的谋生功能的角度来思考孩子的教育问题，显然已经失去了必要的物质前提，也失去了孩子对劳动以及劳动教育合法性的内在认同。

实际上，劳动从来就不仅仅具有谋生功能。在很大程度上，劳动是人的本质力量得以对象化的必要实践，是体现人的类本质存在的重要形式。过去劳动的谋生功能之所以被凸显出来，一个非常重要的原因就在于生产力发展水平不够充分所带来的人的物质生活的窘迫性。

这也使得本应体现人的主体意志的自觉、自由的劳动变成了一种对人的压迫的异己力量。在那个时代成长起来的年长一代，往往带有那个时代关于物质匮乏生活的痛苦回忆，因而天然地想让自己的孩子不要再感受自己当年的痛苦。这样一种基于血缘的自然情感是无可厚非的。但问题在于，代与代之间由于生活的物质条件的不同，二者关于“苦”的认识存在着明显的代际区别。

（二）吃苦耐劳的代际感受落差①

年长一代常常指责现在的孩子缺乏吃苦耐劳精神，也试图通过所谓的挫折教育等去培养孩子艰苦奋斗的品质。但从实践来看，这些教育在很多时候并未能达到预期的教育效果。之所以会产生这样的结果，原因是多方面的。但是，关于吃苦耐劳的一些前提性的问题没有被深刻理解，可能是以上现象产生的非常重要的思想根源。比如，当人们在抱怨现在的学生缺乏吃苦耐劳精神的时候，到底是在抱怨什么呢？如果说吃苦耐劳是一种品质，那么，其实质性的意义又是什么？对这些前提性的问题如果不做深入的追问，那么，我们将难以理解当代孩子在吃苦耐劳方面存在的真实问题是什么，也难以理解为什么所谓的“忆苦思甜”教育对他们而言很多时候是无效的。因此，有必要对这些前提性的问题做简要的讨论。

一般而言，“苦”更多的是一种人对匮乏状态的消极感受。这种匮乏既包括物质层面的，也包括精神层面的。如生活拮据、精神空虚等都可称为“苦”。因此，所谓吃不了苦，即意味着不能够承受或拒绝接受某种程度上的物质或精神上的匮乏状态。而吃得了苦，就意味着对个人物质或精神上的匮乏状态在心理上有较高的接受度。因此，当我们在抱怨一个人吃不了苦的时候，在逻辑上应该包括物质和精神两个层面的苦。也就是说，苦是有类型的。物质匮乏的生活是苦，但精神匮乏的生活同样也是苦。因此，当人们指责现在的孩子吃不了苦

① 本文主体部分已发表于《班主任》杂志2018年第6期。

的时候，要思考：这种苦究竟指的是何种意义或类型上的苦呢？

1. “苦”的类型及其教育

在物质极度匮乏的年代，“苦”在很大程度上浓缩为吃不饱、穿不暖这样一种物质贫困状态。这是上一代人关于苦的最深刻的历史记忆。因此，当他们的物质生活从贫困转向富裕的时候，其所获得的满足感更多的是源于这样一种苦的历史记忆。但对于当代孩子而言，他们所遭遇的苦以及他们所承受的苦与上一代人相比，正在发生着翻天覆地的变化。对于上一代人而言，他们所遭遇的苦更多的是一种物质匮乏的苦，吃不饱、穿不暖的物质极端匮乏状态，构成了他们对于人生之苦的最深切和持久的感受。因此，当他们在跟孩子谈为什么要吃苦的时候，所举例说明的苦，在绝大多数情况下都指向物质匮乏的苦，即物质的极端匮乏状态。比如，很多家长在给孩子进行“忆苦思甜”教育的时候，都喜欢从自己小时候吃不饱、穿不暖这样一种生活状态向孩子证明现在生活的幸福。但是很多时候家长的这种教育往往会招致孩子的嗤之以鼻，一句简单的“那是你们那个时代的事”就把家长苦心经营的“吃苦”教育击碎。

从另外一个角度看，虽然现在的学生在很大程度上已经摆脱了物质匮乏所造成的生活之苦，但是，其精神层面的苦日益凸显。当我们说现在的孩子都是在蜜糖中长大的时候，实际上只是表明了他们物质生活的富足。由于上一代人的成长经历，他们对于苦的理解和体验更多地集中在物质的匮乏状态，因此，当评价现在的孩子是在蜜糖中成长起来的时候，他们实际上就是宣告当代孩子已经与所谓的“苦”绝缘。但是，苦不仅与物质相连，更与精神相关。虽然当代孩子大多已经摆脱了物质匮乏之苦，但是其精神层面正在遭遇的极度匮乏所带来的内心之苦，却是真实而具体的。但是，这方面的苦似乎并未得到成人社会的有效承认。比如作为少子化时代成长起来的孩子，从小就缺乏兄弟姐妹的手足之情的陪伴；而当代家长在工作上的空前投入，使得他们与孩子相处的时间前所未有地减少。这一点对于留守家庭的孩子而言，表现得尤为明显。对很多孩子来说，他们是在父母缺位的情况下长大的。而学校教育对升学和成绩的过分倚重，也使得其更多关注学生的学习和成绩，学生面临着较之上一代更大的升学压力、就业挑战。而现代信息社会的出现，客观上又将人与人之间的直接联系给切断了。这一切都使得很多孩子在基本的爱的需要、精神归属等方面长期处于一种严重匮乏状态。我们的调查发现，42.1%的青少年对“我经常有空虚的感觉”这一说法表示了认同，有超过三成（38.3%）的青少年会觉得“我经常感到孤独”。因此，从精神需要匮乏这个角度看，当代青少年学生所遭遇和正在承受的苦也许是上一代人所不曾经历和感受的。

成人往往会用其所遭遇的物质匮乏之苦来教育孩子，而孩子所遭遇的精神匮乏之苦却往往得不到成人的有效承认。这就使得在“何为苦”这个问题上，两代人之间存在认识和感受上的错位，从而导致双方很难在这方面产生共鸣。因此，当我们说现在的孩子缺少吃苦的时候，首先需要明确的是我们说的是哪种类型的苦。

2.“苦”的程度及其教育

苦不仅有类型之分，还有程度的不同。实际上，物质或精神层面的匮乏永远是相对的。在不同的历史发展阶段，在不同发展程度的国家和地区，“苦”都是相对的。当个体把自己当下的生活状态与某种所谓更高、更好、更先进的生活做比较时，相对意义上的苦必然会出现。从这个角度看，相对意义上的苦是人类进步和个人发展的深沉动力。当社会和个体都满足于当下的生活状况时，发展将失去其意义。

社会和个体的发展进步固然重要，但问题的关键在于，人们的需要多少算够？对于人的生存和发展而言，物质层面的需要是有边界的。如果将发展的需要建立在这种有边界的物质需要的基础之上，那么，一旦人们达成了这种需要的满足，发展将难以为继。现在社会通过媒体等手段，巧妙地实现了人的需要和欲望的“自然”替换，即用没有边界的欲望代替了有边界的需要。因此，从相对意义上讲，现代人的苦在很多时候是基于比较而产生的欲望，本质上是一种欲望之苦。这种苦构成了当下人的一种基本生活状态。正像有人所戏谑的，“你的生活苦不苦，关键在于邻居家的房子比你的大几平方米”。而当代孩子毫无疑问也正在遭受着这种欲望之苦的控制。我们可以看见，成人的攀比正在向孩子的生活世界延伸。比吃、比穿、比玩，正成为孩子日常生活交流的主题。尤其是寒暑假结束后，很多孩子会相互比较各自都去哪里旅行了。相比于到国外旅行的同学，在国内旅行的孩子会觉得自己“苦”；面对穿耐克的同学，穿李宁的同学可能会觉得自己“苦”。由此可见，从相对的角度看，现在的孩子对于苦的理解和感受已经发生了很大的变化。但是，成人似乎并未充分意识到这种相对意义的欲望之苦对于孩子的影响，而仅仅粗暴地从绝对意义的物质匮乏的角度来批评孩子，这实际上并未触及问题的本质。

因此，对学生进行“吃苦”教育，关键要认识到对于当代学生而言，什么才是其所遭受的真实的“苦”，避免成人和学生对“吃苦”理解上的错位。

如果说，“苦”代表的只是一种对匮乏状态的主观感受，更多的是一种消极的体验。那么，“劳”则更多指向一种生产性或创造性的实践活动。“劳”的存在是人们走出“苦”的生活境地的基本途径。因此“劳”的对立面应该是一种不思进取、坐享其成的生活状态。由此可见，相比于“苦”的负面感受而言，“劳”具有更多的正面意义和价值。

第一，“劳”的形态变迁与教育。

作为一种生产性和创造性的实践活动，“劳”是有其历史性的。即不同历史形态、不同发展阶段，“劳”的具体表征是不一样的。在工业革命发生之前，“劳”主要体现为一种手工劳作；工业革命之后，“劳”则体现为一种对机器大生产的操控；而在知识和信息经济时代，“劳”更多反映为一种科技的创新性实践。因此，从“劳”的形态的历史变迁来看，当下社会正处在多种劳动形态并存，知识和信息生产日益突出的时代。因此，当我们指责现在的孩子耐不了劳的时候，指的“劳”是何种形态上的“劳”呢？

从现实来看，人们对孩子“耐劳”方面的批评，更多的是基于传统劳动形态的特点而做出的判断。但如果从知识和信息时代的劳动特点来看，似乎现在的孩子对这种以创新为核心的知识和信息的生产劳动有着无比的热情和高参与度。这实际上提示我们，在思考如何对现在的孩子进行“劳”方面的教育时，需要从思想认识上充分意识到“劳”的形态的多样性。

第二，“劳”的价值及其教育。

除了需要从“劳”的形态的角度去思考相关教育的有效性之外，还有一个非常重要的前提性问题就是要解决“为何而劳”的问题。当前，很多家长秉持着“再苦不能苦孩子”的育人理念，已经将很多孩子本应通过劳动才能获得的东西无条件地“奉献”给了孩子，在客观程度上“剥夺”了孩子“劳”的可能。这既表现在日常生活中家长代办诸如剥鸡蛋之类的小事情，也表现在对孩子未来发展的安排上。也就是说，成人一方面剥夺了孩子“劳”的空间和条件，另一方面又试图培养孩子“耐劳”的品质，这在逻辑上是矛盾的。因为，如果成人已经客观上把孩子该做的事情都包办了，那么，孩子又怎么认可“劳”的意义呢？实际上，孩子“耐劳”品质的形成的最大敌人是他将自己所享受的一切都理所当然化。一旦一个人习惯了自己的生活已经被他人安排妥当，那么，“劳”对于他而言将不再具有任何意义，坐享其成便成为其理所当然的人生哲学。如果孩子从小都在包办的环境中成长，那么，如果我们突然哪一天要让孩子学会“耐劳”，这对于孩子而言是很难接受并会觉得成人是不可理喻的。因此，要让孩子“耐劳”，关键在于放手让孩子去做他该做并能做的事情，这样孩子才能够真切体会到劳动的生产性和创造性本质，也才能够真正获得劳动的价值感和幸福感。

另外，还有一个非常重要的现实问题是，本应具有正面价值和意义的“劳”不恰当地被社会给“污名化”了。当前，一些学校惩罚违规学生的重要方法就是罚学生去劳动，如打扫卫生等。这实际上是在以行动告诉学生，劳动并不高尚，它是一种让人不愉快的“惩罚手段”。在这样一种被污名化了的环境当中，我们又要求学生“耐劳”，这在逻辑上同样是十分荒谬的。从这个角度看，我们要想让学生“耐劳”，就必须彻底改变将劳动与惩罚联系起来的错误做法。

实际上，正如前文所说的，劳动本质上是一种生产性或创造性的对象化实践活动。这种活动既构成人存在的条件，也构成了人存在本身。正是在劳动这种对象化的实践活动中，人才能反观自我存在的价值和意义。缺少了必要的劳动实践，人就缺乏了自我对象化的重要对象，从而也就缺乏了从对象化的世界中反观自我的载体和能力。当前社会不断弥漫的无意义感，甚至出现学生自杀等极端现象，从一个侧面反映了人们正在丧失从对象化的世界中获得自我存在意义的能力。导致这一现象的原因是多方面的，其中一个重要的原因就在于当代学生借以实现自我对象化的劳动实践既少又单一。一旦以学习和升学为自我重要价值源泉的考试遭遇了挫折，学生就会失去自我赖以存在的根基。因此，对学生进行劳动教育必须高度重视学生本质力量对象化之后价值感和意义感的获得。如果以这样一种立场看待劳动，那么，劳动对于人而言就是一种需要。因为劳动意味着人生的自我赋值，在这种情况下，剥夺一个人的劳动将是对其最大的惩罚。这实际上提示我们，正确劳动舆论环境和劳动观的形成，是个体“耐劳”的思想保证。

综上所述，关于学生的“耐劳”教育，一方面要看到当前劳动形态的变化对学生的影响，另一方面则要正确认识劳动的存在价值，防止将劳动本身污名化。只有这样，才能增强劳动教育对于学生的合理性，从而提高教育效果。

二、当代学生的优势需求：自我实现

从马斯洛的需要层次理论来看，人的需要由生理的需要、安全的需要、归属与爱的需要、尊重的需要、自我实现的需要五个等级构成。由于低级需要直接关系个体的生存，当这种需要得不到满足时会直接危及生命。因此，基于低级需要匮乏所产生的需求动机是很强大的。

在很长一段时间里，我们之所以主要从低级需要满足的角度来激发学生的学习动机，一个非常重要的原因就在于，社会物质财富相对匮乏，人们基本的生存问题面临着很大的挑战。在这种情况下，教育作为有效实现人们低级需要满足的重要出路，毫无疑问对人有着非常强大的学习动机上的激发作用。这也是为什么过去我们从低级需要满足的角度去劝导一个人好好学习的时候，可以取得较好的教育效果的现实原因。

比如，对于一个饥肠辘辘的人而言，一个馒头这样的低级需要都具有巨大的诱惑和吸引力；但是，对于一个吃饱甚至吃撑的人来说，哪怕是山珍海味也很难勾起他的兴趣。这实际上表明，一个人的低级需要不管多么强烈，也有满足的边界。如果我们把一个人学习和教育的需要建立在有边界的低级需要的基础之上，那么，一旦这个人达到了低级需要满足的边界，学习和教育对他而言就很难再有吸引力。现在的孩子大多生活在不愁吃、不愁穿的物质丰富甚至过剩的时代，如果我们还是从谋生的低级需要去劝他们努力学习，那这样的劝说多半是无效的。

当代中国物质财富的积累比任何一个时代都更为丰裕，过去基于“谋生”的教育需要逻辑显然已经不适合富起来的现代中国。虽然中国的发展还存在城乡、区域间的较大差异，但经济总量已经跃居世界第二。再加上哪怕是生活暂时还不太富裕的家庭，也秉持着“再苦不能苦孩子”的育人理念，想方设法地替孩子遮蔽了诸多现实生活的物质匮乏之苦，因此，物质匮乏已经不是当代绝大多数青少年学生最直观的生活体验。面对不愁吃、不愁穿的孩子，我们在激发他们的学习需要的时候，就不能将这种需要建立在有边界的低级需要的基础之上，而应该将他们对学习的需要提升到没有边界的需要，即高级需要。

高级需要更多指向的是一个人精神层面的自我实现的需要。个体的高级需要会随着社会物质财富的不断增多而愈发强烈。关于这一点，我们可以从当代学生对高考志愿选择的价值取向来做进一步的分析。过去，人们在选择高考志愿的时候，更多考虑的是所选专业的就业前景和经济回报，而当前很多中学生同样看重专业与个人兴趣的符合程度。也就是说，他们看重所选择专业在多大程度上能够满足自我实现的需要，而不是仅仅考虑专业所带来的经济报酬。此外，相比于低级需要而言，高级需要从本质上讲是没有边界的。人是一种“未完成性”的存在。相比于很多动物的后代，人类的后代毫无疑问是极其脆弱的。很多动物的后代一生下来不久就会站立、觅食，但是，人类的后代有着漫长的婴儿期，需要成人的精心照顾才能存活。然而，人类漫长的婴儿期一方面表明了人类后代相比于其他生物的脆弱性，但另一方面也赋予了人类后代最为宝贵的资本——自我实现的自由。虽然很多动物的后代刚生下来时看起来比人类的后代强大，但是，其最大的不自由就在于动物一辈子只能受其本能的控制，根据上天所预设的生物基因走完其一生。但人类的后代不一样，上天并没有将人类的后代完全定型。这种未完成性使得自我实现成为人类最宝贵的自由。人类可以超越本能和生物属性的限制，走向无限的发展可能。

对于当代学生而言，他们或许不缺乏低级需要满足的条件，但是，他们可能普遍缺乏满足高级需要的意识、能力和途径。在很大程度上，高级需要更多的是内在指向而不是外在指向的。即个体基于高级需要所开展的活动，其基本价值诉求更多指向的是自我人性的完满，而不仅仅是一种外在物质需求的满足。也就是说，高级需要更多实现的是“人活得更像一个人”这样一个具有价值性的目的。实际上，人的存在不仅仅是一种生物性的存在，更是一种精神性的存在。正是后者，将人与其他生物区别出来。

人要满足高级需要，需要通过对象化的实践活动来实现。高级需要作为一种内在精神层面的需要，本质上是一种自我实现的需要。而人的自我实现最终带给人的是存在意义感和价值感的获得。这种意义感和价值感更多来源于被人需要的感觉。当一个人在社会生活中获得被人需要的感觉越多，那么，他的自我存在意义感和价值也就会越强。当前学生普遍存在意义感和价值感缺失的问题，非常重要的原因就在于，他们被人需要的来源太单一。很多家长和教师对于孩子最大的需要就在于，好好学习，取得好成绩。也就是说，当代学生获得存在意义感和价值感的途径主要聚焦在学习这一件事情之上。很多家长之所以不愿意让孩子劳动，一个非常重要的现实理由就在于担心会影响孩子学习。因此，一旦学生无法通过学习这样一种被社会所认可的合法途径获得其存在的意义感和价值感的时候，他们就特别容易发生精神性的意义危机。实际上，人要获得自我存在的意义感，获得被人需要的感觉，他必须有对象化的实践能力。即他必须能够通过主体对象化实践的方式，向他人展示其创造的价值，并在这个过程中体会到自我本质力量实现的精神愉悦。而劳动是一个人本质力量对象化的基本途径。只有在劳动中，人的本质力量才能作用于一定的对象，并引起对象的变化，从而达到满足人的需要的目的。因此，新时代的劳动教育在价值定位上，要能够满足学生优势需求转变这一重大现实。

三、劳动教育与学生的自我确证

过去的劳动教育对于个体而言，其基本价值在于工具性的谋生手段；而当代劳动教育对于个体而言就不仅是具有工具性的外在价值，更具有存在性的内在价值。也就是说，新时期的劳动教育越来越成为当代人最重要的存在方式。

作为工具性的劳动教育，更多的是解决个体的谋生问题。在这种情况下，人更多的是被劳动所奴役。而此时的劳动对于个体来说，是一种不得不为之的无奈之举。关于这一点，我们可以从历史与现实中人们对于劳动的基本态度中窥见一二。在很长一段时间里，摆脱甚至逃离劳动（尤其是体力劳动）被视为一个人高贵身份的重要表现。因此，劳动对于人来说就成为了一种存在性的悖论，即我们当下之所以需要劳动就是为了能够有朝一日摆脱劳动。这种劳动观念的产生，根本原因在于生产力的相对低下和社会财富的有限性所造就的人剥削人的社会关系，但其直接原因则在于我们更多的是从工具——手段论的角度来论述劳动之于人和社会的必要性。甚至在有些时候，劳动会成为我们惩罚一个人的重要手段，而这实际上是对劳动本身的污名化。

当前，随着社会生产力的快速发展，人们物质生活水平的不断提高，劳动自身的存在性价值将会日益凸显。也就是说，劳动以及劳动教育虽然对于个体而言，依然具有重要的工具性价值，但是，劳动在使得个人自我价值实现，获得存在的价值感和意义感之类的存在性价值将会变得越来越重要。

首先，新时期的劳动教育要能够确保人获得自我存在的价值感和意义感。劳动创造人，这是恩格斯在《劳动在从猿到人转变过程中的作用》一文中的基本观点。在恩格斯看来，“社会本能是从猿进化到人的最重要的杠杆之一。最初的人想必是群居的，而且就我们所能追溯到的来看，我们发现，情况就是这样”。[①]由此可见，劳动在使人从猿转变为人的过程中，不仅改造了人的生理结构，使人可以直立行走，而且也从根本上改变了人的关系形态，赋予了人一种价值性的存在。不仅如此，“整个所谓世界历史不外是人通过劳动而诞生的过程，是自然界对人来说的生成过程”[②]。作为人，不仅仅指向拥有

---

① 马克思，恩格斯．马克思恩格斯文集（第十卷）[M]．中共中央马克思恩格斯列宁斯大林著作编译局，编译．北京：人民出版社，2009：413.

② 马克思，恩格斯．马克思恩格斯全集（第四十二卷）[M]．中共中央马克思恩格斯列宁斯大林著作编译局，编译．北京：人民出版社，1979：131.

"人"这个物种的所有先天基因，更指向获得一种社会性的规范和自我的价值基点。人不同于其他生物的根本特征就在于人需要存在的理由——价值感和意义感。没有这些，人就空具人的皮囊而无人的实质，成为行尸走肉之人。而人的价值感和意义感的获得是一种对象性的活动。人自我存在的本质力量需要在对象化的活动中自我创造、自我生成，才能反观自我存在的理由。劳动毫无疑问就是人类社会独有的、自觉的对象化实践。马克思就明确指出，包括生产劳动在内的所有实践活动是人类改造客观世界和主观世界的必由之路。缺少了必要的劳动实践，人就缺乏了自我对象化的重要对象，从而也就缺乏了从对象化的世界中反观自我的载体和能力。因此，新时期的劳动教育必须高度重视学生本质力量对象化之后价值感和意义感的获得。

其次，新时期的劳动教育应在丰富人的关系性方面有所作为。关系性是现实的人的基本属性。人生的丰富程度在很大程度上取决于个体关系的丰富程度。马克思认为，"人的本质不是单个人所固有的抽象物，在其现实性上，它是一切社会关系的总和"[①]。而在"一切社会关系总和"中最重要的、最根本的是生产关系。"人们在生产中不仅仅同自然界发生关系。他们如果不以一定的方式结合起来共同活动和互相交换其活动，便不能进行生产。为了进行生产，人们便发生一定的联系和关系，只有在这些社会联系和社会关系的范围内，才会有他们对自然界的关系，才会有生产。"[②]因此，在劳动中，既有人与人之间相互协作的合作关系，也有人与自然万事万物的和谐共生关系。可以说，一个人劳动的广度和深度，将会极大地丰富其关系的多样性，进而会提升其生命的厚度和深度。而且，"生产劳动给每一个人提供全面发展和表现自己全部的即体力的和脑力的能力的机会，这

① 马克思，恩格斯．马克思恩格斯选集（第一卷）[M]．中共中央马克思恩格斯列宁斯大林著作编译局，编译．北京：人民出版社，2012：135.

② 马克思，恩格斯．马克思恩格斯全集（第六卷）[M]．中共中央马克思恩格斯列宁斯大林著作编译局，编译．北京：人民出版社，1961：486.

样，生产劳动就不再是奴役人的手段，而成了解放人的手段。因此，生产劳动就从一种负担变成一种快乐”。[①]但随着现代社会劳动技术程度的不断提高，由此带来的劳动的个体化、刻板化问题日益突出，劳动逐渐从丰富人的关系的重要场域异化为单子式个体的生产机器。与此同时，年轻一代又由于从小生活在以现代化著称的钢筋水泥丛林当中，他们的关系形态已经逐渐窄化为与冰冷且毫无生命活力的客观事物的关系。关系的碎片化和物质化，必然导致现代学生日益走向自我中心，走向与自然的对立面，从而造就出一批感觉单一、自以为是的“机械人”。他们之所以机械，是因为他们失去了与世间万事万物的有机联系，也就失去了诸多可能性。而可能性恰恰是人生的魅力所在。因此，迫切需要通过劳动教育重新建构学生与自然、与社会、与他人的丰富关系，使学生在劳动中享受作为可能性存在的人的美好。

再次，新时期的劳动教育最终必然落实到学生审美人格的培养上。自我价值感的获得、关系丰富性的重构本质上指向的是一种审美的人生境界的达成。马克思在他的早期作品《1844年经济学哲学手稿》中就提出了“美是人的本质力量对象化”的命题。所谓人的本质力量，主要指向的是人的主体性理想本质，是一种自由自觉的类特性活动；所谓对象化，包含了实践性对象化、精神性对象化和象征性对象化三个层面。[②]而美就是作为主体的人的自由自觉的特性在生产实践、精神创作和文化表达上的生动体现。这是人的生产与动物的“生产”相比所独具有的“美的规律”，即“动物只是按照它所属的那个种的尺度和需要来建造，而人却懂得按照任何一个种的尺度来进行生产，并且懂得怎样处处都把内在的尺度运用到对象上去；因此，人也

① 马克思，恩格斯．马克思恩格斯全集（第二十卷）[M]．中共中央马克思恩格斯列宁斯大林著作编译局，编译．北京：人民出版社，1971：318.

② 实践性对象化主要指的是人在认识和掌握客观对象的内在结构和客观规律的基础上，借助一定工具和技术所实现的对客观对象的改造，以使其满足人的需要的物质性生产实践活动。精神性对象化主要指的是人对包括自身在内的所有客观对象在意识层面进行体验、感知、想象、思维等观念创造活动。象征性对象化主要指的是精神性对象化产品的外在化表现形式。

按照美的规律来建造”。[①]这里的美体现了人的自由自觉的创造性实践活动，属于社会美的范畴。实际上，人类第一个历史活动，就是生产满足基本衣、食、住等需要的物质资料生产活动。正是在实践性的对象化活动中产生了最初的美，因此，最初的美的形态大多是生产性的。关于这一点，我们在人类早期的岩石绘画主题中可以明显看出来。个体或群体在改造客观世界过程当中所体现出来的不断自我超越、不屈不挠、怡然自得的精神，是美的重要内涵。当今社会，人们往往将美等同于感官化的形式体验，普遍存在着一种对美的内涵缺乏审美能力的时代弊病。祛除这种弊病的良药就是劳动。只有在对象化的劳动中，人们才能深切感知到那种人的类特性中自由自觉的类本质的伟大之处，才能仔细体会出人类文明的可贵，才能深刻领悟自我在人类伟大成就面前的渺小。因此，新时期的劳动教育必然倡导基于劳动基础之上的现代审美人格的培育，让学生在劳动中发现美、欣赏美和创造美。

由此可见，新时期的劳动教育之于个体而言，不仅仅是一种谋生的手段，更是个体的存在方式，是其获得价值感、意义感的重要途径。

① 马克思，恩格斯．马克思恩格斯全集（第四十二卷）[M]．中共中央马克思恩格斯列宁斯大林著作编译局，编译．北京：人民出版社，1979：97.

第三节
当代劳动教育的社会价值

劳动世界的变化，必然会带来劳动教育社会价值的改变。总体而言，当前的劳动世界主要呈现出以下几个方面的突出特点：（1）劳动的科技含量明显增强，科技作为第一生产力在劳动中的体现日益充分；（2）劳动的分工日益细化，由此形成的社会关系的复杂性不断提高；（3）劳动的对象不断拓展，自然的人化程度正向纵深发展。在这种情况下，劳动教育必然要呈现出新的社会价值。

一、劳动教育的科技创新意义

劳动的发展进步，最直接的推动因素主要集中在劳动工具的变革之上。可以说，每一次劳动工具的变革都会带来生产力的极大发展。而劳动工具的变革，毫无疑问是伴随着科技的进步实现的。

（一）劳动工具的技术变革

制造和使用生产工具是人区别于动物的重要标志，是人类劳动所独有的显著特征。在很大程度上，人类的劳动不仅是从制造工具开始的，而且几乎人类每一次生产力的解放，都与劳动工具的革新有着非常密切的关系。劳动工具在人类生产和社会生活中具有举足轻重的作用，甚至由劳动工具的变化所造成的社会生产方式的不同构成了各个时代得以相互区分的重要标志。对此，马克思明确指出：“各种经济时代的区别，不在于生产什么，而在于怎样生产，用什么劳动资料生产。劳动资料不仅是人类劳动力发展的测量器，而且是劳动借以进行的社会关系的指示器。”[①]“劳动工具更能显示一个社会生产时代的具有决定意义的特征。”[②]因此，从劳动工具的技术变革中，可以窥探整个劳动的发展变迁历程。正是基于人类历史上所出现的劳动工具的不同，有学者将社会的劳动形态区分成了手动劳动、机器劳动和智能劳动。[③]

最初的劳动形态，主要表现为人运用身体劳动器官（如手、臂）开展劳动。在这种情况下，人既是其劳动的主体，同时自身也构成了自我劳动的工具。也就是说，最初人是用将身体工具化的方式来获得对自然的改造。这样一种自我工具化的劳动，科技含量显然是很低的。

手工工具的出现，预示着劳动的科技含量开始增强。所谓手工工具，主要指的是人可以直接从自然界获取的工具或对自然物予以改造所形成的简单工具（如木棍、石斧）。相比于人自身器官的工具化，手工工具从其本质而言是人的器官的外化，或者说是人的躯体的延伸。譬如，砍砸石器可以被视为拳头的延伸，弓弩和钳子等则是手臂的延伸。手工工具的出现不是偶然，它是人在不断实践探索的过程中，伴随人类劳动经验的丰富、劳动能力的提高而出现的。

从18世纪60年代起，机器劳动开始逐步取代手工劳动，成为劳动的主导形态。对于机器劳动，马克思曾做过明确定义。他认为：“所谓简单的机器劳动，我们指的是应由看管工作机器的人来完成的辅助作业。”[④]其基本特征是机器代替人力成为劳动的主要工具。即人通过对机器的“看管”间接地实现对自然物的改造，从而将人从对

---

① 马克思，恩格斯．马克思恩格斯文集（第五卷）[M]．中共中央马克思恩格斯列宁斯大林著作编译局，编译．北京：人民出版社，2009：210.

② 马克思，恩格斯．马克思恩格斯全集（第二十三卷）[M]．中共中央马克思恩格斯列宁斯大林著作编译局，编译．北京：人民出版社，1972：204.

③ 曾天山，顾建军．劳动教育论[M]．北京：教育科学出版社，2020：9.

④ 马克思，恩格斯．马克思恩格斯全集（第四十七卷）[M]．中共中央马克思恩格斯列宁斯大林著作编译局，编译．北京：人民出版社，1979：520.

自然物的直接改造活动中解放出来。机器劳动的发展大致经历了两个主要的阶段。第一个阶段是以蒸汽机的发明与使用为标志的第一次工业革命，拉开了机器劳动取代手工劳动的序幕。第二阶段则是以电力的发明与应用为标志的第二次工业革命，机器劳动进入电气化阶段。不管是第一阶段的蒸汽机发明还是第二阶段的电力发明，都与当时科技的突破有着非常密切的关系。1776年瓦特能够制作出第一台有实际实用价值的蒸汽机，得益于当时物理学的发展。而第一台发电机的出现，也与1886年西门子所提出的电机工作原理有着非常密切的关系。

随着计算机和信息技术的不断发展进步，人类劳动迎来了智能劳动时代。关于智能劳动的定义，不同的学者或机构基于不同的视角会有不同的定义，但总体而言，他们都肯定智能劳动是以智能技术为基础，通过技术产业化形成的新的劳动形态。具体来说，智能劳动就是运用物联网、大数据、云计算、移动互联等新一代信息技术和智能装备对劳动诸要素进行深入、广泛、持久的改造与提升，推动产品与设备、生产方式以及管理和服务的智能化。目前，智能劳动正在快速进入人类生活的各个领域。包括智能家电、智能家居，等等。

从以上简要分析可以明显看出，人类的劳动将随着科技含量的不断增加而日益改变其曾经的形态。这实际上表明，新时期的劳动教育必然会随着劳动科技含量的增加而具有新的功能。

（二）劳动教育要促进科技创新

很长一段时间里，中国经济的腾飞主要是建立在制造业发展的基础之上的。2010年以后中国成为世界第一制造业大国，2018年我国制造业增加值占世界份额达到28％，是美国和日本两国制造业增加值的总和。在世界500多种主要工业产品当中，中国有220多种工业产品的产量居全球第一。中国成为名副其实的“第一制造大国”。但是，不可否认的是，我国现有的制造业大国地位在很大程度上是以大量廉价劳动力的支撑为根本保障的。也就是说，在整个世界劳动分工当中，我们更多承担着“来料加工”式的末端生产，在高端技术的研发方面，相比发达国家，我们仍然有着不少的差距。这就使得我国的高端产业特别容易遭到发达国家的技术封锁而陷入被动。据《科技日报》报道，我国被国外“卡脖子”清单包括：高端光刻机以及相关技术、芯片制造以及相关设计工程软件、个人电脑和手机操作系统以及相关工程软件、航空发动机、触觉传感器、真空蒸镀机，等等。[①]中国要实现从制造业大国向制造业强国转变，关键在于提高核心技术自主研发能力。

这实际上表明，当代中国劳动教育不仅要承担个人劳动观念、劳动精神、劳动能力和劳动习惯的培养任务，更要承担劳动创新的重要时代使命。为此，中共中央、国务院2020年颁布的《关于全面加强新时代大中小学劳动教育的意见》就明确要求劳动教育要体现时代特征，适应科技发展和产业变革，针对劳动新形态，注重新兴技术支撑和社会服务新变化；深化产教融合，改进劳动教育方式；强化诚实合法劳动意识，培养科学精神，提高创造性劳动能力。实际上，在当前，“劳动不再是为了产生标准化货品和服务，而是转向不断制造新的（或已有的）独异的、有吸引力的货物，劳动本质上已上升为一种文化性生产的创意性劳动”[②]。在劳动“独异性”的要求下，劳动主体“被要求独异，自己也想独异——想有一套能力和天资，做出别人无法替代、尽可能与众不同的表现”[③]。因此，新时期的劳动教育不能够囿于过去劳动教育的简单做法，要能够主动意识到劳动创新对于整个中国社会的积极意义。

① 卡脖子清单：哪25项科技卡住了中国咽喉？[EB/OL]. https://xueqiu.com/6505653319/182628036，2021-06-01.

② 安德雷亚斯·莱克维茨．独异性社会：现代的结构转型[M]．巩婕，译．北京：社会科学文献出版社，2019：133.

③ 安德雷亚斯·莱克维茨．独异性社会：现代的结构转型[M]．巩婕，译．北京：社会科学文献出版社，2019：134.

具体而言，当代劳动教育要充分发挥其技术创新功能，重点在于充分培养学生创意物化的意识和能力。学生的创意物化能力不会凭空产生，它必然是建立在对其他知识的深入学习、领会的基础之上的。纵观人类历史上的每一次劳动工具的变革，都与当时科学知识的突破和创造性应用有着非常密切的关系。没有相应的科学知识，仅靠个人一厢情愿的劳动热情，是很难实现劳动工具的革新，进而实现劳动的进步的。因此，只有当代劳动教育比任何一个时代都要更加紧密地与德智体美其他四育结合在一起，才能确保劳动创新有必要的知识前提，否则，劳动教育就很难发挥其推动科技进步的功能。

二、劳动教育的制度认同功能

劳动不仅仅是一个事关物质、经济层面的问题，更是一个事关社会公平正义的制度问题。有研究者指出：劳动范畴的辩证运用不仅构成了马克思历史唯物主义的理论骨骼，而且是其历史唯物主义在社会存在和社会意识的辩证关系、阶级和阶级斗争、国家和社会革命等重要原理的逻辑展开。①因此，劳动教育之于社会，就不仅仅是一种器物层面的价值关系，更是一种具有制度意蕴的价值关系。尤其是在当前这样一个日益复杂的劳动世界面前，劳动教育更应充分发挥其积极的制度认同功能。

（一）日益复杂的劳动世界

相比于过去的劳动，当代劳动的复杂性日益增强。这一方面表现为基于劳动分工基础之上的整个社会分工正向纵深发展，另一方面则表现为以劳资关系为核心的劳动制度的变化。这些变化必然会对新时期的劳动教育提出新的价值期待。

在传统的自给自足的小农经济时代，个体在基本的生活需要方面几乎不用依赖他者的供给。在这种情况下，整个社会的劳动分工并不

① 任琳. 关于劳动范畴是历史唯物主义逻辑起点的省思[J]. 甘肃理论学刊，2013（4）：151-154.

充分，基于劳动所形成的社会关系是相对简单的。人与人之间的关系从本质上讲是一种“机械团结”，即社会的团结是建立在社会构成要素之间的彼此相似或相同的性质基础之上的。也就是说，人和人之间更多是通过彼此共同的血缘纽带、精神信仰等的一致性而团结在一起，而不是依靠人与人之间的功能互补性而共同生活的。这样一种社会团结方式就决定了个体劳动更多的是一种“为我”的劳动，因而其所产生的社会影响范围是有限的。在这样的社会背景下所进行的劳动教育，只需重点考虑其自我的谋生价值即可，不需要考虑个体劳动的社会意义。

随着生产力的不断提高，社会分工日益精细，当代社会的劳动分工已经不仅仅是超越一个经济单位的社会范围的生产分工，如社会生产分为农业、工业等部门的一般分工；而这些大的部门又再细分为重工业、轻工业、种植业、畜牧业等产业或行业的特殊分工。1999 年，我国第一版《职业分类大典》颁布，其中共收录了 1838 个职业。进入新世纪，随着社会发展、科技进步和产业结构升级，我国社会职业构成和内涵发生了很大变化。2015 年新修订的《职业分类大典》，与 1999 年版（含 2005 年版、2006 年版、2007 年版增补本）相比，共计新增 347 个职业，减少 547 个职业。其中，2015 年版《职业分类大典》在“生产制造及有关人员”大类中减少了 526 个职业；在“农、林、牧、渔业生产及辅助人员”大类中减少了 83 个职业；而在“专业技术人员”和“社会生产服务和生活服务人员”大类中，职业数量分别增加了 11 个和 81 个。

由此可见，当代社会的劳动分工与过去社会相比已经发生了深刻的变化。在这种情况下，人与人之间的团结方式也由过去的“机械团结”走向“有机团结”，即社会成员在活动层面的分工合作（互补性）和意识层面的共生性，分工使交换成为必然，交换使行动者在功能上互补，在意象上共生。[①]分工不仅成了社会团结的主要源泉，同

① 高丙中. 社团合作与中国公民社会的有机团结[J]. 中国社会科学，2006（3）：110-123，206-207.

时也成为了道德秩序的基础。[①]具体而言，分工使得每个人都将自己社会生活的一部分（甚至是绝大多数）交付给他人，个人利益只有通过一种与他人合作的社会性方式才能得到满足。[②]在有机团结的社会中，人与人团结在一起的基础不是彼此的相似性，而是彼此的差异性。在这种情况下，人和人之间的团结是一种功能上的互补。即个体的劳动不仅指向个人生活的需要，还承担着非常重要的满足他人需要的功能。因而，当代的个体劳动所具有的社会影响就完全超出了个体的劳动范围，而会给他人的切身利益带来深远的影响。

当代劳动世界的复杂性除了表现为分工的细化所带来的人与人之间利益关系的复杂性外，还有一个非常突出的现实表现就在于，劳资关系的复杂性也空前增强。虽然社会主义制度的建立为我国劳动者基本权益的实现提供了坚实的制度保障，但是不容忽视的是，中国当前还处于社会主义初级阶段，整个中国社会生产力的发展还不够充分，社会财富还不够丰富，劳动者在不同职业之间的自由流动还不够充分，体力劳动和脑力劳动的分离依然不同程度存在。这一切都表明，在社会主义初级阶段，劳动对于劳动者而言，还具有不同程度的压迫性。只有“在迫使个人奴隶般地服从分工的情形已经消失，从而脑力劳动和体力劳动的对立也随之消失之后；在劳动已经不仅仅是谋生的手段，而且本身成了生活的第一需要之后；在随着个人的全面发展，他们的生产力也增长起来，而集体财富的一切源泉充分涌流之后——只有在那个时候，才能完全超出资产阶级权利的狭隘眼界”[③]。这就使得当前中国的劳动关系呈现出明显的多元化特征，既包括劳动者与国有企业、集体经济之间的关系，也包括劳动者与私营经济、个体经济、外资经济等经济实体的关系。在这种情况下，劳动与资本的

① 涂尔干. 社会分工论[M]. 渠东，译. 北京：生活·读书·新知三联书店，2000：359.

② 张凤阳. 契约伦理与诚信缺失[J]. 南京大学学报（哲学·人文科学·社会科学版），2002（6）：33-39.

③ 马克思，恩格斯. 马克思恩格斯选集（第三卷）[M]. 中共中央马克思恩格斯列宁斯大林著作编译局，编译. 北京：人民出版社，2012：364-365.

关系会存在诸多不和谐的可能。比如，在社会财富的分配中存在的“强资本弱劳动”的现实问题。如何引导学生更好地理解这些劳动世界的真实社会问题，毫无疑问，也是当代劳动教育必须要高度关注的重要议题。

（二）劳动教育与制度认同

如果说在传统社会，劳动更多的是关乎个人利益的事情，那么，在这样一个分工细化的时代，劳动则具有突出的社会意义。现实中存在的诸多劳资关系问题，也会深刻影响着学生对我们国家制度的认同。因此，当代劳动教育必须要着力考虑其在学生制度认同方面的积极作用。这实际上要求，劳动教育必须增强其思想含量，要能够为学生理解劳动世界提供必要的世界观和方法论。

长期以来，人们对劳动教育理解最大的偏颇就在于，认为劳动教育主要是劳动的事情，因而将劳动教育降格为简单动动手，流流汗。实际上，劳动有着非常鲜明的社会特性。过去的劳动教育更多强调的是人通过劳动实现自然物的对象化，但是却在很大程度上忽视了对人在对象化的劳动实践中进行有意识的、具有教育性的价值引导。如果说，这种“低思想含量”的劳动教育在生产力落后、劳动世界简单的社会尚且具有其存在的合理性的话，那么，在当前复杂的劳动世界面前，这样一种过于技术化的劳动教育显然不能很好地满足当前社会发展的需要。

对于当代劳动教育而言，要增强劳动教育的思想含量，重点在于帮助学生理解资本主义和社会主义制度下劳动的社会属性的不同，进而能够在比较中获得对社会主义优越性的理性认同。社会主义制度下所存在的劳资问题与资本主义制度下所存在的劳资问题，就其表现形式而言具有较大的相似性，但是二者实质上是性质截然不同的问题。在资本主义社会，劳资问题的产生源于私有制，本质上是一种阶级对抗关系。但在社会主义制度下，劳动者作为国家主人的地位是受宪法保护的。当前所存在的诸多劳资关系的不和谐问题，主要是由于我国现阶段实施的以公有制为主体、多种所有制经济共同发展的经济制度在实践的过程中还存在不完善、不健全的地方引起的。因此，二者的关系不是一种阶级对抗的关系，而是劳资双方在追求各自利益诉求方面存在不一致的关系问题。这一问题的解决，主要是通过不断变革和完善相关的制度来实现的。

实际上，党和国家高度重视劳资关系问题。党的十九届四中全会明确提出要“坚持多劳多得，着重保护劳动所得，增加劳动者特别是一线劳动者劳动报酬，提高劳动报酬在初次分配中的比重”。可以说，在社会主义初级阶段，劳资关系存在不和谐关系是一个客观现实，但这一问题必然会随着社会主义经济制度的不断完善得以逐步解决。

当代劳动教育如果不能就以上问题对学生进行必要的引导，学生就容易被事物的现象所迷惑，进而动摇其对社会主义制度优越性的认识。因此，当代劳动教育需要突破过去主要聚焦于从生产力的角度来看待其与社会发展关系的局限，自觉将劳动教育与制度认同结合起来，从而彰显劳动教育对于社会制度建设的积极意义。

三、劳动教育的生态文明价值

劳动是人类生存的第一前提。“动物仅仅利用外部自然界，单纯地以自己的存在来使自然界改变；而人则通过他所作出的改变来使自然界为自己的目的服务，来支配自然界，这便是人同其他动物的最后的本质的区别，而造成这一区别的还是劳动。”[①]虽然劳动的目的是“将合目的性形式赋予对象”，是基于“外部无机工具与人体的有机器官相耦合而构成服务目的工具系统”[②]，实现自然物质性状的变换

① 马克思，恩格斯．马克思恩格斯全集（第二十卷）[M]．中共中央马克思恩格斯列宁斯大林著作编译局，编译．北京：人民出版社，1971：518.

② 陈晏清，王南湜，李淑梅．现代唯物主义导论——马克思哲学的实践论研究[M]．北京：北京师范大学出版社，2017：128，129.

过程。但是，劳动却不是一个仅凭人自身就能够完成的活动。劳动就其最基本的形式而言，是人与自然的物质交换关系。因而，人的劳动不仅仅要体现人存在的目的性，也要充分考虑劳动对象——自然这一世界的内在规律性。如果人在劳动中只考虑人自身的利益诉求，而忽视了自然的承载力，那么，自然必定以自己的方式对人类施以报复。当前，随着劳动工具的不断革新和生产力的不断进步，人类劳动的对象在广度和深度方面已经发生了翻天覆地的变化，人类不再像过去那样受制于“日出而作，日落而息”的工作状态。伴随而来的，则是自然生态破坏的进一步加剧。生态问题已经超出劳动领域，成为了一个事关人类生存和发展的重大现实课题。当代劳动教育如果还仅仅从劳动主体的目的性诉求出发，而不考虑其对象约束性，那么，我们的劳动教育将很难回应时代发展的新诉求。

（一）劳动的自然制约性

劳动毫无疑问是人与动物得以相互区别的重要依据。究其原因在于，劳动是一种充分彰显主体能动性的对象化实践活动。因此，劳动当中必然包含着人的目的性追求。人在劳动中“不仅使自然物发生形式变化，同时他还在自然物中实现自己的目的，这个目的是他所知道的，是作为规律决定着他的活动的方式和方法的，他必须使他的意志服从这个目的”[①]。但是，这并不意味人的劳动仅仅是一种合目的性的活动，它同时也是一种合规律性的活动。实际上，“劳动着的人能够把自然对象和自然力的属性及它们的运动规律纳入一些全新的组合之中，使它们具有全新的职能和作用方式。但是，由于这些只能在自然规律的本体论上不可扬弃的范围内进行，因此，自然范畴的唯一变化仅仅在于它们——在本体论意义上——被设定；它们的被设定的存在乃是被纳入其规定作用的目的论设定的中介，这样，从所设定的因

① 马克思，恩格斯．马克思恩格斯全集（第二十三卷）[M]．中共中央马克思恩格斯列宁斯大林著作编译局，编译．北京：人民出版社，1972：202.

果性与目的论的相互交织中同时就产生了一种统一的同质的对象、过程，等等。这就是说，自然和劳动、手段和目的就造成了某种自身同质的东西：劳动过程以及最终的劳动产物”[①]。当前，人类劳动引发了诸多生态问题，一个非常重要的原因就在于，过于高扬了人作为劳动主体对自然的征服，却在很大程度上忽视了自然规律的内在制约性，这必然导致人类对自然界的破坏。

“人类进入工业文明时代以来，传统工业化迅猛发展，在创造巨大物质财富的同时也加速了对自然资源的攫取，打破了地球生态系统原有的循环和平衡，造成人与自然关系紧张。”[②]在工业化初期，以煤炭为主要动力的大机器生产就造成了严重的空气污染，随着工业化的不断推进，人类对金属、石油、木材、淡水等自然资源的需求越来越大，造成了全球性的生态环境破坏。据全球碳计划组织（Global Carbon Project）统计，1900 年全球碳排放为 19.57 亿吨，到 2018 年已经达到 168.31 亿吨。此外，卫星监测记录数据显示，在 19 世纪 90 年代和 20 世纪初，巴西的雨林被大量破坏，有时每年损失超过 20000 平方公里。造成以上问题的原因是多方面的，但是，没有充分考虑自然的承载力而盲目开采，是其中一个非常重要的原因。因此，新时期的劳动教育不能够仅仅从人的主体需求角度来考虑劳动，更需要从对象的承载力的角度来思考人类劳动的活动边界。

正因为如此，生态环境问题成了包括中国在内的整个世界都非常关注的世界性议题。在 1992 年里约热内卢联合国环境与发展大会上，160 多个国家签署了《联合国气候变化框架公约》。1997 年的《京都议定书》以控制温室气体排放为突破口，首次以国际公约的形式对特定国家的特定污染物排放量作出定量限制，确定了发达国家减少温室气体排放量的具体指标，区分了发达国家和发展中国家的不同义务。2015 年的巴黎气候变化大会通过的《巴黎协定》为 2020 年后全球应

① 卢卡奇．关于社会存在的本体论（下卷）[M]．白锡堃，等，译．重庆：重庆出版社，1993：17．
② 习近平．习近平谈治国理政：第三卷[M]．北京：外文出版社，2020：360．

对气候变化行动作出安排。我国的《2020年国务院政府工作报告》指出，我国要提高生态环境治理成效；加强污水、垃圾处置设施建设，推进生活垃圾分类；壮大节能环保产业；实施重要生态系统保护和修复重大工程，促进生态文明建设；推动煤炭清洁高效利用，发展可再生能源，完善石油、天然气、电力产供销体系，提升能源储备能力。同时扩大环境保护、节能节水等企业所得税优惠目录范围，促进新型节能环保技术、装备和产品研发应用，培育壮大节能环保产业；引导银行扩大信用贷款、持续增加首贷户，推广随借随还贷款，使资金更多流向科技创新、绿色发展……在这样的时代背景下，劳动教育应该在我国生态文明建设上有所作为。

（二）劳动教育与生态文明

当前，生态问题已成为一个突出的全球性时代问题。“鉴于人类有目的的劳动活动所导致的种种不符合和违背人类生存和发展目的的严重后果，如自然界对人类的报复和惩罚、人类由于过度争夺自然资源而产生的战争和杀戮，如何解决劳动活动中因果性与目的性、合规律性与合价值性的矛盾，便成为整个人类所面临的共同的和首要的问题。”[①]这一问题的有效解决，既需要各国通力合作，通过技术革新的方式实现产业结构的换代升级，减少对自然的破坏；同时，也需要劳动教育的积极作为。

劳动作为一种满足主体目的性需求的对象性活动，必然要求劳动是目的性与规律性的统一。即劳动既需要充分考虑主体的需求意愿的满足，同时也需要考虑对象的特点和内在规律。因为，人一旦失去了对象化的前提——自然的存在，那么，人也就失去了劳动的最必要的前提条件。同时，作为自然一部分的整个人类也就丧失了其得以存在的基本条件。“因此我们必须时时记住：我们统治自然界，绝不像征服者统治异民族一样，绝不像站在自然界以外的人一样，——相反

① 王江松．劳动哲学[M]．北京：人民出版社，2012：261.

地，我们连同我们的肉、血和头脑都是属于自然界，存在于自然界的；我们对自然界的整个统治，是在于我们比其他一切动物强，能够认识和正确运用自然规律。”[①]因此，要确保劳动的可持续发展，就必须要有明确的对象意识。只有把对象的属性充分与主体的意愿有机结合，劳动才能够更好地彰显其时代价值。劳动的这一特点就天然地包含了生态文明教育的因素在里边。

长期以来，人们更多的是从主客二分的立场去看待劳动主体和劳动对象的关系，认为劳动对象的价值或者意义仅在于其工具性，因而，认为人可以凭借其主体性对劳动对象进行任意的操作。实际上，人的主体性的发挥是深受对象的可能性的限制的。也就是说，人类“设定的目的能否实现，这仅仅取决于在确定手段时究竟在多大程度上把自然的因果性转变成了——本体论意义上的——设定的因果性。目的的设定产生于社会的人的需要；然而，为了使它成为一种真正的目的设定，对于手段的确定，即对于自然的认识，必须达到一定的与这些手段相适应的水平；如果这些手段尚未获得，那么，目的的设定就仅仅是一项乌托邦工程，一种梦想”[②]。因此，当代劳动教育必须要有充分的对象意识。这种具有对象意识的劳动教育必然要求尊重自然规律，必然要求要采用一种环境友好的方式来进行生产，而这也就必然会促进生态文明建设的健康发展。

具体而言，当代劳动教育要贯彻“生态正义”原则，“最初的生态正义指向的是社会各阶层拥有公平享受环境资源的权利、公平承担环境责任和义务的理念。随着生态美学、环境美学的介入，生态正义以一定特殊性的立场指向了对非人类世界的正义问题的关注”。[③]实际上，劳动所引发的诸多生态问题，表面上看是人与自然之间的紧张

① 马克思，恩格斯. 马克思恩格斯全集（第二十卷）[M]. 中共中央马克思恩格斯列宁斯大林著作编译局，编译. 北京：人民出版社，1971：519.

② 卢卡奇. 关于社会存在的本体论（下卷）[M]. 白锡堃，等，译. 重庆：重庆出版社，1993：19.

③ 李政林. 面向生态正义的生态劳动教育[J]. 苏州大学学报（教育科学版），2021（4）：72-79.

关系，但背后则是人与人、人与自身欲望之间的利益平衡关系问题。西方生态学马克思主义思想反对“将生态危机简单地归咎于科学技术和人类中心主义的观念，主张从经济生态学转向社会正义”[①]。因此，劳动教育要想在新时期发挥其生态文明建设的功能，就“要尽可能化解生态危机，就应该从生产方式的角度去审视，要深刻认知只有确保一种生产方式的正义才能在真正意义上实现人与自然和谐共生的生态正义”[②]，即在整个生产劳动过程中用符合正义的方式平衡好代与代之间、人与自然之间的利益关系，从而实现包括人类在内的整个生态的可持续发展。

综上所述，在新的时代背景下，社会对于劳动教育的价值期待必然会呈现出明显的时代特点。只有将劳动教育与社会发展的需求主动结合，才能够更好地发挥劳动教育的社会价值。

① 廖小明．生态正义——基于马克思恩格斯生态思想的研究[M]．北京：人民出版社，2016：24．

② 陈云．生态正义之理论建构——以“生产性正义”和“生产关系正义”为切入点[J]．理论探索，2020（5）：39-47.

第三章

劳动教育目标的时代内涵

劳动教育目标是劳动教育的首要问题。这主要是因为，目标既是行动的出发点，又是行动的落脚点。如果在目标问题上发生偏差，那么，整个劳动教育体系将会发生方向性的错误。当前，劳动教育实践存在的诸多问题，大多与对劳动教育目标认识的模糊存在很大的关系。因此，需要对劳动教育的目标进行必要的理论澄清。

第一节
劳动教育的目标审视

虽然劳动教育目标对于劳动教育而言意义重大，但是，不管是理论还是实践，对于劳动教育目标这一劳动教育的关键性问题却存在诸多语焉不详的地方。比如，劳动教育与德智体美其他四育在育人目标上有何不同？劳动教育与“教劳结合”的关系是什么？这些问题既是劳动教育目标方面的问题，更是涉及劳动教育自身作为独立一育存在合法性的核心问题。

一、劳动教育与德智体美四育①

对于劳动教育的意义，人们几乎没有太多的争议。但是，对于劳动教育是否具备成为独立一育的条件，是否能够与德智体美四育在逻辑上并列，学界并未取得一致的意见。表面上看，劳动教育是否能够作为独立一育与其他四育一起共同构成全面发展教育的有机组成仅仅是一个逻辑层面的讨论问题，但是，一旦劳动教育不能与其他四育在逻辑上并列，就意味着劳动教育并没有其独立的教育目标，这势必会动摇劳动教育作为独立一育存在的合法性。因此，需要对当前有关劳动教育地位的不同主张进行必要的澄清。

（一）关于劳动教育地位的不同主张

总体而言，关于劳动教育的地位问题，有两种主要的对立的观点：一种观点是赞同和主张将劳动教育与德育、智育、体育、美育并

① 这部分内容主体部分已经发表于《思想理论教育》2022年第4期。

列作为学校整体教育的有机组成部分。黄济先生是这一观点的主要倡导者。他在《关于劳动教育的认识和建议》一文中，就明确提出劳动教育应列为全面发展教育的组成部分。其基本理由是劳动教育在人的全面发展教育中的地位和作用，不是德智体美各育所能完全替代的，它在实现人的全面发展教育中有着特殊的地位。尤其是在独生子女的教育成为一个现实问题的时候，劳动教育在培养青少年的独立生活能力、勤俭朴实的生活作风，以适应社会发展的需求上，有着其他各育不能替代的作用。另外一种观点则是明确反对将劳动教育作为全面发展教育的重要组成部分，其代表人物是瞿葆奎先生。他在《劳动教育应与体育、智育、德育、美育并列？——答黄济教授》一文中，认为劳动教育虽然极其重要，但是从逻辑层面而言，它显然不是与德智体美四育在同一逻辑层面。当前，关于劳动教育的诸多误读，与学界对教育与生产劳动相结合这一命题中的关键概念，如智体、体育、教育的翻译错误有着非常大的关系。德智美属于人的“心”的层面范畴，而体则属于人的“身”的层面的范畴，身与心构成了完整的人的基本要素。因此，劳动教育是另一类教育、另一个层次的教育，它不能、也不应与体育、智育、德育、美育并列为人的全面发展教育的组成部分。

对于黄济先生和瞿葆奎先生的不同主张，郑金洲教授做了一种综合性的调和。他认为，两位先生关于劳动教育地位的不同主张，主要源于彼此分析劳动教育的角度不同。从学术逻辑的角度看，劳动教育的确不宜和智育、美育、德育、体育并列，但从实践逻辑和历史逻辑的角度看，把劳动教育纳入全面发展教育有其合理性。[①]具体而言，黄先生主要是从实践逻辑的角度来强调劳动教育属于全面发展教育中与德智体美四育并列的独立一育。而瞿先生则主要是从学术逻辑的角度来强调劳动教育与德智体美四育划分逻辑的不一致性。这样一种调

① 郑金洲．劳动教育的“自立性”辨析——兼谈黄济、瞿葆奎先生的为学与对劳动教育的论辨[J]．教育研究，2021（2）：35-44．

和看似解决了黄先生与瞿先生在劳动教育地位看法上的不同主张，但是仍有诸多需要进一步讨论的问题。比如，学术、实践、历史这三种逻辑是一种并列的关系还是彼此间具有内在的逻辑关系？当这三种逻辑所主张的观点不一致的时候，相关的政策、实践该如何选择？实际上，作者也意识到了这种调和的局限，因而在最后也承认："随着时间的推移，随着我们更多更好地向历史学习，在充分占有实践材料的基础上进行抽象概括，三者的分离现象会逐渐减弱甚至消失。这需要我们这些后学不懈努力！"[①]

除了这两种鲜明对立的观点外，关于劳动教育的地位，学界还存在"中介说"。持这一观点的主要代表是檀传宝教授。他从教育功能和教育内容的层次性的角度，分别阐述其关于劳动教育的中介地位。其核心观点是，劳动教育是一般素养培育意义上的"教育"完成之后受教育者走向真实"劳动"世界的"过渡"或者中介教育形式。[②]劳动教育地位中介说的提出依据就在于，人的素养是物质素质和精神素质的统一，物质素质对应于人的身体素质，精神素质则对应于人的知、情、意三个主要方面。身体素质在教育中属于体育的范畴，而知、情、意三者对应的是智育、德育和美育。因此，德智体美四育共同完成了人的一般素质的培育。而具有这些一般素质的人归根结底是要成为社会主义的劳动者。从这个角度看，劳动教育处在德智体美四育的直接目的地位。

与"中介说"观点相似的还有柳夕浪等人的"综合育人说"。柳夕浪明确指出，"五育"并不属于同一层次的问题。就根本而言，德育是核心，是整个教育的灵魂。从内容来看，"五育"主要包括三个基本层次：第一层次是智育、德育和美育，三者共同属于人的精神层面的教育；第二层次则是体育和健康教育，这属于身体层面的教育；

① 郑金洲．劳动教育的"自立性"辨析——兼谈黄济、瞿葆奎先生的为学与对劳动教育的论辨[J]．教育研究，2021（2）：35-44.

② 檀传宝．劳动教育论要[M]．北京：北京师范大学出版社，2020：125.

第三个层次才是劳动教育，它蕴含了德育、智育、体育、美育，是融合了各个方面内容要求的综合性教育。其关于五育之间的关系主要用下图具体呈现出来。

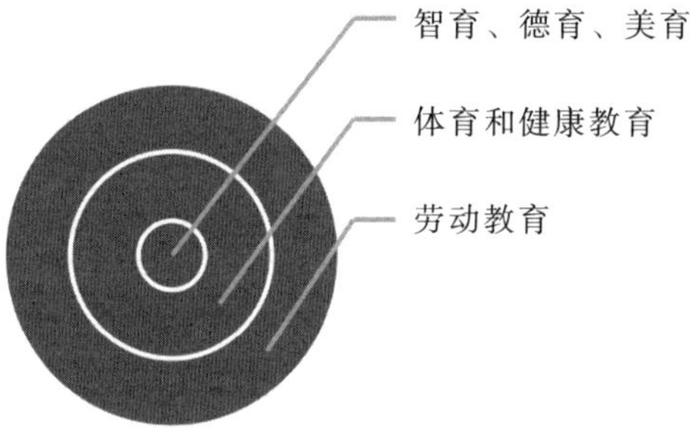

图2　五育的三个层次①

不管是“中介说”还是“综合育人说”，二者都是将劳动教育看成是德智体美四育得以实现的重要途径或者载体。在这种情况下，劳动教育显然不具有与德智体美四育并列的逻辑地位。因为德智体美四育主要是依据人的身心结构来做的区分。而在人的身心素养结构中，并不存在劳动教育所专指的素养类型。也就是说，劳动教育所要培养的劳动素养如果转变为人的现实素质，必然会具体化为德智体美四个基本维度。在这种情况下，“劳动教育就是要在以劳树德、以劳增智、以劳强体、以劳育美上下功夫。如果抽空了德智体美等内容要求，既没有了真正的劳动，更没有了真正的教育，就只剩下没有实质性内容的外在形式”②。从这样的视角出发，我们必然会得出这样的结论：劳动教育得以成立的基本前提是德智体美四育在劳动中的真实存在。

实际上，关于劳动教育地位的主张，本质上是一种关于劳动教育目标的讨论。一般而言，所谓教育目标，主要指的是人们对所要培养的人在质量规格上的一种预先设想。说得更通俗一点就是，一个受过

① 柳夕浪．再谈什么是劳动教育[J]．未来教育家，2021（8）：6–9.

② 柳夕浪．再谈什么是劳动教育[J]．未来教育家，2021（8）：6–9.

教育的人他应该是一个什么样的人？这是教育目标要回答的核心问题。以上学者虽然在劳动教育地位的具体观点上存在着分歧，但是，他们的一个共同论证起点都聚焦在人的素质结构的认识基础之上。可以说，对人的素质结构认识的不同，将会深刻影响其对劳动教育地位的看法。认为劳动教育与德智体美四育不在同一个逻辑维度上的观点，实际上暗含了一种对劳动教育目标的潜在否定。因为，教育目标是指向人的素养的培养的。既然劳动教育不能够在人的素养结构中找到其所属的独特位置，那么劳动教育也就失去了其培养目标。在这种情况下，劳动教育这个概念与其说是一个指向人的素养培养的教育概念，不如说是一种有着特殊作用的教育载体或途径而已。即劳动教育不是指向人的素养培养的教育，而只是一种教育的手段。一旦将劳动教育作为一种手段去看待，那么，它也就失去了目的性存在的可能性。因此，关于劳动教育地位的讨论，实质反映的是人们对劳动教育是否有其独立教育目标的认识。

（二）劳动教育地位独立性的辩护

劳动教育要想获得与德智体美四育共同的地位，它就必须在人的素质结构当中找到其得以存在的依据。否则，劳动教育在逻辑上就不能获得独立一育的资格。这里需要澄清的一个关键问题是：人的素质结构的划分除了现有身心标准外，是否还有其他标准？如果我们能够在人的素养结构中发现德智体美这四种素养所不能完全覆盖的素养，那么，这将为劳动教育独立地位的获得提供一种学理上的可能性。

实际上，关于人的素质结构的身心二分的观点，并非当代学者独创。王国维在他的《论教育之宗旨》一文中，一开头就说："教育之宗旨何在？在使人为完全之人物而已。何谓完全之人物？谓人之能力无不发达且调和是也。人之能力分为内外二者：一曰身体之能力，一曰精神之能力。发达其身体而萎缩其精神，或发达其精神而罢敝其身体，皆非所谓完全者也。完全之人物，精神与身体必不可不为调和之发达。而精神之中又分为三部：知力、感情及意志是也。对此三者而有真善美之理想：真者，知力之理想；美者，感情之理想；善者，意志之理想也。完全之人物不可不备真善美之三德，欲达此理想，于是教育之事起。教育之事亦分为三部：智育、德育（即意志）、美育（即情育）是也。”[①]基于此，王国维将教育的宗旨区分为以下结构：

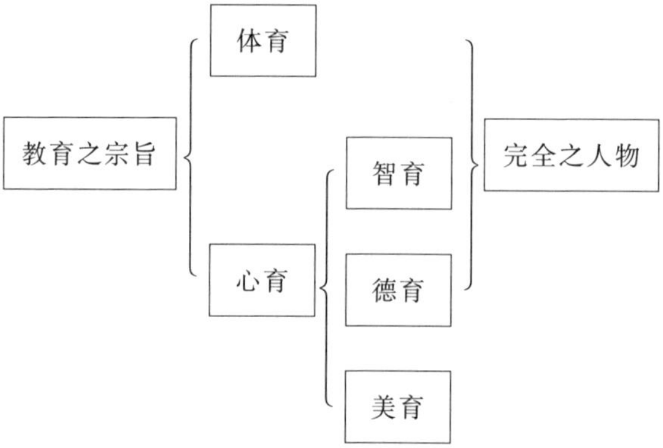

图3 王国维教育宗旨结构

这样一种关于人的素质结构的划分，既与心理学的研究有关，也与康德哲学有着密切的关系。西方心理学史学家普遍认为，知、情、意的“三分”是提顿斯在沃尔夫官能心理学的基础上提出的。提顿斯将心划分为理解、情感和意志三个部分，也就是知、情、意。但是，提顿斯关于心的这种三分法，在当时并未受到足够的重视。真正让“三分法”受到关注的是康德三部主要著作的发表。《纯粹理性的批判》主要讲认识论，相当于认识活动；《实践理性批判》主要讲伦理学，相当于意志活动；《判断力批判》主要讲美感，相当于情感。基于此，有学者认为，这三部分不仅构成了康德的批判哲学体系，也构成了他的心理学体系。[②]康德“肯定了把心理活动再分为认识、情感

① 舒新城．中国近代教育史资料（下册）[M]．北京：人民教育出版社，1961：1008.

② 唐钺．西方心理学史大纲[M]．北京：北京大学出版社，1982：123；高觉敷．西方近代心理学史[M]．北京：人民教育出版社，1982：68.

和意志三大项的见解”①。由于康德在学术上的崇高地位，18世纪末之后，这样一种关于心的三分法逐渐成了一种公认的看法。

这样一种关于人的素质结构的划分从其演绎逻辑而言是十分成功的。但问题是，对于人的素质结构的划分仅有逻辑上的自洽也许是远远不够的。这主要是因为，关于人的素质结构的划分，是建立在对人的素质的总体认识基础之上的。素质结构划分的科学性必须以对人的素质总体认识的科学性为前提。而对人的总体素质的认识则与我们如何认识人的本质有着非常密切的关系。可以说，有什么样的人的本质观，就会演绎出什么样的人的素质。

从马克思的角度看，人的本质就其现实性而言，是一切社会关系的总和。这实际上表明，对于人的素质的理解，需要回到活生生的人的现实生活中去加以把握，才能真正洞见其现实规定性。一旦回到社会关系总和的角度来把握人的本质，那么，我们就不难发现人的素质不是抽象的，而是历史的、具体的存在，既有鲜明的时代性，也有突出的功用性。即作为在素质结构上完整的人不应该是一个脱离社会、脱离生活的抽象的人，其素质的获得应该服务于个体现实生活的需要。也就是说，教育目标不仅要回答受过教育的人应该具有什么素质，同时也必须回答具有这些素质的人应过什么样的生活，承担什么样的角色使命。正是因为如此，我国的教育方针不仅规定了人的素质结构（德智体美劳全面发展），而且也规定了具有这种素质结构的人的社会形象（社会主义建设者和接班人）。

因此，关于教育目标的讨论，除了可以从抽象的人身心构成角度来讨论其基本素质之外，还可以从人的生活需求或角色的角度来探讨其需要什么样的素质。在这方面，斯宾塞的思路或许可以给我们提供一些有益的参考。在斯宾塞看来，以往的教育根本就不考虑生活自身的需要，而是教授一些对于生活而言细枝末节的东西。他认为，“在心智方面同在身体方面一样，我们所追求的都是装饰先于实用。不只

① 墨菲，等．近代心理学历史导引[M]．林方，王景和，译．北京：商务印书馆，1980：70.

在过去，在我们现代也差不多一样：那些受人称赞的知识总放在第一位，而那些增进个人福利的知识倒放在第二位。……而对于生活技艺有帮助的知识只占很次要的地位。在我们现在的大学和普通学校里也有同样的轻重倒置的情况。”[①]因此，他明确主张教育的根本目的是为人的完满生活做准备。对于人而言，“怎样生活？这是我们的主要问题。不只是单纯从物质意义上，而是从最广泛的意义上来看怎样生活。概括一切特殊问题的普遍问题，是在各方面、各种情况下正确地指导行为使之合乎准则。……总之，怎样运用我们的一切能力使对己对人最为有益，怎样去完满地生活？这既是我们需要学的大事，当然也就是教育中应当教的大事。为我们的完满生活做准备是教育应尽的职责；而评判一门教学科目的唯一合理办法就是看它对这个职责尽到什么程度”[②]。那么，教育要如何才能够更好地为完满生活做准备呢？这就需要我们对完满生活的基本构成领域和层次有准确的把握。在他看来，“应当按照重要的程度把人类生活的几种主要活动加以分类。它们可以自然地排列成为：（1）直接有助于自我保全的活动；（2）从获得生活必需品而间接有助于自我保全的活动；（3）目的在抚养和教育子女的活动；（4）与维持正常的社会和政治关系有关的活动；（5）在生活的闲暇时间用于满足爱好和感情的各种活动”。[③]这五个方面构成了一个人生活的基本领域。因此，人通过教育所获得的素质就要有助于其在这些不同的领域或角色中更好地生活。简言之，只有那些帮助人获得完满生活的素质，才是教育需要培养的。

暂且不论斯宾塞关于完满生活五个领域划分的科学性如何，他这样一种基于人的生活的现实性的角度来考虑人的素质的思路，是有其特别重要的现实意义的。当前教育改革的一个重要价值取向就是强调要回归生活世界，但是，教育对生活的回归不能够仅仅止于内容、手

① 赫·斯宾塞. 斯宾塞教育论著选[M]. 胡毅，王承绪，译. 北京：人民教育出版社，2006：7.
② 赫·斯宾塞. 斯宾塞教育论著选[M]. 胡毅，王承绪，译. 北京：人民教育出版社，2006：11.
③ 赫·斯宾塞. 斯宾塞教育论著选[M]. 胡毅，王承绪，译. 北京：人民教育出版社，2006：12.

段和方法，更应该将生活作为教育的土壤和最终归宿。

在这方面，日本教育家小原国芳的“全人教育”思想或许是一个重要的尝试。他认为，“教育的内容必须包含人类的全部文化，因此教育必须是绝对的‘全人教育’。此处所说的全人教育，是指完全人格亦即和谐人格而言。人在文化上欠缺了多少，作为人就残缺了多少。”[①]而他关于人的素质结构的认识，虽然也秉持了身心二分的基本观点，但他在对身心所包含的具体要素的理解上，基于其“全人教育”思想，提出了新的教育见解。他认为，“人类文化有六个方面，即学问、道德、艺术、宗教、身体、生活等。学问的理想是真，道德的理想是善，艺术的理想是美，宗教的理想是圣，身体的理想是健，生活的理想是富。教育的理想就是创造真、善、美、圣、健、富这六种价值。”而“真、善、美、圣四种价值称为绝对价值，健、富的价值称为手段价值”。[②]其关于“真、善、美、圣四种绝对价值的强调，更多体现的是人的形而上的精神性需求，而健、富这两种手段的价值反映了作为形而下的物质性存在需要”。

这样一种关于人的素质结构的划分，固然有其宗教性的色彩在里边，但是，他不同于之前的认识就在于，他不仅考虑了作为人的一般性的内在规定性，同时，也充分考虑了人的现实性需求。尤其是其对于作为手段价值的健和富的强调，更是具有非常明显的社会现实性特征。他曾痛心疾首地指出：“在关门海峡停泊的从外国回来的货轮，所载货物的三分之二据说是日本货。这是从上海、香港、新加坡、孟买、马赛等港，经海关检验与样品不符而被退回的不合格产品。‘日本制造’这个标签，在世界市场上成了劣等商品的标签。第一次欧洲战争时期，各国还来了许多订单。然而罐头里头掺石子；铅笔中心是

① 小原国芳. 小原国芳教育论著选（下卷）[M]. 刘剑乔，等，译. 北京：人民教育出版社，1993：1.

② 小原国芳. 小原国芳教育论著选（下卷）[M]. 刘剑乔，等，译. 北京：人民教育出版社，1993：2.

空的，两端灌入少量的铅芯；鞋子的鞋底里夹纸板；以次充好牟取暴利的财阀也有。真正是日本的耻辱，国贼的行为。”[①]基于这样的现实，他极力强调：“为了生活而需要面包。为了使精神有效地增强，就需要许多手段。”“轻视富的价值，则精神文明不能成立；没有精神文明的发展，也就不能指望物质文明的进步。”[②]由此可见，他关于人的素质的认识虽然总体上继承了“身心”二分的传统观念，但是，他的出发点和具体解释是有着其创新之处的。特别是在身体的认识方面，他最大的贡献就在于，突破了过去关于身体主要是从健康和体育的角度来看待的单一视角，把维系身体存在的生活本身的财富创造活动也纳入了其对于身体的理解当中。这使得人的素养结构更为丰富，更具有现实指向性。

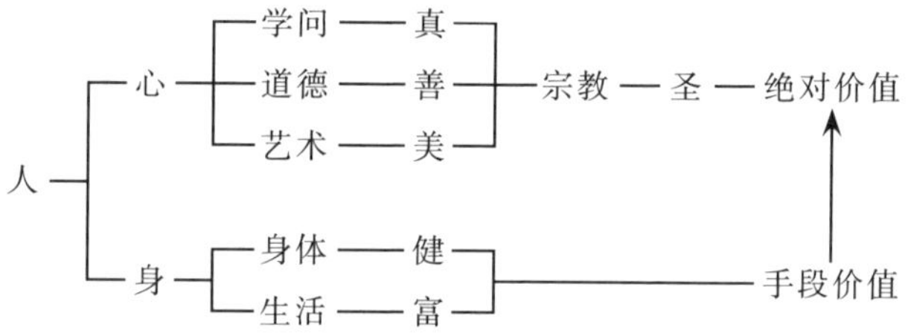

图4 小原国芳“全人教育”价值体系

如果我们将小原国芳“全人教育”思想中的宗教因素剔除，那么，其关于人的素质结构的总体看法，对于我们更好地依据生活的尺度来构建人的素质要求是有重要的参考价值的。总体而言，人的生活主要包括物质生活和精神生活两个主要范畴。前者是人的生活的物质基础和存在前提，其中，人的身体的健康是构成人生命存在的生理前提，而人的劳动创造则是构成人生命维系的物质保证。“任何一个民族，如果停止劳动，不用说一年，就是几个星期，也要灭亡，这是每

① 小原国芳．小原国芳教育论著选（上卷）[M]．刘剑乔，等，译．北京：人民教育出版社，1993：197-198.

② 小原国芳．小原国芳教育论著选（下卷）[M]．刘剑乔，等，译．北京：人民教育出版社，1993：11.

一个小孩子都知道的。”[①]因此，“劳动过程……是制造使用价值的有目的的活动，是为了人类的需要而占有自然物，是人和自然之间的物质变换的一般条件，是人类的生活的永恒的自然条件”[②]。人的物质生活不同于动物的物质生活的重要地方就在于，人通过劳动可以创造出满足人的需要的对象物，因而人在自然面前获得了其作为主体的能动性，而动物只能是从对自然的直接利用来满足自我的生存需要，因而是受制于自然的支配的。

这里在身体维度上对于劳动创造的强调，有点类似于小原国芳所讲的指向生活的“富”的教育。小原国芳十分钦佩瑞士人的劳动和创造精神，他认为“瑞士山连山，可就不出铁、金、石油。平原地少，所产做面包原料用的小麦只够三个月吃的。然而，瑞士人民在长期生活中培养了勤劳、努力、节俭、钻研、创造的美德。他们花钱从国外购进少量原料，用智慧和技术能够获得百倍、千倍、万倍的收入。那就是世界首屈一指的精密仪器、钟表、纺织品、药品和交通工具”。[③]基于此，他号召日本人“向瑞士学习”。从他关于瑞士的评价明显可以看出，他对于劳动创造的极其重视。

从精神生活的角度看，它是人的生活的意义构成和文明保障。如果说物质生活主要解决的是人靠什么而“活着”的问题，那么精神生活则重在解决“为什么活”和“如何活”等意义层面的问题。对于人来讲，精神生活主要涉及三个方面：理智的生活、道德的生活和审美的生活。其中，理智的生活主要体现为人对存在世界本质的追问和探索，其基本价值追求是“真”；道德的生活则更多地与人的社会存在有关，主要体现的是生活的“善”的维度；而审美的生活主要反映的

① 马克思，恩格斯．马克思恩格斯选集（第四卷）[M]．中共中央马克思恩格斯列宁斯大林著作编译局，编译．北京：人民出版社，2012：473.

② 马克思，恩格斯．马克思恩格斯全集（第二十三卷）[M]．中共中央马克思恩格斯列宁斯大林著作编译局，编译．北京：人民出版社，1972：208.

③ 小原国芳．小原国芳教育论著选（下卷）[M]．刘剑乔，等，译．北京：人民教育出版社，1993：312.

是人对生活品位和格调的追求，其核心价值就在于“美”。

基于以上讨论，可以将人的生活构成及其所对应的教育用下图呈现出来。

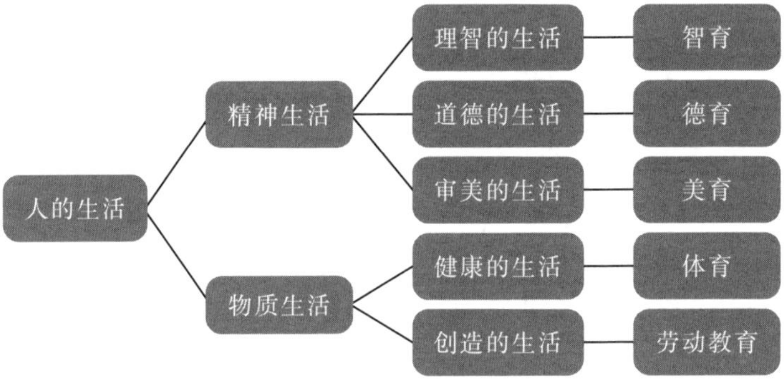

图5　基于生活的教育

从上图的生活逻辑出发审视劳动教育的地位，就不难发现，劳动教育对于生活而言，其独特的价值就在于，它指向的是一种创造生活的素质的培养，其核心就在于使人获得一种对象化的物质创造能力。这样一种对象化的物质创造能力显然不是其他四育所要着力培养的目标。由此可见，在这样一种分析框架中，劳动教育获得了其在育人体系当中的独特目标，这也就赋予了劳动作为独立一育的合法性。与此同时，由于劳动教育所指向的创造生活在逻辑上与其他四育所指向的生活具有一致性，这也就确保了劳动教育具备与其他各育一道共同构成全面发展教育组成部分的逻辑自洽性。当然，以上的分析主要是基于一种理论上的演绎，现实当中这几个领域的生活也是会相互影响、相互作用的，但这并不妨碍彼此的相对独立性。

二、劳动教育与“教劳结合”

自2018年全国教育大会召开之后，劳动教育日益成为教育理论和教育实践的重要热词。但是，在理论讨论当中，存在着一些需要我们高度关注的问题：劳动教育与“教劳结合”之间是什么关系？劳动教育是不是就是“教劳结合”？或者“教劳结合”是不是就是劳动教育？如果这些问题说不清楚，就会带来理论和实践上的种种偏差。一个非常重要的现实是，当前诸多关于劳动教育的理论探索，都从马克思“教劳结合”思想中寻求理论资源，甚至有意无意将之等同于劳动教育。而实践中很多冠之以劳动教育的做法，实则与“教劳结合”并无实质性差异。之所以会造成劳动教育与“教劳结合”关系认识的偏差，在很大程度上是源于人们对劳动教育目标把握的模糊。实际上，“教劳结合”与劳动教育二者提出的背景、具体内涵等方面存着很大的不同。准确把握二者的不同，将有助于我们更好地理解劳动教育的目标。

（一）“教劳结合”与劳动教育提出背景的不同

要准确把握“教劳结合”与劳动教育的不同，需要对二者提出的背景有全面的了解。实际上，“教劳结合”与劳动教育所提出的背景以及各自要解决的核心问题，是存在很大的不同的。

“教劳结合”是教育与生产劳动相结合的简称，它是马克思主义教育思想的重要组成部分。马克思主义创始人之所以高度重视教育与生产劳动相结合，就其直接原因而言，是为了解决大工业背景下儿童的受教育问题，但就其最终旨趣来说，则是为了实现无产阶级的最终解放。

马克思所处的时代是工业大生产的时代。这一时代的劳动不同于以往的劳动的关键之处在于，劳动的科技含量明显增强。在过去的手工劳动时代，劳动的复杂性较低，个体参与劳动所需的各种能力基本上在劳动中就能够获得，因此，劳动者及其子女所需要的教育在劳动当中就能够满足。但是，大工业生产的出现，对劳动者劳动能力的要求比手工劳动时代的要求明显提高，在这种情况下，仅靠劳动本身是很难完成对劳动者劳动能力培养的需要的，这就需要劳动者及其子女在劳动之外通过专门的教育来保障其劳动能力的获得。这就使得大工业生产之前劳动者的教育与劳动自身融为一体的局面被打破，劳动者的教育与生产劳动从形式上看相分离了。但是，这样一种分离与教育和劳动的第一次分离有着本质性的不同。第一次教育与劳动的分离所诞生的古代学校，不是为了进一步促进生产的发展，而主要是占有剩余价值的统治阶级为培养其统治人才服务的。也就是说，第一次从生产劳动当中所分离出来的教育虽然也创造了大量的文化，但总体而言，这时候所独立出来的教育并不是要回归劳动本身，而主要是为了更好地实现阶级统治的需要。第二次从生产劳动中分离出来的教育诞生的是现代学校，其出发点是通过提高劳动者的劳动能力使其更好地适应大工业生产的需要，因而，这样一种看似独立于具体生产劳动之外的教育，其本质上却是与现代生产相通的。从这个角度看，虽然教育与生产劳动在形式上是相互分离了，但这种形式上的分离却在更高的层面上实现了二者更为本质的结合。因此，在大工业时代，教育与生产劳动相结合的前提是二者的相对独立，而不是将二者简单揉在一起。

但是，需要注意的是，鉴于当时社会生产力和工人阶级的实际情况，工人阶级的子女不可能完全脱离生产劳动去接受教育。在马克思看来，"'禁止童工'！这里绝对必须指出年龄界限。普遍禁止童工是和大工业的存在不相容的，所以这是空洞的虔诚的愿望。实行这一措施——如果可能的话——是反动的，因为在按照各种年龄严格调节劳动时间并采取其保护儿童的预防措施的条件下，生产劳动和教育的早期结合是改造现代社会的最强有力的手段之一"[①]。这主要是因为，一方面大工业生产迫切需要大量劳动力，另一方面工人阶级所占有的生活资料不足以完全维系其子女生存和发展的需要，需要其子女也参加生产劳动。因而，抽象地讲"禁止童工"在马克思看来是违背当时社会发展的要求的。他认为："现代工业吸引男女儿童和少年来参加伟大的社会生产事业，是一种进步的、健康的和合乎规律的趋势，虽然在资本主义制度下它是畸形的。在合理的社会制度下，每个儿童从

① 马克思，恩格斯．马克思恩格斯全集（第十九卷）[M]．中共中央马克思恩格斯列宁斯大林著作编译局，编译．北京：人民出版社，1963：34-35.

9岁起都应当像每个有劳动能力的成人那样成为生产工作者，应当服从普遍的自然规律，这个规律就是：为了吃饭，他必须劳动，不仅用脑劳动，而且用双手劳动。”[①]这里需要指出的是，虽然马克思赞同儿童应该参加生产劳动。但是，他对儿童参加生产劳动的主张是有条件的。他认为，儿童参加生产劳动首先要确保其劳动的基本权益，包括参与劳动的年龄、工作时长、劳动长度等等方面的限定。其次则是要确保儿童接受教育的权利，他甚至认为“如果不把儿童和少年的劳动和教育结合起来，那无论如何也不能允许父母或企业主使用这种劳动”[②]。正是如此，马克思认为，“尽管工厂法的教育条款整个说来是不足道的，但还是把初等教育宣布为劳动的强制条件。这一条款的成就第一次证明了智育和体育同体力劳动相结合的可能性，从而也证明了体力劳动同智育和体育相结合的可能性”[③]。这样一种结合就基本保障了儿童接受教育的权利的实现。

与此同时，马克思还从社会未来发展的角度，认为“从工厂制度中萌发出了未来教育的幼芽。未来教育对所有已满一定年龄的儿童来说，就是生产劳动同智育和体育相结合。它不仅是提高社会生产的一种方法，而且是造就全面发展的人的唯一方法”[④]。恩格斯在《反杜林论》中也指出，社会主义社会“造就全面发展的一代生产者，他们懂得整个工业生产的科学基础，而且每一个人对生产部门的整个系列从头到尾都有实际体验，所以这样的社会将创造新的生产力”[⑤]。

---

① 马克思，恩格斯．马克思恩格斯全集（第十六卷）[M]．中共中央马克思恩格斯列宁斯大林著作编译局，编译．北京：人民出版社，1964：216-217.

② 马克思，恩格斯．马克思恩格斯全集（第十六卷）[M]．中共中央马克思恩格斯列宁斯大林著作编译局，编译．北京：人民出版社，1964：218.

③ 马克思，恩格斯．马克思恩格斯文集（第五卷）[M]．中共中央马克思恩格斯列宁斯大林著作编译局，编译．北京：人民出版社，2009：555-556.

④ 马克思，恩格斯．马克思恩格斯全集（第二十三卷）[M]．中共中央马克思恩格斯列宁斯大林著作编译局，编译．北京：人民出版社，1972：530.

⑤ 马克思，恩格斯．马克思恩格斯文集（第九卷）[M]．中共中央马克思恩格斯列宁斯大林著作编译局，编译．北京：人民出版社，2009：313-314.

"在社会主义社会中，劳动将和教育相结合，从而保证多方面的技术训练和科学教育的实践基础。"[①]因此，从未来社会和教育发展的角度看，"教劳结合"必将促进人的全面发展。这种全面发展主要体现为人可以适应现代生产的任何职能，而不是像旧式分工那样只能终其一生在某个固定的工作岗位上。

由此可见，马克思所讲的"教劳结合"，其基本立足点是大工业生产的实际。它要解决的核心问题，一是大工业生产的可持续发展，二是工人阶级子女的受教育权利，三是以工人阶级自身的解放为核心的社会改造。

当前我们国家所大力倡导的劳动教育，其提出背景显然与"教劳结合"思想的产生背景有着很大的不同。从2020年中共中央、国务院颁布的《关于全面加强新时代大中小学劳动教育的意见》来看，当代劳动教育的提出，主要针对的是"近年来一些青少年中出现了不珍惜劳动成果、不想劳动、不会劳动的现象，劳动的独特育人价值在一定程度上被忽视，劳动教育正被淡化、弱化"这些现实问题。也就是说，劳动教育固然要培养学生的劳动能力，但更为重要的是要培养学生正确的劳动观念和劳动精神。由此可见，当代劳动教育所要解决的问题与"教劳结合"所要解决的问题有着根本性的不同。在很大程度上，"教劳结合"要解决的问题是如何培养生产发展所需要的全面发展的人，而劳动教育只是作为教育方针的五育之一，是全面发展教育的组成部分，而不是全面发展教育本身。

（二）"教劳结合"与劳动教育实施路径的不同

从形式上看，马克思所处时代的"教劳结合"的主要途径是"教育教学+生产劳动"，即基本上采用半工半读的形式来实现"教劳结合"。但是，这并不意味着马克思认为"教劳结合"只有半工半读的

① 马克思，恩格斯．马克思恩格斯全集（第二十卷）[M]．中共中央马克思恩格斯列宁斯大林著作编译局，编译．北京：人民出版社，1971：347.

形式。在马克思看来，要实现“教劳结合”，最重要的路径就是综合技术教育（也称工艺教育）。这主要是因为，“现代工业的技术基础是革命的，而所有以往的生产方式的技术基础本质上是保守的。现代工业通过机器、化学过程和其他方法，使个人的职能和劳动过程的社会结合不断地随着生产的技术基础发生变革……因此，大工业的本性决定了劳动的变换、职能的更动和工人的全面流动性”[①]。“大工业又通过它的灾难本身使下面一点成为生死攸关的问题：承认劳动的变换，从而承认工人尽可能多方面的发展是社会生产的普遍规律，并且使各种关系适应于这个规律的正常实现。”[②]而当时的旧式分工，则将工人一辈子固定在某个岗位上无法流动，这就从根本上制约了生产力的进一步发展。因此，“旧的生产方式必须彻底变革，特别是旧的分工必须消灭。代之而起的应该是这样的生产组织：在这个组织中，一方面，任何个人都不能把自己在生产劳动这个人类生存的自然条件中所应参加的部分推到别人身上；另一方面，生产劳动给每一个人提供全面发展和表现自己全部的即体力的和脑力的能力的机会，这样，生产劳动就不再是奴役人的手段，而成了解放人的手段。因此，生产劳动就从一种负担变成一种快乐”[③]。

那么，如何才能实现工人的自由流动呢？这就要实施综合技术教育（工艺学），确保工人掌握现代工业生产的基本原理。“大工业的原则是，首先不管人的手怎样，把每一个生产过程本身分解成各个组成要素，从而创立了工艺学这门完全现代的科学。社会生产过程的五光十色的、似无联系的和已经固定化的形态，分解成为自然科学的自觉按计划的和为取得预期有用效果而系统分类的应用。工艺学揭示了

① 马克思，恩格斯．马克思恩格斯全集（第二十三卷）[M]．中共中央马克思恩格斯列宁斯大林著作编译局，编译．北京：人民出版社，1972：533-534.

② 马克思，恩格斯．马克思恩格斯全集（第二十三卷）[M]．中共中央马克思恩格斯列宁斯大林著作编译局，编译．北京：人民出版社，1972：534-535.

③ 马克思，恩格斯．马克思恩格斯全集（第二十卷）[M]．中共中央马克思恩格斯列宁斯大林著作编译局，编译．北京：人民出版社，1971：318.

为数不多的重大的基本运动形式，不管所使用的工具多么复杂。人体的一切生产活动必然在这些形式中进行，正像力学不会由于机器异常复杂，就看不出它们不过是简单机械力的不断重复一样。”[①]马克思对此做了进一步说明：“工艺学校和农业学校是这种变革过程在大工业基础上自然发展起来的一个要素；职业学校是另一个要素，在这种学校里，工人的子女受到一些有关工艺和各种生产工具的实际操作的教育。如果说，工厂法作为从资本那里争取来的最初的微小让步，只是把初等教育同工厂劳动结合起来，那么毫无疑问，工人阶级在不可避免地夺取政权之后，将使理论的和实践的工艺教育在工人学校中占有应有的位置。”[②]对儿童进行普通技术训练，就能“使他们能够比较容易地转到其他工业部门”。[③]正因为如此，马克思认为，“对儿童和少年工人应当按不同的年龄循序渐进地授以智育、体育和技术教育的课程……把有报酬的生产劳动、智育、体育和综合技术教育结合起来，就会把工人阶级提高到比贵族和资产阶级高得多的水平”[④]。因此，充分实现教育与生产劳动相结合，就必须进行综合技术教育。这样才能够保证工人在不同部门之间的自由流动这一大工业时代“生死攸关”的问题得以根本性的解决。也就是说，“教劳结合”所主张的综合技术教育承载着赋予工人阶级及其子女以现代生产的基本原理的重任，因而，它必然是强调必要的知识学习的。

从中共中央、国务院以及教育部所颁布的劳动教育文件来看，当前劳动教育是发挥劳动的育人功能，对学生进行热爱劳动、热爱劳动

① 马克思，恩格斯．马克思恩格斯全集（第二十三卷）[M]．中共中央马克思恩格斯列宁斯大林著作编译局，编译．北京：人民出版社，1972：533.

② 马克思，恩格斯．马克思恩格斯全集（第二十三卷）[M]．中共中央马克思恩格斯列宁斯大林著作编译局，编译．北京：人民出版社，1972：535.

③ 马克思，恩格斯．马克思恩格斯全集（第三十四卷）[M]．中共中央马克思恩格斯列宁斯大林著作编译局，编译．北京：人民出版社，1972：428.

④ 马克思，恩格斯．马克思恩格斯全集（第十六卷）[M]．中共中央马克思恩格斯列宁斯大林著作编译局，编译．北京：人民出版社，1964：218.

人民的教育活动。实施劳动教育的重点是在系统的文化知识学习之外，有目的、有计划地组织学生参加日常生活劳动、生产劳动和服务性劳动，让学生动手实践、出力流汗，接受锻炼、磨炼意志，培养学生正确劳动价值观和良好劳动品质。也就是说，其强调的核心是学生的劳动参与。这一点与“教劳结合”的强调重点和实施路径有很大的不同。可以说，“教劳结合”的一个重要任务是要解决工人阶级子女的教育问题，因而要确保他们能够在劳动之外获得必要的知识教育，以更好地适应大工业发展的劳动需求。但是，当前的劳动教育则主要强调的是学生在接受学校教育外，要能够参加各种形态的劳动锻炼，劳动而不是知识学习是当代劳动教育的主要实施路径要求。基于此，当前劳动教育所强调的实施途径主要包括独立开设劳动教育必修课、在学科专业中有机渗透劳动教育、在课外校外活动中安排劳动实践、在校园文化建设中强化劳动文化。由此可见，当前所强调的劳动教育实施途径与“教劳结合”所主张的实施途径还是有着很大的不同的。

（三）“教劳结合”与劳动教育地位的不同

“教劳结合”与劳动教育二者在教育方针中的地位是不一样的。一般而言，教育方针的内容主要包括教育的性质、地位、目的和基本途径等。《中华人民共和国教育法》第五条对我国的现行教育方针做了如下规定：“教育必须为社会主义现代化建设服务、为人民服务，必须与生产劳动和社会实践相结合，培养德智体美劳全面发展的社会主义建设者和接班人。”从这一方针表述可以明显看出，“教劳结合”主要回答的是整个教育实施的基本途径问题，而劳动教育则主要回答的是教育目的的人才培养规格问题。

前者作为一种教育的途径，可以普遍适用于所有社会制度。对此，有学者就明确指出，作为教育途径的“教劳结合”是现代大工业生产的必然要求，它并不具有区分资本主义制度和社会主义制度的功能在里面。因此，“将马克思主义者‘教育与生产劳动相结合’的教育主张理解为只存在于社会主义社会、具有社会主义性质，是一种对于马克思列宁教育思想的严重误读”[①]。但劳动教育作为教育目的的内在人才培养规格，是深受特定社会制度的影响和制约的。这也是为什么教育部所颁布的《大中小学劳动教育指导纲要（试行）》中，明确指出劳动教育是新时代党对教育的新要求，是中国特色社会主义教育制度的重要内容，是全面发展教育体系的重要组成部分，是大中小学必须开展的教育活动。它具有鲜明的思想性，必须将马克思主义劳动观贯彻始终，将劳动观念和劳动精神教育贯穿人才培养全过程，贯穿家庭、学校、社会各方面。它注重让学生在学习和掌握基本劳动知识技能的过程中，领悟劳动的意义价值，形成勤俭、奋斗、创新、奉献的劳动精神。

由此可见，“教劳结合”在我国的教育方针表述中，更多的是处在教育途径的地位，它是面向包括劳动教育在内的整个教育的一种实施路径上的要求。而劳动教育在教育方针中则属于教育目的的范畴，是培养全面发展的人的重要教育力量。

① 檀传宝．何谓“教育与生产劳动相结合”——经典论述的时代诠释[J]．课程·教材·教法，2020（1）：4-10.

第二节
劳动教育目标的构成要素

在中共中央、国务院颁布的《关于全面加强新时代大中小学劳动教育的意见》中，劳动教育的总目标被表述为“通过劳动教育，使学生能够理解和形成马克思主义劳动观，牢固树立劳动最光荣、劳动最崇高、劳动最伟大、劳动最美丽的观念；体会劳动创造美好生活，体认劳动不分贵贱，热爱劳动，尊重普通劳动者，培养勤俭、奋斗、创新、奉献的劳动精神；具备满足生存发展需要的基本劳动能力，形成良好劳动习惯”。从这一文件表述可以看出，劳动教育的目标可以具体分解为四个主要构成要素：劳动观念、劳动精神、劳动能力和劳动习惯。

一、劳动观念

劳动观念主要反映的是个体对劳动的价值、意义、地位和功能等问题的总体认识，在一个人的劳动素养当中居于核心地位。我国劳动教育所强调的劳动观念，特指马克思主义的劳动观。可以说，正是因为在目标层面高举马克思主义劳动观，才使得我国的劳动教育具有不同于资本主义社会的教育属性。

总体而言，马克思关于劳动价值、意义等问题的看法，主要体现在其历史唯物主义、政治经济学和教育学原理学说当中。[①]也就是说，马克思主义的劳动观主要由三部分组成：历史唯物主义的劳动

① 胡君进，檀传宝．马克思主义的劳动价值观与劳动教育观——经典文献的研析[J]．教育研究，2018（5）：9-15，26.

观、政治经济学的劳动观和教育学原理的劳动观。

（一）历史唯物主义的劳动观

历史唯物主义的劳动观，主要强调的是劳动创造人、劳动创造历史这两大核心命题。马克思和恩格斯主要是从两个意义上论述了劳动创造人。一是从人的生理结构与动物生理结构不同的角度论述了劳动是如何创造人的。二是从类本质的角度阐述了劳动之于人的存在的积极价值。

1. 劳动创造人

劳动对于人独有的生理结构的形成具有非常重要的作用。在1876年发表的《劳动在从猿到人转化过程中的作用》一文中，恩格斯就深刻指出了劳动之于人的诞生的积极意义。他认为，通过劳动，人的“手变成自由的了，能够不断地获得新的技巧，它因此而获得的较大的灵活性便遗传下来，一代一代地增加着”。[①]这意味着，“手不仅是劳动的器官，它还是劳动的产物”。与此同时，随着劳动过程中人与人之间交流需要的增多，人的语言也得到了进一步的发展，因此，“语言是从劳动中并和劳动一起产生出来的”。[②]劳动复杂程度的增强和人的语言能力的不断提高，有助于大脑的进化。“劳动和语言，这两个最主要的推动力，在它们的影响下，猿脑就逐渐地变成了人脑；人脑和猿脑虽然十分相似，但要大得多和完善。”[③]正是在劳动的直接推动下，人类经历了从早期猿人到晚期智人的发展过程。由此可见，正是在劳动中，人实现了在改造自然界的同时也改造了人自身，从而使得人的生理结构具有了不同于其他动物的生物属性。也就是说，“脑和为它服务的感官、愈来愈清楚的意识以及抽象能力和推理能力的发展，又反作用于劳动和语言，为这二者的进一步发展不断提

① 恩格斯. 自然辩证法[M]. 于光远，编译. 北京：人民出版社，1984：297.

② 恩格斯. 自然辩证法[M]. 于光远，编译. 北京：人民出版社，1984：298.

③ 恩格斯. 自然辩证法[M]. 于光远，编译. 北京：人民出版社，1984：299.

供新的推动力”[①]。可以想象，随着人类劳动不断向纵深发展，人的生理结构也必将会发生进一步的改变。

在恩格斯的基础上，马克思从劳动和自由相结合的视角出发，在“劳动创造人”的进化生物学解释中引入了文化社会学的考察，从而发现了生产劳动既是实现猿向人过渡的关键环节，同时也是人张扬自我主体性的重要存在方式。他在《1844年经济学哲学手稿》中指出，“正是在改造对象世界的过程中，人才真正地证明自己是类存在物。这种生产是人的能动的类生活。通过这种生产，自然界才表现为他的作品和他的现实。因此，劳动的对象是人的类生活的对象化：人不仅像在意识中那样在精神上使自己二重化，而且能动地、现实地使自己二重化，从而在他所创造的世界中直观自身。”[②]在这里，马克思把“有意识的生命活动”当作人的本质，或者说，以“类”作为人的本质。而人的类特性就在于自由自觉的活动。劳动作为一种对象化的实践活动，是人的类本质得以充分展示的必要途径。通过劳动，人才能在对象化实践中获得对自我本质力量的真正占有，人才是自在自为的存在者。“动物和自己的生命活动是直接同一的。动物不把自己同自己的生命活动区别开来。它就是自己的生命活动。人则使自己的生命活动本身变成自己意志的和自己意识的对象。他具有有意识的生命活动。这不是人与之直接融为一体的那种规定性。有意识的生命活动把人同动物的生命活动直接区别开来。正是由于这一点，人才是类存在物。”[③]由此可见，劳动创造人不仅仅是一种生物学意义上的创造人，更是一种自由自觉的类本质意义上的创造人。这样的人才是完整的真正意义上的人。

---

① 恩格斯．自然辩证法[M]．于光远，编译．北京：人民出版社，1984：299.

② 马克思．1844年经济学哲学手稿[M]．中共中央马克思恩格斯列宁斯大林著作编译局，编译．北京：人民出版社，2018：54.

③ 马克思．1844年经济学哲学手稿[M]．中共中央马克思恩格斯列宁斯大林著作编译局，编译．北京：人民出版社，2018：53.

2. 劳动创造历史

在马克思看来，劳动不仅创造了人，还创造了整个历史。他明确指出："人们为了能够'创造历史'，必须能够生活。但是为了生活，首先就需要吃喝住穿以及其他一些东西。因此第一个历史活动就是生产满足这些需要的资料，即生产物质生活本身，而且，这是人们从几千年前直到今天单是为了维持生活就必须每日每时从事的历史活动，是一切历史的基本条件。"[①]恩格斯也鲜明地指出："历史破天荒第一次被置于它的真正基础上；一个很明显的而以前完全被人忽略的事实，即人们首先必须吃、喝、住、穿，就是说首先必须劳动，然后才能争取政治、宗教和哲学等等——这一很明显的事实在历史上的应有之义此时终于获得了承认。"[②]当前人类物质财富的丰富与文化的繁荣，无不以劳动为基础。由此可见，劳动是人类历史得以存在的第一前提，没有了劳动，不仅人类的历史无法展开，人自身的存在也会失去根基。

（二）马克思主义政治经济学的劳动观

马克思主义政治经济学的劳动观所强调的核心命题是劳动是价值的唯一源泉，按劳分配是社会正义的重要表现，异化劳动本质上是对人的压迫和剥削。

1. 劳动是价值的唯一源泉

劳动是价值的唯一源泉，这是马克思政治经济学的一个核心命题。其关于资本主义剥削的批判，都以这一命题为基本前提。马克思认为，劳动具有二重性，即劳动是具体劳动和抽象劳动的统一。"一切劳动，一方面是人类劳动力在生理学意义上的耗费；就相同的或抽象的人类劳动这个属性来说，它形成商品价值。一切劳动，另一方面

① 马克思，恩格斯．马克思恩格斯选集（第一卷）[M]．中共中央马克思恩格斯列宁斯大林著作编译局，编译．北京：人民出版社，2012：158.

② 马克思，恩格斯．马克思恩格斯选集（第三卷）[M]．中共中央马克思恩格斯列宁斯大林著作编译局，编译．北京：人民出版社，2012：723.

是人类劳动力在特殊的有一定目的的形式上的耗费；就具体的有用的劳动这个属性来说，它生产使用价值。”①在这里，马克思把商品看成是使用价值和价值的统一体，形式不同的具体劳动主要决定使用价值，而凝结在商品中的一般的、无差别的抽象劳动则是形成商品价值的唯一源泉。因此，马克思确定了价值是凝结在商品中的抽象劳动，抽象劳动的价值成为了商品价值的一般尺度，而劳动的自然尺度是劳动时间，因而就可以用抽象劳动时间量来衡量商品的价值量。这里需要注意的是，劳动是价值的唯一源泉，不等于说劳动是财富的唯一源泉。财富和价值并不是同一概念。在马克思看来，所谓财富，主要指的就是使用价值。而具有使用价值的东西不一定都是劳动创造的，比如大自然中的空气等。基于此，马克思曾经明确指出，“劳动并不是它所生产的使用价值即物质财富的唯一源泉”②，“自然界同劳动一样也是使用价值（而物质财富就是由使用价值构成的！）的源泉”③。只有劳动是创造不出物质产品的。物质产品（使用价值）的生产是劳动、劳动资料和劳动对象相互结合、共同作用的结果。只有深刻明白这一点，我们才能够更好地解释当前各种纷繁复杂的财富创造和价值创造的问题。

2. 按劳分配是社会正义的重要表现

资本主义社会的不公正首先体现在资本家凭借着其对生产资料的垄断而无偿占有工人在劳动中所创造的剩余价值。在资本主义制度下，劳动者虽然在形式上已经摆脱了奴隶社会、封建社会的人身依附关系，表面上获得了与资本家相同的平等权利。但是，由于生产资料掌握在资本家手中，劳动者丧失了一切生产资料，除了他自身外，一

---

① 马克思．资本论（第一卷）[M]．中共中央马克思恩格斯列宁斯大林著作编译局，编译．北京：人民出版社，2004：60.

② 马克思．资本论（第一卷）[M]．中共中央马克思恩格斯列宁斯大林著作编译局，编译．北京：人民出版社，2004：56.

③ 马克思，恩格斯．马克思恩格斯选集（第三卷）[M]．中共中央马克思恩格斯列宁斯大林著作编译局，编译．北京：人民出版社，2012：357.

无所有。他在整个生产链条当中，只是作为商品化的劳动力而存在。在这种情况下，劳动者与资本家存在着非常明显的实质性的不平等权利。劳动者只有将自己的劳动力出卖给任何一个资本家的自由，但是他却没有办法改变自己作为生产力的商品属性。即劳动者的劳动力并不真正属于他自己，而是属于购买他的资产阶级。因此，资本家购买劳动力进行生产，其根本目的是为了占有劳动者在劳动中所创造的剩余价值，从而实现资本的增值。因而，销售与利润，是资本主义生产的最原始的动力。也就是说，资本主义社会中的生产不是为了劳动者个人价值的实现和生活品质的提升，而是为了资本利润的最大化。

资本主义社会中所讲的资本，不纯粹是一个物的概念。按照马克思主义政治经济学的观点，资本就其实质而言，它是一种社会权力。这种权力主要是建立在私有制的基础之上的。对劳动者剩余劳动的剥削是这种权力的本质所在。这里的“剩余劳动”主要是指“一切为养活不劳动的人而从事的劳动”[①]，而且“支配着这种剩余劳动的不是工人，而是资本家”[②]，因此所谓的“劳动剥削”就是指资本家对雇佣工人的剩余劳动的无偿占有。马克思明确指出：“分配的结构完全取决于生产的结构。”[③]因此，一个社会制度能否保证劳动者能够占有其劳动产品，就成为判断这个制度是否正义的关键所在。

3. 异化劳动本质上是对人的压迫和剥削

马克思认为，劳动本应是实现人的本质力量对象化的实践。但是，在资本主义私有制条件下，本应体现人主体力量和类本质特征的劳动，变成了异己的压迫力量。异化劳动下的个体由于已经完全丧失了劳动的自主权，丧失了自我在劳动中获得正面肯定的可能，因而，

---

① 马克思．资本论（第三卷）[M]．中共中央马克思恩格斯列宁斯大林著作编译局，编译．北京：人民出版社，2004：960.

② 马克思．资本论（第三卷）[M]．中共中央马克思恩格斯列宁斯大林著作编译局，编译．北京：人民出版社，2004：963.

③ 马克思，恩格斯．马克思恩格斯选集（第二卷）[M]．中共中央马克思恩格斯列宁斯大林著作编译局，编译．北京：人民出版社，2012：695.

这样的劳动也就从根本上剥夺了劳动者劳动的内在主动性、积极性和创造性。

因此，劳动要彰显其对于人的正面意义，就必须实现对异化劳动的抛弃，从必然王国真正走进自由王国。“事实上，自由王国只是在由必需和外在的目的规定要做的劳动终止的地方才开始；因而按照事务的本性来说，它存在于真正物质生产领域的彼岸。像野蛮人为了满足自己的需要，为了维持和再生产自己的生命，必须与自然进行斗争一样，文明人也必须这样做；而且在一切社会形态中，在一切可能的生产方式中，他都必须这样做……但不管怎样，这个领域始终是一个必然王国。在这个必然王国的彼岸，作为目的本身的人类能力的发展，真正的自由王国，就开始了。但是，这个自由王国只有建立在必然王国的基础上，才能繁荣起来。工作日的缩短是根本条件。”[①]要真正实现对异化劳动的扬弃，就必须推翻资本主义私有制，建立社会主义公有制。

马克思主义教育学原理中的劳动观，主要体现为其对教育与生产劳动相结合的论述中。鉴于前文已经对此问题做了较为详细的论述，这里不再赘述。

从前文可以明显看出，劳动教育所要培养的马克思主义劳动观，是一个非常庞大且系统的学说。它不仅仅是一个如何认识劳动的问题，也是一个如何通过劳动去理解整个世界的问题。当前的劳动教育之所以主要停留在具体的劳动技能的学习和锻炼之上，主要原因就在于，我们尚未对马克思主义劳动观有准确的认识。因此，在具体贯彻落实劳动教育的过程中，深入学习和领会马克思主义劳动观的基本内涵，对于深化新时期劳动教育意义重大。

---

① 马克思，恩格斯．马克思恩格斯全集（第二十五卷）[M]．中共中央马克思恩格斯列宁斯大林著作编译局，编译．北京：人民出版社，1974：926-927.

二、劳动精神

劳动精神主要体现的是人在劳动中所应具有的精神风貌，它主要反映的是一个人对其劳动的认可度和投入度。可以说，劳动精神在很大程度上是一个人劳动的动力系统，不仅对于个体的生存、劳动意义感和幸福感的获得等方面有重要作用，而且对劳动工具的创新、劳动效率的提高等都具有积极作用。

（一）劳动精神的个体向度

劳动精神对于个体而言，首先是一个谋生的问题。任何个体在社会中生存，都需要以其所具备的一技之长所创造的劳动产品与他人相交换，从而获得生存的其他生活资料。如果一个人缺乏劳动精神，对自己所从事的劳动没有必要的尊重和投入，在劳动中敷衍塞责，必然会影响其劳动产品的质量。产品质量不高，必然会造成其在市场交换中处于劣势、甚至被禁止流通的状况。一旦个体所创造的产品不能在市场流通，他也就失去了从他人那里获得其他生活资料的物质前提，从而也就失去了谋生的基本保障。因此，从消极的角度看，劳动精神对于个体之所以必要，首先就在于它可以确保个体获得生存的基本条件。与此同时，劳动精神同样也关乎他人的生命安全和生活质量，对于他者而言，劳动精神同样具有非常重要的谋生功能。这主要是因为在当前这样一个劳动高度社会化的时代，由于劳动分工的细化使得人与人之间功能性的依赖度明显提高。如果一个个体缺乏劳动精神，在工作中以次充好，那么，他危害到的不仅仅是个人的工作饭碗问题，更是会危害到他人的生命安全。因此，劳动精神实际上承载着对他者，甚至是对整个人类生命的敬畏。没有这种敬畏，个体就特别容易放弃对诸如诚实劳动等劳动精神的坚守。因此，劳动精神的谋生功能不仅关乎个体，更关乎整个人类。

劳动精神除了有助于个体的谋生之外，从积极的角度看，它还是促进个体获得劳动的意义感，进而获得人生价值感、意义感的重要精神保障。从前文论述可以看出，劳动是人的本质力量对象化的实践活动，正是在这种对象化的实践活动中，个体才能充分占有其自由自觉的类本质，从而获得存在的价值感和意义感。倘若一个人对劳动缺乏内在热情，那么，他就很难看到劳动之于人的精神幸福的价值和意义；倘若一个人没有对劳动的投入，那么，他就很难获得自我本质力量得以充分展示的必要途径。这实际上要求个体不仅把劳动当作一种谋生的手段，更是将劳动作为幸福的载体。尤其是对于当代学生而言，劳动幸福是其重要的劳动诉求。而要获得劳动幸福，就必须具备劳动精神。只有真正把自己所从事的劳动当作事业去追求，个体才会在劳动中迸发出无比的热情，才能够全身心地投入其中。

（二）劳动精神的社会向度

劳动精神不仅关乎个体的生存和意义感的获得，同样也关乎整个生产领域的革新和社会的进步。在很长一段时间里，我们往往把劳动精神理解为个体的一种品质，而很少看到劳动精神所承载的社会意义。如果仅仅将劳动精神作为一种个体德行去要求，那么，这就在很大程度上将劳动精神降格为一种个体可以自由选择的私人行为。因为，作为个人品质的劳动精神是不能用强制力量去要求的，而主要靠个体的内在自觉去守护。但是，劳动精神从来就不是纯粹的个人美德。中国社会从一穷二白的困难中走出来，靠的不是他人的施舍，而是一代又一代劳动者的辛勤劳动、诚实劳动、创造性劳动。也就是说，没有这样一种强有力的劳动精神作为支撑，中国社会的发展进步是很难想象的。

当前，中国社会正处在站起来、富起来到强起来的历史发展过程中，更需要大力激发每个人的劳动精神，尤其是创造性劳动的精神。中国已是世界上最大的制造业大国。当前，制约中国进一步发展的关键性的领域主要集中在高科技领域。如果这些领域我们自身不能实现从“0”到“1”的突破，不能在核心技术领域实现完全的知识产权的话，那么，中国的发展就特别容易受到他人的技术垄断而陷入被动，甚至是难以为继的困境之中。在这种情况下，就更需要每一个劳动者以更加饱满的热情、更加敬业的态度、更加投入的创新，才能真正实现中华民族的伟大复兴。因此，在新的历史条件下，我们应该自觉地将劳动精神的培育，与整个社会、国家的发展进步联系起来，才能够确保我们的劳动教育真正发挥其推动社会进步的作用。

这就需要我们在劳动精神的教育方面，突破过去仅从个体品质或美德的角度去谈劳动精神的局限，真正让个体去体会、感悟劳动精神所具有的社会意义和价值，这样才能够更好地发挥劳动精神教育的时代价值。

三、劳动能力

中共中央、国务院《关于全面加强新时代大中小学劳动教育的意见》中，关于劳动教育总目标能力部分的表述是，培养学生“具备满足生存发展需要的基本劳动能力”。这一表述实际上是从两方面对劳动能力做出了限定。一是限定了劳动能力的性质，二是限定了劳动能力的程度。前者主要表明劳动教育目标所要培养的劳动能力不是指向特定职业的专门化的劳动能力，而是所有人都应掌握的劳动能力，因而这里的劳动能力具有鲜明的非职业化和非专门化的特点。后者则明确了劳动能力的程度，即劳动教育不是要培养学生某一方面的精深的劳动能力，而是基本劳动能力，是与人的生存发展有关的基础性劳动能力。也就是说，劳动教育所要培养的劳动能力是受“基本”两个字所限定的。

当前，劳动教育实践领域特别热衷于培养学生各种各样的劳动技能，但是，这并不代表着所有的劳动技能都属于劳动教育所要培养的劳动能力的范畴。正如前文所述，劳动能力的培养，重在基本。那么，什么样的劳动能力具有基本的特征呢？一般而言，当我们说某项能力为基本能力的时候，主要指的是这项能力是人人必需，而且是人人能够达到的。所谓人人必需，主要指的是个体如果缺乏了这样一种基本能力，他的生活就会存在缺陷；所谓人人能够达到，则意味每个人经过学习都能够达到这样的能力要求。如果用这样的标准来看，那么，劳动教育所要培养的基本劳动能力就只能是这样两类：一是维持个体生存的基本劳动能力，没有这种劳动能力，个体的生存就会出现问题；二是指向职业世界的职业共同能力，这种能力是从事所有的劳动都应具备的能力。理解劳动能力培养的非职业化和基础性，对于劳动教育实践意义重大。

首先，可以有效避免劳动教育的职业化取向。当前，在学生劳动能力的培养方面，一些学校的做法过于职业化。很多学校提供了诸多供学生实际劳动的资源，比如学校里面开设“开心农场”，组建各种工艺品加工车间等等。但是，这些“开心农场”和工艺品加工车间到底是要培养学生什么样的劳动能力呢？是要将学生培养成种植能手还是工艺品制作大师？如果是那样的话，这些劳动教育就其实质而言更多的是一种职业教育而不是面向所有学生的普通教育。从《关于全面加强新时代大中小学劳动教育的意见》的精神来看，“劳动教育是国民教育体系的重要内容”，它是所有大中小学都必须开设的教育必修课，因而，作为国民教育范畴的劳动教育显然是属于普通教育的范畴而非职业教育的范畴。这实际上表明，劳动教育所指向的学生劳动能力，不是特定职业导向的。

作为普通教育的劳动教育，虽然并不指向特定职业技能的专门化学习，但是，这并不意味着劳动教育就完全与职业无关。实际上任何职业的劳动能力都包含专业性劳动能力和共通性劳动能力两大部分。前者指向的是具体的劳动形态，所需要的是专门化的职业能力，比如裁缝所需要的量体裁衣这种能力就是专门化的职业能力。而后者则指向所有劳动形态都应包括的能力，是从事所有职业都必需的共通性能力，如创新能力、批判性思维、合作能力、交流能力、信息素养、自我发展素养等，属于“职业共通能力”。[①]而职业共通能力毫无疑问属于基础性的劳动能力范畴。这理应构成学校劳动教育能力目标的重要维度。

从职业共通能力培养的角度来思考劳动教育，学校就可以大有作为，而不是囿于特定的劳动形态而局限了劳动资源开发的对象。实际上，《关于全面加强新时代大中小学劳动教育的意见》已经明确指出，学校劳动教育的内容既包括日常生活劳动、生产劳动，也包括各种服务性劳动。学校完全可以根据自身所处区域的产业特点来选择合适的劳动形态对学生进行劳动能力的培养。只要能够确保学生在参加这些产业劳动的过程中，提高了诸如创新、批判、创意物化等职业共通性能力，劳动教育的能力目标也就实现了。由此可见，只要把握了劳动教育的能力目标的内涵，学校劳动教育必将会打开一片新的天地。

其次，可以有效防止劳动教育资源开发的盲目性拔高。劳动教育主要培养的是学生基础性的劳动能力。所谓基础，主要是两个方面的意思：一是从程度上来讲，不能片面拔高，毕竟学校劳动教育不是专门的职业教育；二是受众面要广，要能够确保大多数学生都能达到。当前，劳动教育资源的开发在一定程度上存在着盲目拔高现象，突出表现为，一些学校过于追求对某些专门技能的高精尖培养，而忽视了其基础性。似乎学校只有在某些具体劳动技能的培养方面达到了较高的水准，才能体现学校劳动教育的水平。为此，学校不惜重金购买各种先进劳动设备，引进该领域的专家来授课。在这种情况下，某类学校劳动教育资源的开发就成了那些所谓具有较高天赋的孩子可以享受的教育特权。这样一种劳动教育资源开发思路在很大程度上就背离了劳动教育所要培养的是学生的基础性劳动能力这一教育目标，也有悖于教育公平的实现。

因此，回归劳动教育培养基础性劳动能力这一目标，就要求我们在实施劳动教育的时候，首先要充分考虑所提出的劳动能力要求与学

① 褚宏启．21世纪劳动教育要有更高立意和站位[J]．中小学管理，2019（9）：61.

生实际水平的适切程度，不能盲目开发那些不属于基础性劳动能力的劳动教育；其次则需要考虑所开发的劳动教育的普遍性问题，即这些劳动教育资源的开发应该能够满足所有学生基础劳动能力的培养。

四、劳动习惯

劳动习惯是一个人劳动意识和劳动品质的综合体现。所谓劳动意识，主要指的是个体有主动劳动的内在自觉；而劳动品质则是指个体在劳动中能够妥善处理好劳动资料，能够统筹协调各种劳动工序。良好的劳动习惯既有助于个体生活品质的提升，同时也有利于其工作和劳动效率的提高，以及劳动安全的保障。

（一）劳动自觉意识

劳动习惯首先体现为一个人自觉的劳动意识。一个具有良好劳动习惯的人，最常见的特征就在于，他的眼里有活。眼里有活就意味着，他总能在看似日常而平淡的生活中，看到劳动的可能性。这种劳动的可能性实际上反映了个体对象化实践的丰富性。一个人在生活中发现自我得以对象化实践的载体越多，他就越容易在生活中获得存在感和意义感。因此，具有劳动自觉意识的人，特别容易发现生活中需要劳动的对象。

基于此，我们要想培养学生的劳动习惯，首先要培养他具备敏锐的对象化实践的眼光。很多孩子之所以没有劳动习惯，就因为他们没有发现需要其对象化的可能载体。这实际上是要求我们要给孩子的生活世界必要的“留白”，不宜将孩子的整个生活安排得过于完满。或许在那些显得不太那么完满的生活当中，孩子更容易发现劳动的可能性。而在这些日常的劳动中，孩子也更能够获得劳动的成就感，从而强化其劳动的自觉意识。

（二）劳动统筹协调

如果说，劳动自觉意识更多地指向是否愿意劳动这个维度上的劳动习惯的培养的话，那么，做好劳动中的各种统筹协调则是劳动习惯在劳动中的具体要求。

劳动过程中的习惯，一方面反映一个人劳动的能力，另一方面也体现了一个人劳动的品质特点。在劳动过程中，需要遵守相应的工作流程和操作要求，才能确保劳动的顺利进行。这就需要个体要能够处理好个人与劳动环境、劳动资料、劳动工具等的关系。如果一个人在具体的劳动过程中，随意摆放劳动工具而没有将各种工具及时归位，对各种劳动资料的使用不注意节约而随意丢弃浪费，不仅会在无形当中增加劳动成本，降低生产效率，同时会带来诸多的安全隐患。因此，劳动过程的习惯对于整个劳动而言，具有非常重要的作用。

当前，我们在对学生进行劳动习惯的培养的时候，更多聚焦于第一层面劳动习惯的养成，即重点提升学生劳动的内在自觉性。但是，对于学生在劳动过程中所应形成的习惯，相比而言，我们是不够重视的。实际上，劳动过程中的劳动习惯，与劳动效率、劳动安全基本上是一个问题的两个方面，劳动习惯不好，必然会影响效率，也会引发安全问题。因此，劳动习惯的培养，必须与劳动安全、劳动效率等内容有机结合起来，才能够真正将教育目标落到实处。

由此可见，就劳动教育目标而言，其所包含的内容是多方面的，而其所指向的劳动素养也是多维度的。就劳动观念、劳动精神等内在于个体世界观、人生观和价值观层面的劳动素养而言，其更多反映的是学生对劳动功能和意义的认识，对劳动的态度以及对以劳动为核心的社会生产关系的价值判断等，主要属于观念性的社会意识形态范畴。就基本生存能力和习惯而言，则主要指向个体操作性的动手实践能力的获得。简言之，劳动教育的目标包括两大方面：一是观念意识层面，二是能力习惯层面。前者更多的是一种观念性的劳动素养，而后者则主要是一种实践性的劳动素养。劳动教育的实施，应该根据这两类不同类型的劳动素养的特点来选择合适的教育载体，才能够真正实现其育人目标。

第三节
劳动教育目标的实践意义

讨论劳动教育的目标，不仅具有非常重要的理论价值，更有强烈的现实意义。可以说，当前劳动教育实践中存在的诸多问题，大多与对劳动教育目标的认识不清、把握不准、贯彻不够有着非常密切的关系。

一、劳动教育目标的实践缺位

毫无疑问，劳动教育目标是整个劳动教育实践的出发点和归宿。但是，很多学校开展的劳动教育实践存在的最大问题就是劳动教育目标的偏离。这种偏离主要表现为两个方面，一是对劳动能力的片面强调，缺乏对整个劳动教育目标的整体把握；二是将手段误认为目标去追求而导致对目标的遗忘。

（一）缺乏对劳动教育目标的整体把握

完整的劳动教育目标应该是劳动观念、劳动精神、劳动能力和劳动习惯的有机组成。但是，在当前的很多劳动教育实践当中，往往更为看重的是劳动能力的培养，却在很大程度上忽略了劳动观念、劳动精神等意识层面的劳动教育目标的培养。

虽然马克思主义劳动观作为劳动教育目标的核心，具有非常重要的意义，但是，当前实践层面看似轰轰烈烈的劳动教育，似乎并未对马克思主义劳动观这一劳动教育目标给予足够的重视。具体表现为，很多地方的劳动教育实践，更多的是将劳动教育仅仅理解为对学生劳动能力的培养，因此，主要强调的是“动动手、流流汗”，至于这些劳动实践在多大程度上完成了对学生马克思主义劳动观的培养任务，则缺乏考虑。而有些学校在推进劳动教育时，也会在文本层面强调对学生进行正确劳动观念的培养。但这一观念如何培养，在具体的教育方案中则语焉不详，最终必然导致目标的落空。

实际上，相比于劳动精神、劳动能力和劳动习惯这几个维度的劳动教育目标，培养学生树立马克思主义劳动观更难。这一方面是因为马克思主义劳动观自身所包含思想的丰富性，导致其在转变成具体的教育内容时会存在诸多教育上的困难；另一方面则是由于长期以来从事劳动教育的教育工作者自身对于马克思主义劳动观的理解也是较为表面的，甚至一些从事劳动教育的教师对于马克思主义劳动观具体内容是什么也说不清楚。这势必会导致其在开展劳动教育的时候避重就轻，选择相对容易的劳动技能来开展劳动教育。

如果在实践层面没有充分贯彻落实马克思主义劳动观的目标要求，就容易使人产生对劳动教育的误解，认为劳动教育没有思想和知识含量，这势必造成劳动教育实际地位不高的结果。因为人们会认为只要一个人会某项劳动，他就可以承担劳动教育的任务。如果是这样的话，那么，劳动教育也许就不需要进行专门研究，也不需要专门的教师来实施。因为，社会上存在着的大量有关劳动技能培训的资源，比如，各种教人如何收纳、如何整理、如何做饭等的短视频在网络上随处可见，教师只要给学生播放这些视频就可以，不需要再辛苦制作课件来讲解。但是，劳动教育如果没有了马克思主义劳动观这一培养目标，就会沦为一种纯粹的技能培训，劳动教育作为中国特色社会主义教育制度的重要组成部分的教育属性就无法体现出来。

以上问题产生的原因是多方面的，但是，最为根本的原因在于，虽然大家都在说要培养学生正确的劳动观，但对于什么是正确的劳动观，尤其什么是马克思主义的劳动观，很多人并没有清晰的认识。我们很难想象一个不懂数学的老师能够教好数学，但是，在劳动教育当中，却存在大量不知道马克思主义劳动观为何物，却在进行劳动教育的教师。这实际上是非常荒谬的事情。因此，要确保马克思主义劳动观这一目标能够落实，需要帮助广大从事劳动教育的教师对这一目标的具体内容和要求有必要的了解。

（二）误把手段当作目的

当前很多地方在推进劳动教育的时候，更多考虑的是到哪里给学生提供劳动的场所和资源，但是却很少好好地钻研劳动教育的目标，从而在很大程度上导致了把推进劳动教育的手段当成了目标本身去追求的现实问题。比如，一些学校总是纠结于在劳动教育中到底是让孩子种菜还是种粮食，是养小鱼还是养小鸡，等等。这其实是舍本求末。这主要是因为，不管是种菜还是种粮食，不管是养小鱼还是养小鸡，它们都是我们进行劳动教育的具体载体，而不是劳动教育所要追求的目标本身。也就是说，我们让孩子参与和学习这些劳动技能，其目的显然不是指向培养一个农民或一个渔民，而是为了通过这些活动，来帮助孩子形成马克思主义的劳动观、劳动精神、劳动能力和劳动习惯。如果我们在劳动教育中不努力考虑这些目标的落实，而是反复纠结于具体劳动形式的选择，那么，势必会导致将手段当成目的去追求的现象。

正确的思路应该是，目的决定手段的选择。选择何种手段，关键就在于何种手段更有利于特定目标的实现。实际上，相对于目标的稳定性，手段具有很大的可选择性。我们应该在完整把握劳动教育目标的前提下，因地制宜地考虑手段的具体选择，而不能为了突出一些手段而遗忘了目标的达成。也正因为如此，中共中央、国务院所颁布的《关于全面加强新时代大中小学劳动教育的意见》中明确指出，劳动教育要坚持因地制宜。根据各地区和学校实际，结合当地在自然、经济、文化等方面的条件，充分挖掘行业企业、职业院校等可利用资源，宜工则工、宜农则农，采取多种方式开展劳动教育，避免“一刀切”。这实际上表明，只要牢牢把握了劳动教育的育人目标，那么，在具体劳动手段或途径的选择上，各个地区、各个学校完全可以充分考虑自身实际情况和学生特点来自主选择，而不必跟风开展某种具体的劳动。

二、劳动教育目标的教育价值

劳动教育目标实际上是劳动教育的首要问题，它不仅影响劳动教育实施的方向、过程的调控和结果的评价，而且对学生自我劳动素养的发展和社会劳动教育的支持等具有重要价值。

（一）劳动教育目标的教育功能

劳动教育目标对于劳动教育而言，最重要的功能就是确保劳动教育方向的正确性。没有正确的方向做引导，劳动教育就不能真正发挥其育人作用。因此，对于劳动教育而言，最重要的工作就是明确劳动教育的目标。只有目标把握准确了，整个劳动教育才会沿着健康的方向发展。当前，学校教育实践中劳动教育目标的方向功能并没有充分发挥出来。前文所分析的劳动教育在实践中的缺位问题，实际上就是劳动教育目标的偏离问题。

劳动教育目标除了具有非常重要的方向功能外，它对于劳动教育而言还具有十分重要的调整功能。也就是说，正是因为劳动教育目标的存在，我们才能够在具体的劳动教育实践过程中，不断调整相应的手段和方法，使之能够更加精准地朝着劳动教育目标所设定的方向前进。否则，在具体的劳动教育实践过程中，我们将难以判断劳动教育的实施状况，也很难发现其中存在的问题并及时调整。因此，劳动教育目标的存在，就成为了我们衡量劳动教育实施过程是否偏离方向、是否存在问题的重要依据。也只有在劳动教育过程中不断根据教育目标来调整相关实施策略，才能够最大限度地确保劳动教育目标的最终实现。

最后，劳动教育目标对于整个劳动教育而言，还具有非常重要的评价功能。评价归根结底是要考察目标的实现程度，如果目标不清晰，评价也就失去了依据。因此，科学的劳动教育目标的设定，对于劳动教育评价的有效进行意义重大。目标设定过高，容易出现劳动教育实效性不高的问题；而目标设定过低，则不利于劳动教育功能的充分发挥。这就需要教师在准确把握劳动教育目标的总体要求的基础上，充分考虑学生的实际情况来设定每个具体劳动教育实践的目标，因材施教。

（二）劳动教育目标的个体意义

劳动教育目标不仅对于整个劳动教育有着非常重要的作用，而且对于个体的劳动素养提升也有着积极的意义。

首先，通过劳动教育目标，个体可以看到自我劳动素养提升的方向，从而能够根据目标来对自我的成长进行主动规划。实际上，人的劳动素养的提升，除了靠外在的教育引导之外，也同样需要个体的自主努力。清晰、明确而富有召唤力的劳动教育目标，对于个体劳动素养的提升有着非常突出的意义激励作用。实际上，一个人劳动教育内在学习动机的激发，与其对劳动教育目标的认识有着很大的关系。当一个人在劳动教育目标中看到了自我未来成长的美好蓝图，那么，他就特别容易生发出学习的积极性。这实际上要求教师在劳动教育总体目标的实践转化过程中，要能够在劳动教育目标与学生个人成长之间建立起内在的意义连接，这样学生才能够从劳动教育当中获得前进的动力。

其次，劳动教育目标还能够为学生的劳动教育提供内在的评价作用。即学生可以依据劳动教育目标来对照自我在劳动教育学习过程中的表现。当个体的表现达到劳动教育目标的要求时，个体就会获得一种自我肯定的积极力量，激励其更加投入地接受劳动教育。而当个体发现其表现与劳动教育目标的要求还有一定差距时，劳动教育目标同样也成为个体调整自我学习策略和方法的重要依据。在这种情况下，劳动教育目标就成了个体不断进步的行动指南。

（三）劳动教育目标的社会价值

劳动教育要想顺利开展，必然需要得到整个社会的大力支持。而劳动教育要想获得社会支持的一个重要前提，就是它必须有一个被社会各界所广泛认可的目标。没有这样一个目标，劳动教育将难以获得社会的有效支持。这主要是因为，劳动教育目标是整个劳动教育的核心，其基本主张都反映在其设定的目标之上。因而，劳动教育目标就构成了整个社会认识和了解劳动教育的重要窗口。总体而言，劳动教育目标具有非常重要的社会动员和社会整合功能。

所谓劳动教育目标的社会动员功能，主要指的是劳动教育目标对于劳动教育的社会宣传、社会形象建构等均具有重要的作用。好的劳动教育目标，是向社会宣传劳动教育价值和意义的重要名片，也是社会认识和评价劳动教育的重要依据。因此，劳动教育目标的设定，要充分考虑其社会意义。

所谓劳动教育目标的社会整合功能，则主要指的是通过劳动教育目标，可以把社会各种劳动教育的力量和资源有机整合起来，形成立体化、社会化的劳动教育育人体系。只有当社会大众对劳动教育目标有充分的认识之后，人们才能够结合自身实际情况，考虑其在国家推动劳动教育的过程中可以承担的任务和扮演的角色。一旦劳动教育目标不清晰，那么，社会上各种潜在的劳动教育资源就很难整合起来。因此，劳动教育目标的存在，就为各种劳动教育的社会资源找到了可以凝聚在一起的方向和目标。

由此可见，劳动教育目标在劳动教育实践中具有多方面的价值和意义。深入了解劳动教育目标的内涵，是科学制定劳动教育目标的前提。这是目前劳动教育实践最为迫切需要加强的重点工作。一旦我们从劳动教育的目标去思考劳动教育的实践，就会发现劳动教育可以作为的空间无比宽广。各种原本不在劳动教育考虑范围内的资源，就会在劳动教育目标的引领下转变为具体生动的劳动教育资源。比如，各种劳动文化、劳动艺术，都可以构成学校劳动教育实践的重要载体。过去，我们之所以没有看到这些劳动教育资源的存在，一个非常重要的原因就在于缺乏从劳动教育目标的角度去看待我们的整个教育。因此，准确地把握劳动教育目标，是切实推进劳动教育有效落地的根本保证。

第四章

劳动教育内容的时代要求

劳动教育内容是落实劳动教育目标的重要载体，也是师生互动的重要教育中介。对于劳动教育内容而言，主要涉及三个方面的基本理论问题：一是劳动教育的内容有哪些存在形态，即劳动教育的主要载体是什么；二是这些不同形态的劳动教育内容如何选择，即确定劳动教育内容的基本原则是什么；三是对于选择出来的劳动教育应当如何组织，才能够成为学生具体的学习内容，即劳动教育内容如何向学习内容转化。

第一节
劳动教育内容的主要形态

劳动教育内容的形态，主要指的是劳动教育得以具体展开的载体类型。当前，劳动教育在实践中特别容易陷入“窄化”的境地，即认为劳动教育的实施只有劳动实践这一内容载体。当前，很多学校都在抱怨劳动教育不容易开展，一个非常重要的理由就是学校缺乏给学生提供足够的、真实的劳动实践机会。这实际上是对劳动教育内容形态的单一化片面认识。

实际上，什么样的内容能够构成劳动教育内容，关键就看其能否落实劳动教育目标的要求。也就是说，劳动教育内容的存在意义是为了实现劳动教育的目标。因此，凡是有助于学生劳动素养提升的教育内容，都可以纳入劳动教育的内容范畴，哪怕这些内容本身并不属于劳动。基于此，劳动教育内容在形态上，主要包括劳动和非劳动两大载体。

一、劳动教育内容的劳动形态

劳动教育内容的劳动形态主要指的是，劳动教育的内容是由不同的劳动实践形式组成的，即劳动教育是以具体的劳动实践为内容载体来组织实施的。以劳动实践为内容载体的劳动教育具有十分重要的现实意义。尤其是在当前广大学生普遍缺乏真实劳动经历的背景下，强调通过劳动来开展劳动教育无疑是十分必要的。这主要是因为，劳动本质上是实践，其现实形态必然是一种在人力（脑力和体力的综合）

的作用下实现自然人化的过程。因此，真实的劳动是个体劳动素养从静态转变为动态，从观念转变为实际操作的必经环节。正是从这个意义上讲，有学者将劳动教育看成是整个教育与真实生产的必然中介。[①]

根据不同的分类标准，劳动可以区分成不同的形态。比如，根据劳动工具的不同，劳动主要有手工劳动、机器劳动和智能劳动等。从教育部颁布的《大中小学劳动教育指导纲要（试行）》来看，劳动教育的内容主要指向的是日常生活劳动、生产劳动和服务性劳动这三种劳动类型。这三种劳动形态的划分，更多地遵循一种生活的实践逻辑，而并非严格意义上的学术逻辑的分类。日常生活劳动主要强调的是劳动所发生的基本场域；生产劳动则主要从劳动的产出特点来对劳动进行区分，突出的是劳动的物质生产性；而服务性劳动突出劳动的服务目的，这一形态的劳动与服务业有关，但却不等同于有关服务业的劳动教育。

（一）日常生活劳动

日常生活劳动主要指的是在日常生活这一领域当中所进行的各种劳动形态的总称。之所以要开展日常生活劳动教育，一个非常重要的原因是，日常生活既是维系每个人生存和发展的基本物质前提，又是个体基本劳动品质得以涵养的重要场域。因此，具有基本的日常生活劳动意识和能力，是任何个体都必须具备的基本品质。

家务毫无疑问是日常生活劳动最为重要的组成，也是当前各个学校实施日常生活劳动教育的重要形式。但是，这并不意味着日常生活劳动只有家务劳动这一形态。实际上，维系日常生活的劳动除了家务劳动之外，前面所讲的生产劳动、服务性劳动也会以不同形态存在并作用于日常生活。比如，日常生活中几乎每个人都离不开快递这一服务性劳动，同样也离不开维系家庭生活所需的各种生产劳动。因此，

---

① 檀传宝．劳动教育论要[M]．北京：北京师范大学出版社，2020：120.

需要突破将日常生活劳动等同于家务劳动的局限，要将日常生活劳动放置于一个更系统、立体的人类劳动世界当中，才能真正帮助学生洞悉日常生活劳动的诸多奥秘。

如果说将日常生活劳动与整个人类劳动世界主动连接，主要是从空间的角度分析日常生活劳动的教育意义的话，那么，从日常生活劳动的历史变迁过程中，我们将会发现日常生活劳动在时间的维度上所具有的教育价值。通过对比不同历史时期人们日常生活劳动的主体、内容、工具、方法等方面的不同，学生可以深入了解“劳动创造美好生活”等马克思主义劳动观的深刻内涵和现实解释力。比如，可以分析现代人做家务的方式跟古人相比有什么变化，也可以分析现代家庭家务劳动的分工与过去相比呈现出什么新的特点，等等。在此基础上，也可以引导学生去展望未来日常生活劳动将会发生什么新的变化。

从以上论述可以看出，关于日常生活劳动，我们不仅需要关注其具体所指的生活和自理能力，也要高度重视日常生活劳动的社会性和历史性。也就是说，日常生活劳动既要聚焦于学生基本劳动意识和劳动能力的培养，也要自觉落实劳动教育目标其他方面的要求。

（二）生产劳动

生产劳动是整个人类社会得以存在和维系的基本物质前提。通过开展生产劳动教育，个体不仅认识和了解了生产劳动的基本技术原理，同时，生产劳动本身也是学生认识和把握“劳动创造历史”“劳动创造价值”等马克思主义劳动观和现代工匠精神的重要载体。要充分发挥生产劳动的教育功能，就必须对生产劳动的内涵和性质有准确的理解和把握。尤其是在当前，随着劳动科技含量的不断增强，社会上各种非生产性劳动日益增多，如何看待和理解生产劳动和非生产劳动的边界及关系，就成为当代劳动教育在内容上需要高度重视的现实问题。

马克思认为："社会生产过程既是人类生活的物质生存条件的生产过程，又是一个在历史上经济上独特的生产关系中进行的过程。"[①]因此，生产劳动主要有两个方面的规定性：一是生产劳动的物质规定性，二是生产劳动的社会规定性。

1. 生产劳动的物质规定性

从物质规定性的角度看，生产劳动主要是指人通过自身劳动力作用于劳动资料从而创造财富的活动。这个意义上的生产劳动普遍存在于所有的社会形态当中。也就是说，只要有人类社会的存在，生产劳动就作为一种必要前提存在于不同历史和不同形态的社会当中。在马克思看来，"劳动过程的简单要素是：有目的活动或劳动本身、劳动对象和劳动资料"[②]。这三者构成了劳动过程不可或缺的基本元素。其中，劳动过程的主体主要是指人的劳动力的使用即劳动本身，它在整个劳动过程中处于支配地位，决定着其他生产要素的发展。"在劳动过程中，人的活动借助劳动资料使劳动对象发生预定的变化。过程消失在产品中。它的产品是使用价值，是经过形式变化而适合人的需要的自然物质。劳动与劳动对象结合在一起。劳动物化了，而对象被加工了。在劳动者方面曾以动的形式表现出来的东西，现在在产品方面作为静的属性，以存在的形式表现出来。……如果整个劳动过程从其结果的角度，从产品的角度加以考察，那么劳动资料和劳动对象表现为生产资料，劳动本身则表现为生产劳动。"[③]

在生产力发展较为落后的时代，生产劳动中的劳动力与生产资料的关系具有高度的直接同一性，即单个劳动力直接承担了生产过程中的所有劳动职能，因而他和劳动产品之间是一种非常密切的创造和被

---

① 马克思，恩格斯．马克思恩格斯全集（第二十五卷）[M]．中共中央马克思恩格斯列宁斯大林著作编译局，编译．北京：人民出版社，1974：925.

② 马克思，恩格斯．马克思恩格斯全集（第二十三卷）[M]．中共中央马克思恩格斯列宁斯大林著作编译局，编译．北京：人民出版社，1972：202.

③ 马克思，恩格斯．马克思恩格斯全集（第二十三卷）[M]．中共中央马克思恩格斯列宁斯大林著作编译局，编译．北京：人民出版社，1972：205.

创造的关系。但是，随着生产力的不断发展，生产劳动过程的复杂性不断增强，原本直接承担所有劳动职能的劳动力开始了职能上的分化，每个个体只是承担了生产劳动所需劳动职能中的某一职能。在这种情况下，劳动产品的创造变成了承担不同生产职能的劳动力相互协同的结果。“产品从个体生产者的直接产品转化为社会产品，转化为总体工人即结合劳动人员的共同产品。总体工人的各个成员较直接地或者较间接地作用于劳动对象。因此，随着劳动过程本身的协作性质的发展，生产劳动和它的承担者即生产工人的概念也就必然扩大。为了从事生产劳动，现在不一定要亲自动手，只要成为总体工人的一个器官，完成他所属的某一种职能就够了。”[①]因此，在现代生产背景下，不同劳动者的合作劳动正日益取代单个人的劳动成为现代生产劳动的基本特征。

结合劳动的出现给现代生产劳动中的劳动者的认定带来了新的挑战。过去区分生产劳动者和非生产劳动者的标准非常直观，即以是否具体承担物质产品的生产和创造为评判标准。但是，属于“总体工人”的具体劳动者在生产劳动中的具体作用往往会随着其所承担的劳动职能与劳动产品的密切程度的不同而呈现出很大的不同。一线生产工人毫无疑问与劳动产品的生产联系最为密切，但是，这是否就意味着一线工人是最重要的生产者呢？当前，在有关生产劳动的教育内容呈现方面，更多地聚焦在一线工人的生产上，却在一定程度上忽略了现代生产的联合特征，忽视了现代生产主体的“总体工人”属性。实际上，“在结合劳动的条件下，直接对劳动对象进行加工的操作工人的劳动是生产劳动，各种辅助工人的劳动也是生产劳动；生产第一线的工人的劳动属生产劳动，远离第一线的科室人员的劳动也是生产劳动；在车间从事体力劳动的工人的劳动是生产劳动，从事脑力劳动的

① 马克思，恩格斯．马克思恩格斯全集（第二十三卷）[M]．中共中央马克思恩格斯列宁斯大林著作编译局，编译．北京：人民出版社，1972：556.

各种管理人员和科技人员的劳动也是生产劳动”[①]。因此，在当前关于生产劳动的教育中，一定要从过去那种仅仅局限在单个工人劳动创造的视角中解放出来，从劳动者的结合劳动、从“总体工人”的角度来理解和看待当代生产劳动的系统性和复杂性，不能把生产劳动简单等同于直接的一线劳动，而是应该看到处在不同劳动职能分工体系中的众多劳动者对于生产劳动的不同贡献。

2. 生产劳动的社会规定性

如果说，生产劳动的物质规定性更多的是从历史唯物主义的角度对生产劳动的属性进行定义，那么，生产劳动的社会规定性则是对生产进行带有鲜明的政治经济学意味的界定方式。从社会规定性的角度看，生产劳动特指能够为资本家创造剩余价值的劳动。也就是说，凡是能够给资本家带来利润的活动，都属于特定社会中的生产劳动范畴。马克思指出：“生产工人的概念决不只包含活动和效果之间的关系，工人和劳动产品之间的关系，而且还包含一种特殊社会的、历史地产生的生产关系。”[②]因此，“从资本主义观点来看，只有创造剩余价值的劳动，并且不是为自己而为生产条件所有者创造剩余价值的劳动，才是生产的”[③]。基于此，“什么是生产劳动呢？就是创造剩余价值的劳动，即除了它以工资形式取得的等价之外还创造新价值的劳动”[④]。由此可见，从生产劳动的社会规定性的角度看，生产劳动就不仅仅是一种物质产品的创造活动，更是一种社会关系的存在形态。正是因为如此，马克思将资本主义社会下的歌者唱歌、教师教学等也归入了生产劳动的范畴。马克思曾经说过：“如果可以在物质生产领

① 谭华辙．有关生产劳动与非生产劳动的几个问题[J].中国社会科学，1996（3）：15-27.

② 马克思，恩格斯．马克思恩格斯全集（第二十三卷）[M]．中共中央马克思恩格斯列宁斯大林著作编译局，编译．北京：人民出版社，1972：556.

③ 马克思，恩格斯．马克思恩格斯全集（第二十六卷）（第一册）[M]．中共中央马克思恩格斯列宁斯大林著作编译局，编译．北京：人民出版社，1972：144.

④ 马克思，恩格斯．马克思恩格斯全集（第二十六卷）（第一册）[M]．中共中央马克思恩格斯列宁斯大林著作编译局，编译．北京：人民出版社，1972：199.

域以外举一个例子，那么，一个教员只有当他不仅训练孩子的头脑，而且还为校董的发财致富劳碌时，他才是生产工人。”[①]其根本原因就在于，“资本家既可利用工人做工、农民种地来为其创造剩余价值，也可利用歌者唱歌、教师教学、作家写作等服务活动，把物质生产领域中劳动者创造的剩余价值的一部分转移过来，攫为己有。也就是说，资本家不仅能在物质生产领域进行剥削，而且还能在非物质生产领域进行剥削，获取利润。两个领域中劳动的共同特点是与资本相交换，为资本家带来利润。从劳动与资本的这种关系出发，可以说，两个领域中的劳动，都是资本主义生产劳动”[②]。

这实际上提示我们，生产劳动过程中不仅有人与物之间的对象化关系，同样也存在着非常重要的人与人之间的剥削与被剥削等关系。而现实的生产劳动毫无疑问都是在特定的社会制度环境下进行的，因此，理解生产劳动，就不能仅盯着它的物质创造性，同时也必须理解它的社会关系特征。基于此，以生产劳动为载体的劳动教育，一方面要帮助学生通过生产劳动，去把握劳动创造历史、劳动创造财富等历史唯物主义观点，另一方面，也要着力引导学生关注生产劳动中的劳动关系形态，从而真正理解政治经济学意义上的生产劳动所具有的社会压迫和社会解放的历史意义。

综上所述，生产劳动这个概念实际上是物质性和社会性的统一。物质性是生产劳动的一般规定，普遍存在于所有历史和文化当中。而社会性则是生产劳动的特殊规定，与特定的社会制度有着非常密切的关系。生产劳动的物质规定性是其社会规定性的存在前提，而社会规定性则是生产劳动物质规定性的具体展示。因此，完整的生产劳动教育，既要包含对生产劳动物质规定性的教育，也要包含对生产劳动社会规定性的教育，这样才能够构成一个完整的生产劳动教育的基本要求。

---

① 马克思，恩格斯．马克思恩格斯全集（第二十三卷）[M]．中共中央马克思恩格斯列宁斯大林著作编译局，编译．北京：人民出版社，1972：556.

② 王成稼．关于生产劳动和非生产劳动问题[J]．当代经济研究，2004（1）：3-10，73.

（三）服务性劳动

在教育部2020年颁布的《大中小学劳动教育指导纲要（试行）》中，服务性劳动的目标被界定为：服务性劳动教育就是让学生利用知识、技能等为他人和社会提供服务，在服务性岗位上见习实习，树立服务意识，实践服务技能；在公益劳动、志愿服务中强化社会责任感。从这一文件规定来看，服务性劳动所指向的具体劳动形态并不是唯一的。也就是说，服务性劳动这个概念并不是一个劳动类型划分的概念，而是一个具有劳动目的性的概念。因此，这里的服务性劳动教育更多地表达的是通过劳动去服务他人、服务社会的一种教育实践。至于选择何种类型的劳动来达到服务社会的目的，则是一个开放的问题。也就是说，只要能够实现某种社会服务的目的，学校可以自由选择任何一种劳动来开展相应的教育。

由此出发，服务性劳动其实更强调的是服务，是一种公共精神和公民参与意识、参与能力的培育，而不是具体指向作为一种产业形态的服务业。即服务性劳动教育的重点是，引导学生将其在家庭、学校、社会中所习得的各种劳动能力，有意识地迁移到为他人、社会服务的路径上来。因此，如何激发学生的服务意识、增强自我的服务能力是服务性劳动教育需要解决的重点问题。

但遗憾的是，现实中的服务性劳动教育对于“服务”的理解存在着诸多偏颇之处。其中，最为突出的一个问题是将“服务性劳动”等同于有关“服务业”的劳动教育。在很大程度上，服务业更多是指一种产业结构划分的具体类型。它主要指的是交通运输、仓储和邮政业，信息传输、计算机服务和软件业，批发和零售业，住宿和餐饮业，金融业，房地产业，租赁和商务服务业，科学研究、技术服务和地质勘查业，水利、环境和公共设施管理业，居民服务和其他服务业，教育、卫生、社会保障和社会福利业，文化、体育和娱乐业，公共管理和社会组织，国际组织等行业。从服务业所囊括的具体行业类型来看，它不是一种独立的劳动形态或劳动类型，而是多种劳动形态的集合，既包括物质生产部门，也包括非物质生产部门。

有学者将服务业中的物质生产部门和非物质生产部门做了如下区分①：

服务业中的物质生产部门主要包括：

（1）直接生产物质产品的劳动，如饮食、洗染等；（2）为直接生产过程提供服务的劳动，如电气、煤气、上下管道、邮电和运输等部门的劳动；（3）与物质产品生产直接相关的专业化服务劳动，如技术情报咨询、生产信息提供、各种设备维修，以及直接为物质生产服务的科研部门的劳动。

服务业中的非物质生产部门主要包括：

（1）以活动形式提供的各种劳务，如旅游、理发、浴池、娱乐场所、清洁、卫生保健等部门的劳动。这些部门的劳动不生产物质产品，显然是非生产性的；（2）流通领域中的服务劳动，如商业批发和零售、广告、金融、保险等部门的劳动，它们不生产物质产品，是非生产性的；（3）上层建筑领域中的服务，如法律、教育、文学艺术、政府机关、军队、警察，以及与生产无关的科研机构等部门的活动。这些服务与物质产品的生产没有直接关系，也是非生产性的。

如果将服务性劳动等同于服务业劳动，那么，相关的劳动教育就需要既进行有关生产性的服务业劳动教育，也要进行非生产性的服务业劳动教育，才能构成对整个服务业劳动教育的全面理解。但是，正如前文所述，服务性劳动教育要解决的问题，和服务业劳动教育要解决的问题还是存在较大的不同的。如果对这些不同不做自觉的区分，那么，有关服务性劳动的教育就容易偏离方向。

当然，这并不是说服务性劳动和服务业之间就没有关系。从教育部颁布的《大中小学劳动教育指导纲要（试行）》来看，它在强调服务性劳动的时候，也明确提出了要在“服务性岗位上见习实习”。而这些服务性岗位，很多是由服务业，尤其是服务业中的非生产性部门

① 王成稼. 关于生产劳动和非生产劳动问题[J]. 当代经济研究，2004（1）：3-10，73.

的服务业所提供的。实际上，针对服务业劳动所进行的劳动教育，同样也具有非常重要的价值。尤其是对于学生正确认识我国乃至世界的劳动结构的基本特点和发展趋势，有关服务业的劳动教育更是必不可少。这一点也是当前劳动教育中需要迫切加强的重要部分。

二、劳动教育内容的非劳动形态

劳动教育在内容上不仅应该包括日常生活劳动、生产劳动和服务性劳动这些劳动形态的内容，还应包括诸如劳动者、劳动文化、劳动关系等非劳动形态的内容。当前，劳动教育在内容的开发方面存在的最大问题就是过于强调劳动形态的教育内容，却在很大程度上忽视了非劳动形态的教育内容同样具有实现劳动教育目标的重要价值。实际上，非劳动形态的教育内容对于劳动教育目标的达成，尤其是对于诸如马克思主义劳动观、劳动精神等意识层面目标的达成，有着独特的价值和意义。

诚如前文所述，培养学生正确的劳动观念、劳动情感、劳动态度和劳动精神等观念性社会意识是劳动教育非常重要的育人目标。甚至有学者主张劳动教育的核心目标就在于学生正确劳动价值观的培养。[①]作为意识层面的劳动素养，主要反映的是个体围绕劳动以及与劳动相关的人和物（如劳动者、劳动产品）进行价值判断时所持的基本立场和原则，属于人的世界观和价值观的范畴。这些劳动素养教育的难点就在于，怎样才能够把各种正确的劳动观念、劳动精神和劳动价值观内化为个体人格结构中的稳定组成部分。意识层面的劳动素养不同于实践性或知识性的素养就在于，它必须以主体内在的主动认同为前提。个体可以在实践层面拥有某种劳动能力，在认知层面掌握某种劳动知识，但是，这些都不能确保一个有着丰富劳动知识和具有高超劳动能力的人在意识层面上就一定认同劳动的价值和意义。而认同本身就内含了个体对特定认同对象的一种情感倾向。可以说，认同作

① 檀传宝．劳动教育的本质在于培养劳动价值观[J]．人民教育，2017（9）：45-48.

为一种价值信念，本质上是认识与情感的结晶。①正如有学者指出，情绪体验的意义和特有色调，不是从认知加工系统获得的，而是从有机体同环境相适应过程中的生存和需要的满足与否的感受状态发展而来的。②如果缺乏个体的内在主动认同，那么，所谓的劳动观、劳动精神等等对于个体而言，就是外在于个体的客观知识。因此，在劳动教育内容的开发方面，就需要重点思考什么样的劳动教育内容有利于突破学生劳动认同的情感障碍，更加有助于学生意识层面劳动素养的形成。

要突破学生劳动认同的情感障碍，前提是要让其在劳动教育的过程中能够有所触动，进而产生情感共鸣。要达此目的，就必须选择那些与学生生活实际联系紧密且鲜活的、具有审美化功能的劳动教育内容。

（一）“活”的劳动教育内容

所谓“活”的劳动教育内容，主要指的是与“物”的劳动教育内容相对的，凝结在劳动者身上的鲜活的劳动教育内容。也就是说，人身上所具有的劳动观念和劳动精神，可以构成学校劳动教育的重要内容。

作为意识存在的劳动观念、劳动精神对于尚未真正走进社会生产的学生而言，是相对抽象的。因此，要培养学生的正确劳动意识和劳动价值观，就需要将这些抽象的精神转化为具体可感的生活场景。劳动者毫无疑问就是劳动精神最生动的诠释者。实际上，劳动者不仅是作为一种客观的生产要素——劳动力投入生产，更是作为具有主观能动性的实践主体来自主规划和掌控劳动生产的目的和结果。在这个过程当中，劳动者的劳动态度、劳动精神、劳动价值观等意识层面的劳动素养发挥着至关重要的作用。正是因为如此，每一个劳动者身上都

① 王健敏．道德学习论[M]．杭州：浙江教育出版社，2002：83.

② 孟昭兰．人类情绪[M]．上海：上海人民出版社，1989：126-127.

蕴含着十分丰富的劳动教育资源，他们的创业史、劳动态度、劳动精神，都是最生动的非劳动形态的教育内容。

长期以来，人们对劳动教育内容的理解，往往将重点放在冰冷的生产要素的挖掘方面，更多的是“见物不见人”。这样一种基于物的劳动教育内容开发思路，一方面容易局限我们对劳动教育内容形态丰富性的全面认识，从而导致劳动教育内容开发的窄化；另一方面则是容易使得我们所开发的劳动教育内容过于抽象和冰冷，难以引发学生的情感共鸣。因此，学校在开发劳动教育内容的时候，不能只“见物”而不“见人”，要高度重视劳动者作为劳动教育内容的重要价值。在这方面，可以主动发挥学生家长作为劳动者所具有的劳动教育内容的优势。家长与孩子天然就具有内在的亲和力。当家长通过自身的劳动实践展现相关的劳动态度、劳动观念、劳动精神的时候，就很容易引起孩子发自内心的共鸣。因此，学校可以主动将家长纳入学校劳动教育内容的范畴，举办形式多样的家长劳动教育活动。

（二）“美”的劳动教育内容

“美”的劳动教育内容重在通过展示劳动智慧和劳动精神的审美元素来消除学生对劳动的心理疏离感。美最重要的特征在于非功利性。这一特征赋予了审美活动高度的主体自由性。因此，如果我们能够将劳动教育内容进行审美化改造，使之成为可供学生欣赏的审美对象，那么，这样一种基于劳动审美的教育实践，就能够在很大程度上拉近学生与劳动的心理距离，进而引发其相应的情感共鸣。这主要是因为，劳动是人类审美实践的重要途径。可以说，先民的审美活动与生产实践有着非常密切的关系。很多反映先民生活的岩石壁画，体现的大多是当时人们的生产劳动状况。总体而言，劳动的审美性一方面体现为特定劳动文化当中所蕴含的劳动精神与劳动智慧，另一方面则体现为源于劳动的艺术化再现。

1. 劳动文化中的审美教育内容

劳动不仅是一种物质生产实践，也是一种非常重要的文化活动。

在人类几千年的历史发展过程中，围绕劳动这一人类生存和发展的基本主题，人们创造了丰富灿烂的劳动文化。诸如人们在生产实践中所总结出来的指导农业生产的“二十四节气”，就是古代农耕文明的产物。它表达了人对自然、宇宙独特的时间观念和与之特有的意义连接，不仅对于古人的农业生产有着非常重要的指导作用，而且还构成了古人文化观念中的有机部分，深刻影响着古人的衣、食、住、行等方方面面。可以说，这一劳动文化所蕴含的生产智慧和人生哲学至今还在发挥着它的现实影响力。实际上，每个特定区域都有着与该区域生产实践密切相关的劳动文化，比如徽商文化、晋商文化、浙商文化、闽商文化等，这些文化当中也包含着当地人勇于创新、诚信经营等劳动精神。学校应该自觉地将这些文化资源纳入学校劳动教育内容的范畴中。

此外，人类历史上的诸多文学作品，如古诗《悯农》，就包含了教育学生要珍惜劳动成果、热爱劳动人民、培养正确劳动观的内涵。现当代的很多文学作品，如《梁生宝买稻种》等，也以劳动为主题，讴歌劳动人民。对劳动文化中的劳动智慧、劳动文学等素材的欣赏，有助于学生对劳动精神、劳动价值观等抽象的意识层面的劳动素养有更为直观的审美体验，这必将有利于学生形成相应的劳动品质。

实际上，学校里的很多学科都蕴含着丰富的劳动文化。除了前文重点提到的语文课本中的文学作品外，历史、道德与法治、综合实践等课程，也与劳动教育密切相关。正是因为如此，中共中央、国务院颁布的《关于全面加强新时代大中小学劳动教育的意见》才明确指出，劳动教育要“与德育、智育、体育、美育相融合”，“除劳动教育必修课程外，其他课程结合学科、专业特点，有机融入劳动教育内容”。而教育部颁布的《大中小学劳动教育指导纲要（试行）》也特别强调了学校文化在劳动教育中的重要作用，明确要求在校园文化建设中强化劳动文化。学校要将劳动习惯、劳动品质的养成教育融入校园文化建设之中，要通过制定劳动公约、每日劳动常规、学期劳动任务单，采取与劳动教育有关的兴趣小组、社团等组织形式，结合植树节、学雷锋纪念日、五一劳动节、农民丰收节、志愿者日等，开展丰富的劳动主题教育活动，营造劳动光荣、创造伟大的校园文化。

2. 劳动艺术化作品中的劳动教育内容

美的劳动教育内容不仅体现在劳动文化当中，也生动地反映在各种艺术当中。实际上，很多民族歌舞都诞生于鲜活的生产实践中。比如，壮族的扁担舞、西北地区的刀郎舞等，都是艺术化地再现了特定的劳动场景。这些歌舞既有助于学生了解特定生产实践的过程，又引导学生欣赏劳动人民热爱生活、不畏困苦的革命乐观主义精神。此外，很多美术作品也与劳动有着非常密切的关系，比如当代画家罗中立于1980年创作完成的大幅画布油画《父亲》，反映的就是以“父亲”为代表的广大劳动人民的生动形象。这些都是涵养学生劳动观念、劳动精神的重要教育内容。学校应该有意识地将这些艺术作品纳入学校劳动教育内容开发的范畴。因此，学校在劳动教育内容开发的过程中，要善于在艺术作品中发现劳动的美，并引导学生创作充满美感的劳动艺术作品。

教育部颁布的《大中小学劳动教育指导纲要（试行）》也特别强调了非劳动形态教育内容在劳动教育中的重要作用。该文件强调要在学科专业中有机渗透劳动教育，同时明确指出：中小学道德与法治（思想政治）、语文、历史、艺术等学科要有重点地纳入劳动创造人本身、劳动创造历史、劳动创造世界、劳动不分贵贱等马克思主义劳动观，纳入歌颂劳模、歌颂普通劳动者的选文选材，纳入阐释勤劳、节俭、艰苦奋斗等中华民族优良传统的内容，加强对学生辛勤劳动、诚实劳动、合法劳动等方面的教育。数学、科学、地理、技术、体育与健康等学科要注重培养学生劳动的科学态度、规范意识、效率观念和创新精神。在学科教学中开展劳动教育显然不属于劳动形态的劳动教育内容。但是，这些非劳动形态的教育内容同样是劳动教育内容不可或缺的重要组成部分。

因此，从非劳动形态的劳动教育内容这一视角出发，我们就会发现学校劳动教育实际上是大有可为的。当前，学校之所以觉得离开了劳动形态的教育内容就无法开展劳动教育，一个非常重要的原因就在于，这些学校更多的是从字面意义上来理解劳动教育的内容，并未从劳动教育目标实现的角度来思考劳动教育内容，从而就不可避免地带来学校劳动教育过于窄化的问题。同时，也不利于实现劳动教育与德智体美四育的主动融合。

以上从“活”的劳动教育内容和“美”的劳动教育内容两个主要角度对非劳动形态的劳动教育内容做了简要的分析。实际上，现实中的非劳动形态的劳动教育远远不止这两种。只要在对劳动教育内容的思考中时刻保持劳动教育的目标意识，那么，我们就容易发现诸多被我们所忽视，但却同样有助于劳动教育目标实现的非劳动形态的劳动教育内容的存在。

第二节
劳动教育内容的新议题

选择什么样的内容开展教育，不仅是一个科学问题，也是一个时代问题。不同的时代由于占主导地位的劳动形态、劳动关系、劳动制度等方面的不同，其所强调的具体劳动教育的内容也会有很大的不同。总体而言，劳动形态的多样叠加、劳动信息化程度的增强、非生产性劳动的增多、劳动的国际分工日趋复杂是当代劳动的突出特点。因此，当代劳动教育的内容，必须主动适应时代特点才能够确保我们呈现给学生的劳动世界是真实的。

一、劳动形态的多样叠加

劳动形态主要是由劳动构成要素的基本特征决定的。也就是说，作为劳动基本要素的劳动者、劳动工具和劳动对象在具体的劳动中的作用方式，以及各自之间的关系将成为我们区分不同劳动形态的关键依据。而劳动者、劳动工具和劳动对象在很大程度上是与特定历史发展阶段的生产力水平密切相关的，甚至可以说有什么样的生产力水平，就会有什么样的劳动者、劳动工具和劳动对象，也就会有什么样的劳动形态。

（一）劳动形态多样叠加的表现及其实质

当前，中国社会的发展存在着非常明显的地区和城乡差异。这种差异实际上反映了中国社会在不同的空间共存着不同发展水平的生产力。这样的社会状态决定了当下中国社会劳动形态的多样叠加状态。

一方面，从生产力发展的不同水平来看，中国社会既存在着大量简单的手工劳动，同时也存在着各种现代的机器大生产和信息化、智能化产业；另一方面，就某一具体生产部门的内部构成来看，同样存在着不同的生产力发展水平。比如，同样是农业生产，有些地方依然是以传统的农业耕种方式为主，但有些地方则是智能化的现代农业。因此，当前中国社会在劳动方面具有明显的劳动形态多样叠加的时代特点。

中国社会劳动形态多样叠加的根本原因就在于中国生产力发展的区域不平衡。中国作为一个幅员辽阔的国家，不同区域的生产力由于受到历史、文化、制度等方面的影响，呈现出不同的发展水平。这样一种劳动现状，就决定了我国的劳动教育内容一方面需要反映我国的主体劳动形态，另一方面也要着力回应不同劳动形态的社会现实。

（二）劳动形态多样叠加与劳动教育内容的选择

劳动形态的多样叠加对于劳动教育内容的选择意义重大。当前劳动教育内容选择存在的诸多问题，大多与人们对我国劳动形态多样叠加这一基本国情的认识不足有着非常密切的关系。总体而言，在劳动形态多样叠加的社会背景下，我国劳动教育的内容选择一是要充分体现先进生产力的发展方向；二是要充分考虑我国劳动形态多样叠加所包含的城乡、区域等涉及阶层差异的现实问题。

1. 劳动教育内容应体现先进生产力的发展方向

一些学校在推进劳动教育的过程中，缺乏对当前中国劳动形态多样叠加现实的深刻认识，因而在劳动教育内容的选择方面，往往将传统的、简单的手工劳动当作学校劳动教育的主要内容。现在很多地方的劳动教育都高举“学工学农”的大旗，但是，对于其中所指的“工”和“农”的形态却缺乏必要的讨论和思考。诚如前文所述，劳动形态是与生产力发展水平密切相关的。选择什么样的劳动形态来开展劳动教育，是一个严肃的教育问题。这实际上牵涉到教育内容选择的真实性标准。也就是说，我们给予学生呈现的劳动世界，应该是一个当下真实存在的劳动世界，而不是一个仅仅停留在成人头脑中的劳动记忆。否则，我们的劳动教育内容就会严重滞后于生产力发展和时代发展的需求，从而不可避免地导致劳动教育实效的低下。

从这个角度去反思当前很多学校的劳动教育内容的选择，我们就不难发现其所说的“工”“农”主要指的是传统社会生产力较为落后时代的“工”和“农”，这样一种劳动形态显然不是当前我国“工”“农”劳动的主要形态。正因为如此，很多学校会觉得开展“学工学农”的劳动教育很困难。实际上，之所以出现这样的困难，一个非常重要的原因在于，学校所追求的“工”和“农”并不是当下劳动的主要形态。笔者曾经参加过广州某所中学举办的全国劳动教育论坛。在这一论坛中，该所中学分享了其坚持了30年的“学农”活动经验，并介绍了当下遇到的困难。其中最大的困难是，当学校组织学生到广州周边农村开展学农活动的时候，发现原本计划让学生参与体验的诸多劳动形式已经难以为继。主要原因在于，现代农村的农业生产方式已经不再是过去“日出而作，日落而息”的传统手工劳动，而是充满了现代科技含量的机械化劳作。在这种情况下，成人为了满足自身关于传统劳动形态的回忆需要，人为建设了大量能够供孩子体验传统社会简单劳动的“劳动教育基地”，却很少严肃地思考这样一种劳动形态所具有的教育价值。所以，这实际上要求当代劳动教育的内容一定要体现先进生产力的发展方向。否则，我们的劳动教育给学生呈现的与实际状况不一致，即不真实。劳动教育内容如果失去了“真”的标准，也就失去了其作为教育内容的合理性前提。

2. 劳动教育内容要充分考虑地区差异性

我国劳动形态的多样叠加就意味着，在城乡、区域等不同空间中占主导地位的劳动形态可能是很不一样的。因此，不同的劳动形态对于不同区域中生活的个体而言具有的实际意义也会存在很大的不同。对于生活在诸如北京、上海、深圳等大城市的学生而言，他们接触到的劳动形态更多的是现代化、智能化、信息化的，因而，那些简单的手工劳动，如传统农业，对他们而言是一种带有休闲、体验性质的劳动。而对于那些生活在偏远地区，主要靠传统的农业维系生活的学生来说，同样的农业生产劳动是一种真实的劳动。在这种情况下，他们关于这些劳动的真实体验必然会与城市学生的体验有很大的不同。

如果劳动教育内容的选择和呈现不考虑劳动形态的地区差异，不考虑家长与学生的需求，那么，劳动教育就有可能造成适得其反的后果。比如，笔者曾经在一次关于劳动教育的座谈会上听到了这样一则消息。西部某偏远农村的一所学校开展了“面向当地学生的劳动教育”，结果却遭到家长的集体抵制。抵制的主要原因是，学校开展的劳动教育，实际上是学生及其家人每天都会从事的传统的农业生产活动。家长们普遍认为，他们之所以送孩子到学校接受教育，目的就是为了让孩子将来不再像他们那样从事这种又苦又累收入又低的农业劳动，而学校竟然还开展教授孩子如何种菜、如何种地的劳动教育，这显然与家长们的教育期待有冲突。

劳动形态的城乡、地区差异背后，本质上是中国社会阶层的多样化。实际上，相比于其他教育内容而言，劳动教育内容的阶层性会更加突出。这主要是因为现实社会的阶层划分与个体所从事的职业有着非常密切的关系。陆学艺当年所划分的中国十大阶层基本上也是按照不同职业的特点进行划分的。在教育内容的选择上，最忌讳的是给学生呈现带有某种阶层偏好的内容。从教育社会学的角度看，能够进入学校的教育内容，在很大程度上都具有法定知识的意味。因此，具有阶层偏好的教育内容是不宜作为普遍知识要求所有学生掌握的，否则，就会滋生如教育公平等诸多教育伦理问题。那么，如何考虑我国劳动形态的地区差异性对于劳动教育内容的影响，是当前劳动教育向纵深发展所必须考虑的重大问题。

二、劳动信息化程度的加强[①]

劳动教育必须立足于鲜活的生产实践才能确保其生命力。对于当今世界而言，信息化生产已经成为带有主导性的社会劳动形态。在这种情况下，如果我们的劳动教育还是主要基于传统的农业社会和工业社会时代的劳动来开展劳动教育，那么，劳动教育的时代性必然难以保障。这将会在很大程度上影响劳动教育实效性的取得。因此，新时代的劳动教育必须高度关注信息社会的劳动特点，并据此开展更富有针对性的劳动教育。

（一）信息化劳动的基本特点

2006年5月，中共中央办公厅、国务院办公厅印发了《2006—2020年国家信息化发展战略》，对信息化发展做出了全面部署。可以说，信息化正成为当前中国社会的新常态。在这一信息社会新常态中，劳动发生了重要的变革。从生产力的角度来看，如果说农业社会主要以人力的使用为其基本劳动形式，工业社会的劳动则主要表现为对大机器生产的操作，那么，在信息社会，自动化生产则成为基本劳动形式。具体而言，以自动化生产为特征的信息社会，其劳动具有如下几个方面的特点。

1. 劳动的核心是知识的生产和应用

在农业社会和工业社会的生产中，经验和体力发挥着重要的作用。但是，信息社会中自动化的劳动，主要依靠的是高科技的综合运用。没有足够进步的技术为前提，自动化的生产就无法实现。而科技的进步离不开知识的生产。因此，在信息社会中，知识的重要性将变得日益突出。在很大程度上，科技的进步是以知识的突破为前提的。生产的自动化程度越高，对知识和科技的依赖程度也越高。因此，在信息社会，科学技术作为第一生产力的作用更加凸显。实际上，信息

---

① 本文主体部分发表于《中国德育》2019年第2期。

社会的诞生本身就源于知识的不断积累和突破。没有大量信息知识的生产和应用，信息社会将难以维系。从这个角度而言，信息社会的劳动本质上就是一种以知识的生产和应用为核心的新的劳动形态。

2. 劳动的准入门槛空前提高

对于农业社会的生产而言，劳动者的准入门槛是很低的。在很大程度上，劳动者凭借其生理的自然成熟就可以顺利进入农业生产劳动当中。虽然工业社会的生产所要求的技术水平比农业社会要高，但总体而言，其所要求的更多的是一种相对简单的机器操作能力，劳动者经过简单培训就可以从事相应的生产劳动。但是，对于信息社会而言，劳动的自动化程度越高，对人力的直接使用程度就越低，对劳动者的知识水平要求也就越高，这就使得信息社会的劳动者的准入门槛极大地提高了。比如，随着现代AI技术的发展，越来越多的无人超市、无人宾馆等的出现，将对那些低技术含量的工种带来极大的冲击。这就使得个体不再像传统社会那样凭借着自己的劳动力天然就能成为一个合格的劳动者。这主要是因为，对知识的生产和应用不是一种个体天生就具有的能力，而是需要个体在后天不断学习、不断实践的基础上才能逐渐掌握的。这实际上提高了信息社会劳动者的准入门槛。劳动在信息社会不再是一件简单的事情，劳动的复杂性和创造性将成为信息社会劳动的新常态。

3. 劳动的自由度明显增强

不管是农业社会的生产还是工业社会的生产，一个非常重要的特征就是劳动者的劳动自由度相对较低。他们的劳动往往受制于特定的时间和空间，而缺乏个体的自由选择。比如，农业社会的生产必须以四季的更迭为条件，不能根据需要来进行自由的生产。而工业社会的生产则必须以人与机器的同时在场为前提，人受制于机器。但在信息社会，劳动的个体化将明显增强。凭借现代信息技术，社会的劳动将更加柔性，更容易依靠大数据的力量来根据市场的需要及时调整生产。与此同时，工业社会中规模集中性的生产方式正在转变为规模适度的分散型生产方式，个体的工作时间和空间也因此变得更富有弹性。由此可见，信息社会的劳动将不再受制于传统社会中时间和空间等因素对劳动本身的限制。在信息社会中，只要信息网络系统畅通，劳动可以变成一种个体可以在任何时间和空间进行的自由行为。在这种情况下，劳动的自由度将明显增强。

4. 劳动与生活的边界变得模糊

劳动与生活的二分，是农业生产和工业生产的突出特点。在农业社会和工业社会中，有着非常明确的上下班边界。上班意味着去劳动，而下班之后的时间就是个体的生活时间。个体的劳动是为了更好地服务于其生活品质的提升。但是，在信息社会中，个体的劳动与生活具有越来越高的统一性。这种统一既表现为上下班的边界在不断模糊，比如，凭借着现代信息技术，在家办公正成为一种现实。也表现为越来越多的休闲娱乐活动具有了劳动的意味。比如，现代电子竞技的出现，催生了一大批的职业玩家。在这种情况下，电子竞技已经由一种纯粹的游戏休闲活动转变成了带有明显劳作特征的比赛活动。对于信息社会中的这些新职业而言，如何生活与如何劳动基本上就是一个问题的两个方面。此外，由于信息社会劳动的自由度、个体性在不断增强，劳动本身也越来越多地具有娱乐的意味。在信息社会，很多人的职业选择更多的是基于个体的兴趣和自我实现的需要。这时候的劳动对于个体来说，劳动的过程性、体验性和意义性或许比劳动可能带来的物质报酬更具有吸引力。即个体更多的是把劳动内化为生活的一部分，而不是被动地将劳动视为生活的对立面。这将在很大程度上对传统社会中劳动与生活曾经明晰的边界带来极大的冲击。

（二）信息化劳动时代的教育内容

信息社会的劳动特点，必然会给新时代劳动教育内容的选择提出新的要求。

首先，信息社会劳动的知识化使得“何为劳动”这一问题成为当前劳动教育必须高度关注的前提问题。长期以来，人们对劳动的认识，基本上都是以体力的消耗为其主要特征。这也是过去劳动教育所强调的重点所在。甚至在某些极端的情况下，劳动被等同于体力劳动，进而所谓的劳动教育就是体力劳动教育。如果说，这样一种关于劳动的认识在生产力发展低下的农业社会中具有其存在的历史合理性，那么，在信息化时代，科技作为第一生产力的作用已经得到充分彰显。在这种情况下，将劳动等同于体力劳动，显然不符合当下社会生产的现实。因此，信息社会中的劳动教育，需要赋予劳动更具历史解释力的内涵，充分将大量的知识生产、科技创造等形态的劳动主动纳入劳动教育的范畴中。不能将劳动教育局限在传统的第一、第二产业的生产劳动实践之内。只有当我们用信息时代的劳动形态来重新审视现有的劳动教育的时候，才能够发现新时代的劳动教育可作为的空间更加宽广。认识这一点对于当前学校开展劳动教育具有非常重要的现实意义。

当前，对于很多地处城市市区、学生数量庞大的学校来说，要在学校中再开辟出一定的区域作为学生学工、学农的场地是很不现实的。因此，如果我们仍然只强调以农业和工业社会的劳动形态来开展劳动教育，既不现实也不符合社会发展的趋势（当然，这并不代表否定学工、学农的教育意义）。实际上，从前文论述可以看出，信息社会的劳动本质上是一种知识的生产和应用。而知识的生产和应用在很大程度上是可以摆脱特定空间的限制的。只要学校为学生创设了知识生产和应用的条件，就是在进行信息时代的劳动教育。

由于信息社会的劳动本质是一种知识的生产和应用，因此，知识分子和科技人员是这一劳动形态的主力军。为此，信息社会中的劳动教育要积极引导学生在知识的生产和应用中，学会尊重知识、尊重人才。这是信息社会劳动教育必须倡导的基本价值。当然，这并不是说传统的农业生产和工业生产不存在，而是说信息社会中的农业生产和工业生产由于信息科技的大量应用，也将走上自动化的发展道路，也就成了信息时代的农业和工业生产。因此，在信息社会中，学校的劳动教育应该突出对现代科学技术的学习。

其次，信息社会劳动准入门槛的提高如何避免新的劳动排斥？如前文所述，信息社会的劳动更多的是一种自动化的生产，对人力的直接使用将大幅度减少。在这种情况下，信息社会的劳动，就意味着个体必须具有良好的文化知识和科学技术。缺乏这些知识和技术的个体，将被排除在劳动之外。也就是说，个体劳动资格的获得是一个需要经历长期努力争取的过程，而不是仅仅凭借自我的原始体力。在这种情况下，劳动者和非劳动者的关系将发生历史性的改变。在过去，劳动意味着辛苦，意味着社会阶层的低下；而不需要劳动，则意味着特权，意味着身份的尊贵。劳动成了社会阶层划分的重要依据。在信息社会，劳动依然是一种社会阶层划分的重要标准，但是，其内涵则发生了颠覆性的变化。在信息社会，由于劳动准入门槛的提高，谁是劳动者，谁就代表着社会的精英，缺乏必要现代信息素养和科技素养的人，将会被信息社会的劳动所排斥。如果劳动在信息社会中变成了一种社会的知识特权，那么，现有的劳动教育如何发展？这或许是劳动教育在信息社会所面临的最严峻的理论和实践挑战。

因此，如何避免这种新的劳动排斥的出现，就成为劳动教育在信息社会不得不面临的新课题。应对这一课题，最根本的出路在于知识和信息的普及，即普遍提高学生的现代信息素养和科学技术，使其充分掌握信息社会自动化生产的基本能力，这是从根本上消灭由于信息社会劳动门槛提高所带来的劳动排斥的最重要路径。为此，劳动教育必须加大有关信息化生产的基础知识和基本技能的教育。与此同时，帮助学生充分意识到，在信息社会，劳动是一种资格，这种资格的获得必须以知识的掌握为前提。学生要想在信息社会中获得基本的生存和发展，就需要自觉和主动地学习。这实际上意味着，在信息社会，学校的劳动教育必须与其他学科知识的教育有机结合起来，才能为学生的成长奠定扎实的劳动基础。

再次，信息社会劳动自由度的增强必然要求个体自我生命的主动规划能力的提升。在农业和工业生产中，个体的劳动，包括时间、地点、速度等，基本上没有自我选择的空间。在这种情况下，劳动对于个体而言，具有较大的压迫性。但是，在信息社会，个体选择什么时间、什么地点、以什么样的方式来完成劳动，基本上成了个体的一种自由，这实际上对个体的自我生命规划能力提出了新的要求。如果一个人缺乏对自我发展的规划和控制能力，那么，信息社会劳动自由度的增强对他而言也许将会是一种灾难。但是，如果个体能够自觉规划自己的人生，那么，信息社会所提供的劳动自由将是其自我创造、自我实现的最有利条件。

因此，信息社会的劳动教育，需要与学生的生涯教育主动结合，帮助学生更好地认识自我，学会科学的人生规划能力。只有这样，当学生在进入信息社会的劳动时，才不至于因劳动的自由迷失自我。

最后，信息社会劳动和生活边界的模糊使得个体的闲暇生活问题在劳动教育中变得非常突出。很长一段时间里，生产与消费、劳动与闲暇都是被当作二元对立的两极来看待的。不管是农业社会还是工业社会，生产与劳动往往被赋予更为积极肯定的意义，而消费和闲暇则被赋予消极的意义。这就使得个体的消费教育、闲暇教育在劳动教育中并未受到足够的重视。实际上，在信息社会中，自动化的生产一方面极大地提高了社会的生产力，由此带来了社会的物质财富空前丰富和人们闲暇时间的明显增多；另一方面，自动化生产的弹性化特点需要个体较强的劳动自主性，也将本该属于生活范畴的消费与闲暇和劳动融为一体。因此，如何消费、如何休闲等问题也构成了信息社会劳动教育需要关注的重要现实问题。

综上所述，信息社会的到来，在很大程度上改变了过去的劳动形态，在这种情况下如何重新定义劳动，如何避免新的劳动排斥，如何提高个体的自我规划能力，如何开展消费教育和闲暇教育等问题正成为当前学校劳动教育在内容上急需研究的新议题。

三、非物质劳动明显增多

毫无疑问，生产劳动是支撑和维系整个人类社会发展的基本物质前提。在生产力相对落后的时代，整个社会必须投入足够多的人力到生产劳动当中，才能确保生产劳动所创造的物质产品满足人和社会发展的需要。随着现代科技的不断发展和生产力水平的不断提高，生产劳动的科技含量日益增大，生产对于原始人力直接投入的需求越来越低。也就是说，生产等值的物质产品过去需要大量的人力的直接投入，现在只需要少部分人力的投入就可以实现。在这种情况下，原本从事直接生产劳动的劳动者就会从生产劳动中解放出来。对此，马克思在其“机器片段论”中就明确指出：“知识和技能的积累，社会智力的一般生产力的积累，就同劳动相对立而被吸收在资本当中，从而表现为资本的属性，更明确些说，表现为固定资本的属性，只要后者是作为真正的生产资料加入生产过程。”[①]因此，“一般社会知识，已经在多么大的程度上变成了直接的生产力，从而社会生活过程的条件本身在多么大的程度上受到一般智力的控制并按照这种智力得到改造。它表明，社会生产力已经在多么大的程度上，不仅以知识的形式，而且作为社会实践的直接器官，作为实际生活过程的直接器官被生产出来”[②]。这实际上表明，随着科技在现代生产中应用程度的不断加深，活劳动与对象化劳动的关系发生了前所未有的改变。在过去，对象化劳动的实现需要劳动者的活劳动直接作用于对象才能完成。但是，在机器化大生产时代，对象化劳动越来越直接依赖于整个机器体系来完成，活劳动因此也就在生产劳动中的地位越来越低。“资本的趋势是赋予生产以科学的性质，而直接劳动则被贬低为只是

① 马克思，恩格斯．马克思恩格斯全集（第三十一卷）[M]．中共中央马克思恩格斯列宁斯大林著作编译局，编译．北京：人民出版社，1998：92-93.

② 马克思，恩格斯．马克思恩格斯全集（第三十一卷）[M]．中共中央马克思恩格斯列宁斯大林著作编译局，编译．北京：人民出版社，1998：102.

生产过程的一个要素。”[①]

与此同时，随着人们物质生活水平的不断提高和改善，人的多方面需求也随之不断增加，尤其是精神、文化等方面的需求甚至成了当代人的优势性需求。为了满足人们这些日益增多的非物质化产品的需求，以第三产业为主要形态的各种非物质生产部门也就应运而生，成为当前我国整个产业结构的重要组成部分。而从生产劳动当中解放出来的各种劳动力，也就从过去的生产劳动者转变成了当下的非物质生产者。1949年中华人民共和国成立时，我国三大产业结构比例为58.5：25.9：15.6，到了2018年，我国的第一、二、三产业比例已经变成了7.2：40.7：52.2。[②]由此可见，当下中国社会，传统的生产劳动就其数量而言，已经不是社会劳动的主要形态。在这种情况下，意大利自治主义马克思主义学者所说的非物质劳动日益成了当下劳动的主导。

（一）非物质劳动的基本特点

意大利自治主义马克思主义者莫里兹奥·拉扎拉托最早给出了非物质劳动的经典定义。他认为，“非物质劳动是生产商品的信息内容和文化内容的劳动。非物质劳动的概念涉及劳动的两个不同方面：一方面，关于生产商品‘信息内容’的活动。它直接涉及工业部门和第三产业部门的大公司内工人的劳动过程中发生的变化，在那里，与直接劳动相关的技术逐渐变成由控制论和计算机控制（以及垂直的和横向的交流）的技术。另一方面，关于生产商品‘文化内容’的活动。非物质劳动包括通常不被认为是‘工作’的一系列活动——换句话说，指大量界定和确定文化和艺术标准、时尚、品味、消费者规范的活动，如果从战略高度说，就是界定和确定舆论的活动。”[③]由此可

① 马克思，恩格斯．马克思恩格斯全集（第三十一卷）[M]．中共中央马克思恩格斯列宁斯大林著作编译局，编译．北京：人民出版社，1998：94.

② 种国双，等．中国三大产业结构演进规律与发展趋势研究[J].科学管理研究，2020（4）：84-90.

③ Paolo Virno, Micheal Hardt. Radical Thought in Italy[M]. Minneapolis: University of Minnesota Press, 2006: 132.

见，非物质劳动就其劳动的对象化产物而言，主要是一种符号或情感。“这种非物质劳动产生思想、标志、规范、篇章、语言、符号、形象及其他此类产品。”① “非物质劳动”是情感型劳动。它是“产生或控制情感，例如轻松、幸福、满足、兴奋或热情的感觉的劳动”②。其代表形态是：法律援助者、空中服务业、快餐食品工人的工作。

奈格里等人对拉扎拉托关于非物质劳动的概念做了进一步的发展和完善。他认为：“伴随着工厂模式普遍化而来的是劳动过程的本性和特征方面的变化，更准确地说，我们社会中的劳动正在转向非物质劳动，即智力的、情感的劳动，科技的劳动和电子人（cyborg）的劳动。”③这种劳动主要有两种基本形式：“第一种形式主要指智力的或语言的劳动，譬如解决问题、符号的和分析的工作以及语言表达。这种非物质劳动生产观念、符号、代码、文本、语言形象、图像及其他诸如此类的产品。我们将非物质劳动的另一种主要形式称之为‘情感劳动’。与作为精神现象的情绪不同，情感既指涉肉体，也指涉精神。事实上，像快乐和悲伤这样的情感所揭示的，是整个人体组织中的生命现状，它既表征了肉体的某种状态，也表征了思维的某种模式。”④ 由此可见，非物质劳动的基本特征在于：（1）强调劳动产品的非物质性；（2）突出劳动过程的智力化。

这些学者关于非物质劳动的论述与其政治经济学的诉求是紧密结合在一起的。比如，奈格里等人是在其“非物质劳动”概念的基础上，演绎出“生命政治生产”理论，认为当代资本主义社会中革命的主体应该是社会的“诸众（Multitude）”，而不再是马克思年代的工人阶级。但是，透过“非物质劳动”这一概念，我们可以对当代劳动

① 许纪霖．帝国、都市与现代性[M]．南京：江苏人民出版社，2006：31

② 许纪霖．帝国、都市与现代性[M]．南京：江苏人民出版社，2006：31.

③ Michael Hardt, Antonio Negri. Labor of Dianysus. Minneapolis: University of Minnesota Press, 1993: 10.

④ Michael Hardt, Antonio Negri. Multitude. New York: Penguin Books, 2005: 108.

教育的内容做更进一步的思考。

（二）非物质劳动与劳动教育内容的完善

很长一段时间以来，我们关于劳动教育内容的思考，基本上是在物质生产劳动这一框架下进行的。但是，正如前文所述，非物质劳动已经构成当代人生活必不可少的重要劳动形态。在某种意义上我们甚至可以说，非物质劳动的出现以及不断发展，是社会进步的重要特征。因为，这意味着人们越来越可以摆脱物质生产的压迫性而走向更自由和全面的发展。

实际上，人的存在是生物性和精神性存在的统一。因而，人的需求也就必然包括生物性的物质需求和精神性的文化需求两大部分。显然，非物质劳动更多满足的是人的精神性文化需求。虽然非物质劳动对于人的精神需求以及社会经济的发展等方面都具有积极的作用，但是，我们也必须充分意识到这种劳动的增多可能隐藏着教育风险。总体而言，非物质劳动的出现和增多，对于我们如何理解和把握马克思劳动价值论的时代意义，如何处理好生产与消费的关系等方面均带来了前所未有的挑战。因此，如何看待非物质劳动的时代价值和潜在风险，就成为当代劳动教育在内容上需要考虑的现实问题。具体来看，当代劳动教育在内容方面迫切需要强化两方面的教育：一是马克思劳动价值论的教育；二是消费与生产关系的教育。

1. 马克思劳动价值论的教育

劳动是价值的唯一源泉，这是马克思价值论的基本观点。这里的劳动主要指的是生产劳动而不是非物质劳动。但是，非物质劳动的出现和增多，对人们理解马克思关于劳动是价值唯一源泉的认识形成了很大的挑战。之所以会有这样的挑战，一个非常重要的思想根源就在于人们对财富和价值的关系存在认识上的误区。

非物质劳动虽然不创造价值，但是这并不意味着它不能带来财富。马克思曾经明确指出，“劳动并不是它所生产的使用价值即物质财富的唯一源泉”[1]，“自然界同劳动一样也是使用价值（而物质财富就是由使用价值构成的！）的源泉”[2]。非物质劳动所创造的各种文化和精神产品，对于人而言，同样具有使用价值。因而非物质劳动同样可以增加社会财富，但不能由此推论出非物质劳动也创造价值。实际上，在马克思看来，价值是人的抽象劳动在商品上的凝结。他认为：“一切劳动，一方面是人类劳动力在生理学意义上的耗费；就相同的或抽象的人类劳动这个属性来说，它形成商品价值。一切劳动，另一方面是人类劳动力在特殊的有一定目的的形式上的耗费；就具体的有用的劳动这个属性来说，它生产使用价值。”[3]由此可见，价值形成最重要的特征就在于，它必然是一种对象化的实践，缺乏物化对象的非物质劳动是很难形成价值的。对此，马克思早就明确地指出：“处于流动状态的人类劳动力或人类劳动形成价值，但本身不是价值。它在凝固的状态中，在对象化的形式上才成为价值。”[4]正是从这个角度出发，有学者明确反对非生产性劳动创造价值的论调，认为“在缺乏物化对象的前提下，劳务生产即使投入劳动力再多，即使投入劳务生产的劳动力也能获得社会平均工资，劳务一样不可能成为价值的载体，非生产性劳动创造价值只能是一种谬论”[5]。此外，如果非物质劳动创造价值，那么，这就意味着非物质劳动可以脱离物质生产劳动而独立发展。但事实是，没有了物质生产劳动所创造的剩余价值，那么，所谓的非物质生产劳动也就失去了其得以存在的必要物质前提。

① 马克思．资本论（第一卷）[M]．中共中央马克思恩格斯列宁斯大林著作编译局，编译．北京：人民出版社，2004：56.

② 马克思，恩格斯．马克思恩格斯选集（第三卷）[M]．中共中央马克思恩格斯列宁斯大林著作编译局，编译．北京：人民出版社，2012：357.

③ 马克思．资本论（第一卷）[M]．中共中央马克思恩格斯列宁斯大林著作编译局，编译．北京：人民出版社，2004：60.

④ 马克思．资本论（第一卷）[M]．中共中央马克思恩格斯列宁斯大林著作编译局，编译．北京：人民出版社，2004：65.

⑤ 顾书桂．从劳动价值论看非生产性劳动的内涵[J]．社会主义研究，2011（1）：11-16.

当前，非物质劳动之所以能够迅速发展，恰恰是因为物质生产劳动效率的空前提高，才能够保证物质劳动所创造的剩余价值能够维持整个社会的发展与繁荣。在这种情况下，当代劳动教育一方面要注重引导学生看待非物质劳动的意义和历史进步性，另一方面则需要强化马克思劳动价值论的教育，否则我们就容易迷失前进的真正动力，误认为社会的发展只需繁荣非物质生产就够了，而轻视甚至忽视了物质生产劳动的社会奠基性作用。当前，国家之所以高度重视实体经济的发展，一个非常重要的原因就在于，相当多的青少年学生更愿意投入非物质劳动领域，不愿意从事物质生产。而青少年之所以愿意投身于非物质劳动之中，最主要的原因就在于非物质劳动在社会总财富的分配中占比较高，这就容易给年轻一代造成认识上的误区，认为非物质劳动是可以创造价值的，而且其所创造的价值是远远高于物质生产劳动的。

这样一种认识实际上混淆了价值创造和价值分配之间的关系。价值分配和价值创造是两个不同的领域。“就劳动形成价值，并体现为商品的价值来说，它和这个价值在不同范畴之间的分配无关。”[①]价值创造解决的是价值的来源问题，而价值分配则主要反映价值享有者的主体问题，即价值被创造出来之后如何在不同阶层、不同成员中分配。我们不能认为非物质劳动在价值分配中所占的比例高，故而其所创造的价值多。怎样平衡好物质劳动和非物质劳动在社会财富中的分配比例，是当前中国社会发展需要高度重视的现实问题。

要能够帮助学生理解这些复杂的劳动现象，就必须在劳动教育中强化马克思劳动价值论的教育。这也是当前劳动教育在内容上较少考虑的重要方面，需要着力加强。

2. 消费与生产关系的教育

非物质劳动主要是“赋予需要、想象和消费者品味等元素的一种形式，而这些产品反过来又变成了需要、想象和品味的有力推动者。

---

① 马克思. 资本论（第三卷）[M]. 北京：人民出版社，2004：932.

而生产出来的商品的独特性既在于它并不在任何消费行为中被消耗掉这一事实，亦在于它扩大、转变和创造了消费者的‘意识形态’和文化环境”[①]。因此，非物质劳动主要指向的是人的精神、文化、情感等层面的需要。但是，在当前社会中，人的这些精神层面的需要越来越多地打上了消费的烙印。也就是说，人可以用市场购买的方式去获得这些精神性需要的满足。

在新的历史时期，劳动教育的内容不能仅局限在作为生产的劳动，更要关注作为消费的劳动，而后者，恰恰是过去劳动教育所欠缺的。从前文论述可以看出，过去的劳动教育更多指向的是一种生产性的教育，关注的是如何帮助学生获得一种生产社会财富的能力。这样一种生产本位的劳动教育，对应的是物质匮乏的社会现实。当前，对于中国社会而言，生产领域存在着明显的结构性产能过剩的情况，如何扩大内需是促进中国经济进一步发展的重大时代课题。与此同时，当代学生从小就生长在一个物质财富极其丰富的时代。对物质产品的占有和消费对于他们而言，是一种理所当然的行为。在这种情况下，如果我们的劳动教育仅仅强调劳动的生产意义，这样一方面会脱离学生实际的生活体验，另一方面也会遮蔽学生对劳动本身意义的真正认识。马克思认为，“生产行为本身就它的一切要素来说也是消费行为”[②]。因此，生产与消费本就是一个完整劳动链条得以有效运转的基本要素。在很大程度上，消费是人类再生产的必要条件。不能正确认识消费，就很难认识到生产的价值和意义。当前，青少年学生普遍存在的符号消费、过度消费、攀比消费等现象，从一个侧面反映了当前劳动教育在内容上的缺位。在这方面，日本著名教育家小原国芳在其“全人教育”体系中就明确提出在学校教育中开展“富的教育”的必要性。他明确指出：“为了生活而需要面包。为了使精神有效地增

① 许纪霖．帝国、都市与现代性[M]．南京：江苏人民出版社，2006：143.

② 马克思，恩格斯．马克思恩格斯全集（第四十六卷）（上册）[M]．中共中央马克思恩格斯列宁斯大林著作编译局，编译．北京：人民出版社，1979：27.

强，就需要许多手段。”“轻视富的价值，则精神文明不能成立；没有精神文明的发展，也就不能指望物质文明的进步。”[①]因此，帮助学生正确认识消费的本质及内涵，培养其有节制的理性消费，将是新时期劳动教育的内容之一。

此外，非物质劳动的发展实际上也为个体的闲暇生活方式提供了更多样化的选择空间。这就需要当代劳动教育在内容上与闲暇教育有机结合。提高生产力的根本目的是解放人。在生产力低下的时代，人的时间几乎都被劳动所占用。在这种情况下，人的自由全面发展基本上是一种乌托邦。当前，社会生产力正以前所未有的速度不断发展，由此带来的直接结果是社会财富的快速积累、人们劳动时间的不断减少和闲暇时间的逐渐增多。中国社会从最初的一周休息一天，到1995年开始实行双休日制，再到当前所提出的“四天半”工作制设想，表明了在可以预见的将来，中国人的绝对劳动时间将不断缩短。而对于中小学生而言，随着以“减负”为重要途径的素质教育改革的不断推进，学生在校时间也将不断缩短。换言之，学生的闲暇时间也会不断增多。可以说，闲暇时间的不断增多是人的个性全面自由发展的必要条件，但是，如果个体没有驾驭这种不断增多的闲暇时间的能力，那么，闲暇时间的增多对于身心发展尚未成熟的学生而言，未必能带来益处。因此，怎么规划时间、利用时间、管理时间等将成为新时期劳动教育不可回避的重要内容。

综上所述，非物质劳动给当代人，特别是当代青少年学生的消费与闲暇生活带来了前所未有的诸多可能性。这种可能性的获得可以视为一种社会进步，但是，这其中同样有着许多需要我们高度注意的现实问题。尤其是如何帮助青少年在非物质劳动所提供的多样化消费和闲暇中，认清社会发展的动力和自我承担的使命，是当代劳动教育的内容之一。

---

① 小原国芳．小原国芳教育论著选（下卷）[M]．刘剑乔，由其民，吴光威，译．北京：人民教育出版社，1993：11.

四、劳动的国际分工日趋复杂

当前的劳动教育更多的是聚焦本土情况来开展的，但是，一个不容忽视的现实问题是，劳动在当下国际政治经济中具有非常突出的作用。在很大程度上，当前国与国之间的关系，基本上都是围绕着基于现代产业的国际分工而运转的。随着改革开放的不断发展，中国的整个产业体系正高度融入整个国际产业格局当中。因此，当代劳动教育必须站在国际分工、国际贸易的大背景下，才能真正做到与时俱进。

（一）劳动的国际化现象

随着世界经济体系的建立，劳动的国际化分工日益明显，各种生产要素的全球流动正成为促进各国经济发展的重要动力。2019年世界贸易组织发布的《全球贸易数据与展望》报告显示，2018年，世界商品出口总额为19.475万亿美元，进口总额约为19.867万亿美元，贸易总额约为39.342万亿美元。如果说早期的经济全球化主要是以商品的全球性贸易为其主要表现形态的话，那么，当今社会的经济全球化已经远远超出了商品的全球性贸易范畴，囊括了劳动力、技术、资本、信息等生产要素的全球流动和全球配置。在这种情况下，劳动就不仅仅是某个人、某个地区和某个国家的内部事情，而变成了具有全球性影响的重要力量。

劳动国际化程度的提高，一方面表明了世界各国经济联系的日益紧密，但另一方面又为各个国家和地区间的利益带来了诸多冲突。特别是在现代国际化分工体系当中，发达国家往往凭借着其资本和技术的优势，占据着国际分工的有利位置，并据此实现对发展中国家的劳动剥削。2013年，国际发展及人道救援机构乐施会调研了玛氏、亿滋和雀巢在巴西、印度尼西亚、尼日利亚和科特迪瓦四个国家采购可可豆过程中的歧视女性农民与提供不平等的薪酬等问题，结果发现，每个巧克力棒的零售额中平均只有3.2%被可可豆种植农户获得，也就是说，一块10元的巧克力，农民平均仅能从中赚得约3角钱。由此可见，在世界分工体系中隐含的剥削对于发展中国家而言，是一种极不公平的社会现象。

中国作为发展中国家，在很长一段时间里，主要是以大力发展传统密集型劳动产业从而在整个世界经济体系中占有不可或缺的一席之地。但是，随着我国人口红利的减少，以及对环境、生态问题的日益重视，仅靠在国际分工中承担劳动密集型产业，是很难支撑中国经济的可持续发展的。因此，当前中国正以产业结构快速升级调整的方式，通过大力发展各种高科技产业，积极改变自身在现有国际分工中的不利地位。中国的产业结构转型，必然会对现有的世界经济体系和国际分工提出挑战，从而不可避免地影响既得利益者的利益。既得利益者不会轻易让出其已得的利益，它们必然会通过各种政治、经济手段对中国的产业结构转型进行打击和压制。这一点在当前中美关系中体现得尤为明显。因此，在现有的国际经济关系和分工格局中，如何不断壮大自身的实力，是当前中国产业发展的一个突出现实问题。

基于此，当代劳动教育在充分立足当下中国实际情况的基础上，要有自觉的国际意识，即要能够充分引导学生了解劳动背后的国际分工以及中国在国际经济体系中的地位、作用和发展所遭遇的瓶颈等现实问题。这就需要劳动教育的内容具有国际视角。

（二）劳动的国际分工与劳动教育内容

从劳动的国际分工这一视角出发，当代劳动教育在内容上迫切需要强化的是相应的国家安全教育以及全球公民教育。

1. 劳动国际化中的国家安全教育

中国要想在现有的国际经济体系中占据有利地位，就必须加大改革开放，积极引进国外各种先进技术、设备、人员以及各种国际资本来发展、壮大我们的产业。但是，在这个过程中我们也应该清醒地意识到，对国际资本和技术的高度依赖，会对国家的金融安全、主权安全等方面带来非常严峻的挑战和很大的风险。一方面，过度依赖国际资本和国际市场，必然会使得我国的经济安全存在诸多潜在风险，尤其是在国际经济局势动荡的时候，这种潜在的风险就会放大。另一方面，国际市场上的强权国家往往也会凭借着它们优势地位，操控相关市场规则以谋求自身利益的最大化，这势必会对其他国家的经济利益造成损害。为此，在劳动产业结构升级的过程中，需要我们大力发展科技，进行经济结构与金融体制改革，同时也要处理好发展需求与国家安全的关系。

在这样的背景下，通过劳动教育来开展相应的安全教育，就显得十分必要。具体而言，需要在现有的劳动教育内容中，补充有关国际经济体系下中国产业结构发展的现实议题，以及中国产业在融入世界市场中可能遭遇的金融安全和国家主权安全等方面的问题。

2. 劳动国际化中的全球公民教育

从前文论述可以看出，当前的世界经济体系是一个不平等的经济体系，它的运转是建立在发达国家通过劳动的国际分工对欠发达国家实行剥削基础之上的。一般而言，“影响国际分工的因素概括来说主要有两类：一类是自然条件，包括各国的资源、气候、土壤、河流、国土面积等。这些因素一般是各国先天具有的，因此常被称之为‘自然禀赋’。另一类是社会经济条件，主要包括各国的科学技术和生产力发展水平的高低，国内市场大小、人口多少和社会经济结构以及各国在社会经济制度和政策方面的差异。这些条件多是获得性的，或者说是后天性的。一般来说，自然条件在国际分工形成和发展的早期阶段扮演着重要角色，而随着生产力的发展和社会的进步，社会经济条件在国际分工中就会发挥越来越重要的作用”①。如果说早期的国际分工主要还是依据“自然禀赋”而形成的话，当前的国际分工主要是依据社会经济条件，尤其是资本和技术。

在依靠资本和技术所形成的国际分工中，发展中国家毫无疑问是处于分工的不利地位的。一方面，发展中国家由于缺乏资本和技术，

① 班建武，曾妮．大学生劳动教育[M]．北京：人民邮电出版社，2021：46-47.

大多只能在国际分工中承担劳动密集型的低端产业的制造，这使得其不仅在分工中难以获得与其劳动相匹配的工资，而且其他方面的发展也会被压制，造成经济发展的单一性而不得不依赖大量进口。另一方面，由发达国家主导构建起的各种国际组织和规则，也为发展中国家的经济发展和产业升级设置了诸多障碍。当前，各种高科技和知识密集型产业正成为发达国家的支柱性产业，而传统劳动密集型产业则由发展中国家承担。这就使得发达国家和发展中国家在国际分工中形成了所谓的“大脑—手脚”分工格局。在这种情况下，现有的国际分工使得资本家可以超越一国的范围而实现对全球产业工人的剥削。

要想改变现有国际分工中存在的各种剥削制度，实现国际社会的公平、正义，就需要马克思所说的全世界无产者的联合。这同样给当代劳动教育提出了新的议题。当代劳动教育不仅要关注本国劳动者的权益，更要关注本国劳动者权益的实现与整个国际经济体系和国际分工变革之间的关系。只有从一国的视野拓展到全球的视野，我们才能深刻洞见当前制约国家发展和个人权益的世界性因素。

一旦我们对劳动教育内容的思考中引入国际分工的视野，那么，我们就不难发现全球公民的培养是非常重要的议题。全球公民的定义是多样的，但是，其核心就在于强调个体能够超越所属国家和地区的局限，关注世界上的公平正义问题，并愿意为此承担相应的责任。对于劳动教育而言，全球公民的培养就应着力于帮助学生解答如何通过劳动这一视角去洞悉国际分工背后的公平与正义问题。为此，在劳动教育中，可以开展有关国际分工体系、国际劳动组织、国际人力流动等诸多议题的讨论，以便帮助学生获得对劳动更加立体、全面和透彻的理解和把握。

第三节
劳动教育内容的组织形式

关于劳动教育内容的议题，不仅仅涉及劳动教育应该包含什么样的内容，还应该涉及劳动教育的内容如何组织。前者更多的是回答劳动教育内容的类型和范围，即什么样的内容能够构成劳动教育的内容；而后者则重在回答劳动教育内容如何转变为具体的教育实践，即什么样的劳动教育内容组织形式才能更充分地发挥其育人价值。长期以来，我们对劳动教育内容的关注，更多地聚焦在什么样的内容可以构成劳动教育的内容，但对于什么样的内容形式才能更好地实现劳动教育目标这一重要问题却思考不足。比如，关于日常生活劳动教育，采取什么样的内容组织形式才能适合不同学段的学生实际，是一个非常严肃的教育问题。如果对这一问题思考不足，就会出现“小学（阶段）教学生洗衣服，大学（阶段）依然教学生洗衣服”这样的教育问题。

一般来讲，劳动教育内容的组织形式主要受两大因素的影响。一是学生身心发展的特点，这会在深层次上决定内容的具体素材选择和呈现形式；二是劳动自身的内在结构，这会影响内容要素组织的完整性和全面性。此外，劳动教育的内容在具体的选择和组织过程中，还应充分考虑可能涉及的伦理问题，并据此进行必要的调适。

一、劳动教育内容的生活化呈现

教育要想有效，就必须遵循学生发展的身心规律。劳动教育也不例外。对于学生而言，他们对劳动教育的认识和理解，在很大程度上是通过我们所呈现的劳动教育内容来达成的。遵循学生的身心发展规律，主要是让劳动教育与学生的生活实际形成主动连接。也就是说，学科意义上的教育内容需要通过生活的具体转化，才能够真正成为学生可以理解、可以接受的教育内容。因此，在劳动教育内容的呈现方面，我们不仅要具备各种科学的劳动观念、劳动精神、劳动知识和劳动能力，更要有把这些观念、精神、知识和能力转变成特定的学生生活情境的意识和能力。

（一）劳动教育内容生活化的必要性

当前很多地方推进的劳动教育，更多的是在劳动教育内容的科学性上做文章，却没有考虑到这些内容的教育性转化。比如，一些地方出版的劳动教育教材，大多缺乏生活化的各种劳动技能的汇编，其内容的呈现近乎市面上的菜谱或各种工具和家电的使用说明书。这样一种“菜谱式”“使用说明书式”的劳动教育内容，最大的问题就在于，其内容没有经过必要的教育化处理，没有充分建立起与学生生活世界的有机连接，因而是一种“眼中无人”的内容呈现方式。

实际上，劳动是维系社会运行与发展的基础，与每个人的生活息息相关。劳动教育的内容一定要根植于现实生活才能充分彰显它的时代性和生命力。为此，劳动教育内容的呈现，需要着力通过以下方式使其生活化。一方面，劳动教育内容要立足于真实的劳动世界，反映中国乃至世界产业发展的新进展和未来趋势；另一方面，劳动教育内容要立足学生的真实劳动世界，切实体现学生在面对劳动时的真问题、真困惑和真能力。要能够让学生在劳动教育的学习过程中、在生活中能够真正发挥用武之地。此外，生活化还意味着要从生活的角度理解和思考劳动，把劳动与生活作为一个完整的生命事件去把握，而不是人为地将二者片面对立起来。要处理好劳动与生活的历史性、现实性和未来性之间的关系。要能够让学生通过劳动去认识生活与生命的宽度和厚度，也要让学生在生活中体会、认识劳动的深度和广度。也就是说，有关劳动教育的观念、知识和能力，必须以整个生活为具体呈现的生动载体，这样的劳动教育内容才能对学生有吸引力，也才能更好地发挥其育人作用。

（二）劳动教育内容需要走进真实的生活

对真实劳动场景的疏离和陌生，是导致学生劳动观念发生偏差的重要根源。当前，很多学生只是看到并享受了劳动成果，但是，他们对于取得劳动成果背后所蕴含的劳动生产链以及为确保劳动生产链而形成的系统劳动分工，实际上是缺乏必要的了解和体验的。他们往往会将自己所享受的他人的劳动成果视为一种理所当然的生活现实，更多的时候是理直气壮地主张其种种所谓的权利，而将他人的劳动付出看作一种必须承担的义务。在这种情况下，学生更多的是索取而不是奉献，在意的是权利的实现而不是义务的自觉担当，这必然不利于其形成正确的劳动观念。

要帮助学生形成正确的劳动观念，一个极其重要的渠道就是让学生走进真实的日常劳动现场，让学生在现场体验和感知人们的日常生活得以维系的劳动内容。过去，我们的劳动教育更多的是看重那些与学生日常生活联系较小的工农业生产所蕴含的劳动教育内容，却在很大程度上忽视了那些与学生日常生活息息相关的劳动场景对学生的教育价值。实际上，相比那些与学生日常生活联系较小的生产劳动，芸芸众生构建起来的日常劳动世界，是学生更容易进入且产生情感共鸣的教育环境。这实际上要求我们，劳动教育内容的呈现，不能忽视日常劳动场景的教育意义。学校可以有意识地带领学生走进他们习以为常的劳动场景，挖掘其背后感人的劳动精神和生活态度。比如，有学校曾经组织过“北京的夜”的教育活动，带领学生走进午夜后北京的医院、批发市场、环卫站、派出所、早餐店等场所，让学生感受是什么在维系着北京每天看似平淡无奇的生活，从而能够发自内心地生发出对劳动、劳动者价值和意义的情感认同。可以说，这些看似日常的劳动场景，由于与学生真实的生活体验具有很大的相似性，因而，可以构成学校劳动教育内容的重要组成。

（三）劳动教育的内容要为学生经验的融入适当留白

对于教育而言，教育内容本质上是师生对话的文本，应避免强制灌输。尤其是涉及思想性、价值性的教育目标的实现，更要充分唤起学生主体的内在参与。在很大程度上，学生就生活在一个真实的劳动世界中，他们在正式接受学校的劳动教育之前，实际上有着各种劳动经验和体会。面对学校提供的劳动教育内容，他们必然是带着各自鲜活的劳动观念和劳动体验投入到学习中的。因此，有关内容的呈现一定要为学生的经验参与提供自主思考、主动实践的空间。这实际上是要求在劳动教育内容的呈现方面不宜过满，要有必要的留白。留白是为了让学生的经验能够充分融入教育内容的建构过程中。

当前的劳动教育内容主要采用的是“菜谱式”“使用说明书式”的呈现方式，学生在面对这些内容的时候只能被动地接受。实际上，即使是同一种劳动能力，在现实生活中的实践方式也会有很大的不同。比如，同样是西红柿炒鸡蛋，不同的家庭、不同的地区的具体做法是不一样的。我们不能绝对地说哪个家庭、哪个地区的西红柿炒鸡蛋做法是唯一正确的标准。但是，现有的一些地方的劳动教育在具体涉及诸如西红柿炒鸡蛋这类问题的时候，只呈现了某种具体做法，并要求所有学生都必须按照这种做法来学习做西红柿炒鸡蛋，而没有考虑到不同地区、不同家庭的学生对于做西红柿炒鸡蛋的个体经验。实际上，很多涉及日常生活的劳动技术具有很大的地区和个体差异性，劳动教育要想引发学生的情感共鸣，就要有必要的留白。

强调劳动教育的内容要对学生有必要的留白，不等于说我们的劳动教育内容只能囿于学生的经验。如果学校呈现的劳动世界是学生完全能够用经验理解和把握的，那么，这样的内容也不利于激发学生的内在学习动机。因此，劳动教育内容的呈现需要在“最近发展区”理念的指导下，给学生既熟悉又需探索的劳动世界，才能真正让学生动手动脑。

二、劳动教育内容的全链条展示

如果说，劳动教育内容的生活化呈现更多解决的是劳动教育与学生经验世界的联系的话，那么，劳动教育内容的全链条展示则主要强调劳动教育要给学生提供一个完整的劳动世界。这个完整的劳动世界从时间维度看，它应包括生产、交换、分配和消费等先后衔接的不同环节；从空间维度看，完整的劳动世界应该与生活的其他领域有机整合。前者主要表达的是劳动教育内容的展示存在着时间上的序列性，后者则主要说明的是劳动教育内容具有空间整合性。因此，劳动教育内容的全链条展示主要是指劳动教育要有时间维度上的纵深感和空间维度上的广延性，要能够体现劳动世界的丰富历史、文化、经济和政治图景。

（一）劳动教育内容的时间序列

劳动一端连着生产，另一端则连着消费。生产和消费是通过交换和分配联系起来的，所以完整的劳动世界应该包括生产、分配、交换、消费各个环节。对这一完整劳动链条的全面把握，是学生了解整个劳动世界的关键所在。长期以来，我们的劳动教育更多的是从生产的维度去选择内容，并据此开展相应的教育。这样一种基于生产环节的劳动教育固然有助于学生了解物品是如何生产出来的，但不利于学生对劳动世界完整性的认识和把握。从劳动教育的角度看，学生不仅要知道一个物品是如何生产出来的，也应该清楚物品生产出来之后将会流向何处，以及物品的流动会涉及哪些劳动环节、劳动事件以及劳动创造，等等。这主要是因为，马克思主义的劳动观不仅体现在对劳动生产环节的理解之上，同样也全面渗透于其关于分配、交换、消费等不同环节的论述当中。实际上，分配、交换、消费等环节充满了各种复杂的劳动关系，从这些环节出发，更有利于学生把握马克思政治经济学中关于劳动创造价值、按劳分配等基本观点的深刻内涵和现实意义。

此外，即使物品生产本身，也不是直接从事生产加工的一线劳动者个人就能完成的。尤其是在当前劳动科技含量不断加大的社会背景下，物品的生产是多部门、多主体共同联合劳动的结果，在生产线上劳动的工人只是特定物品的生产者之一。因此，哪怕是聚焦于生产环节的劳动教育，也应该提供给学生一个完整的劳动世界。我们不仅要注意在生产环节培养学生创造某种物品的能力，同时，也要在这个过程中引导学生思考创造这一物品时获得了哪些直接的或间接的劳动资源的支持。比如，可以引导学生去探究其生产时使用的工具、能源、材料等从何而来。这种关于劳动教育内容的呈现，将会深化学生对整个劳动世界复杂性的认知。

虽然生产、交换、分配、消费等环节具有逻辑上的先后顺序，但是，这并不意味着劳动教育内容的呈现就一定要根据这个时间序列来具体展开。实际上，劳动教育的内容既可以从生产的角度，也可以从交换、分配、消费等不同角度来设计。现在我们的劳动教育基本上是从生产的角度思考，这是远远不够的。不同的劳动环节，都蕴含着非常丰富且重要的劳动教育素材。能够将生产、交换、分配、消费这些不同环节有机串联起来的重要载体就是劳动成果。因此，从劳动成果出发，或许我们可以找到全链条式展示劳动教育内容的关键抓手。假如我们要以胡萝卜这一劳动成果为主题，设计一节劳动教育课，可以怎样设计呢？可能很多人第一时间就会想到种植胡萝卜或者怎样用胡萝卜做菜，等等。这些内容几乎全是指向生产领域的。但是，一旦我们从交换、分配等角度出发，思考相关劳动教育内容的呈现，就会发现，关于胡萝卜这一主题的劳动教育内容会变得更丰富、更立体且具有了历史纵深感。比如，可以引导孩子们思考胡萝卜为什么“姓胡”，从哪来的，是怎么来的。这实际上就将胡萝卜这一具体的物品与丝绸之路的诞生及其作用等宏大的历史话题自然地联系在了一起。这样一种连接，实际上是将马克思关于劳动创造历史这一相对抽象的唯物史观以学生可以理解的、生动的方式呈现出来，更有助于他们理解和把握马克思主义劳动观。

（二）劳动教育内容的空间整合

劳动教育内容不仅要注意劳动展开的时间序列性，也要高度重视空间上的整合性。这主要是因为，个体在对象化的实践中，主要是依靠其劳动力的作用而实现自然的人化的。而人的劳动力实际上就是各种素质能力的综合体，而且随着人们对象化实践活动复杂性程度的不断提高，人的劳动力所需要的综合素质将从过去体力与脑力的组合拓展到人的德智体美各种素质的全面发展。这实际上就要求劳动教育的内容必须高度重视与德智体美四育的有机整合。

劳动教育内容与德育的结合，主要解决的是人的劳动价值观、劳动精神、劳动态度等意识层面的问题。当一个人具有了正确的世界观、人生观和价值观的时候，他就更容易将自我的劳动与个体进步、与社会和国家的发展自觉地结合起来，更有助于个体认识劳动的价值和意义，进而生成热爱劳动、尊重劳动、崇尚劳动的精神品质。这些目标的实现，实际上与德育有着非常密切的关系。因此，劳动教育在内容上不能只是纯粹的劳动技能的学习，还要高度重视对学生劳动价值观、劳动精神的主动培养。

劳动教育内容与智育的结合，主要解决的是劳动知识、技术和能力的问题。只有劳动的热情而没有劳动的知识、技术和能力是解决不了自然的人化这一劳动问题的。特别是在科技已经成为第一生产力的背景下，如果劳动教育的内容不主动与现代科技充分对接，那么，劳动教育就很难提高学生的劳动能力。因此，当代劳动教育比任何时代都更需要智育的加持。这就要求劳动教育在内容上要与智育实现有机结合。

劳动教育内容与体育的结合，主要解决的是劳动必须具备的各种身体能力，比如人的手脚的灵敏度与协调性，以及必要的体力，等等。身体是革命的本钱。没有一个健康的身体作为前提，劳动很难顺利开展。虽然当代劳动的智能化程度不断提高，它对于人的原始体力的依赖越来越少，但是，这并不表明人的身体能力在现代劳动中变得可有可无。实际上，科技研发、技术试验、机器操作等，同样是需要投入必要的体力、耐力的。因此，劳动教育主动与体育结合，可以有助于个体获得参与劳动的必要的身体力量。

劳动教育内容与美育的结合，主要解决的是劳动中的审美创造问题。劳动在将自然人化的过程中，其作用不仅在于将自然物化为一定的物质产品，而且还将自然人化为符合人的审美需求的对象作品。也就是说，人的劳动产出既要考虑其实用性，同时也要考虑其艺术性。这就要求个体在劳动中具有符合美学精神的产品设计意识和能力。因此，劳动教育在内容上与美育的主动结合，一方面有助于提高产品的艺术设计水准，另一方面也有助于提高个体的创造力，从而有助于个体的创新性劳动能力的提高。

（三）劳动教育内容的时空整合

劳动教育内容在时间上的序列性和空间上的整合性，归根结底是为了实现学生劳动素养的全面、整体提升。也就是说，劳动教育内容采取怎样的展示方式，最终必须以劳动教育目标的有效达成作为基本判断依据。从前文分析可以看出，劳动教育目标所指向的人的劳动素养并不是单一的素养类型，而是包含着劳动观念、劳动精神、劳动能力和劳动习惯的综合素养结构。当前的劳动教育在内容呈现方面，往往只考虑了其中某一素养的落实，却很少能够将这四个方面的素养要求作为整体考虑来对教育内容进行系统设计，从而就不可避免地导致了劳动教育目标落实的缺位问题。

因此，我们要从劳动教育培养人的劳动素养的完整性角度，来对劳动教育的内容进行综合化的呈现。这实际上要求劳动教育内容的呈现一定要具有高度的综合性。要体现综合性，就需要劳动教育的内容充分实现在时间和空间上的有机整合。也就是说，我们需要在劳动教育内容的时间轴和空间轴所构成的坐标系中，来具体展示相关劳动教育的内容。这样的劳动教育内容更好地体现了综合性的育人特征，也有助于实现劳动教育目标的完整性。

基于此，所谓全链条展示劳动教育内容，核心就是要用一种“整全”的思想来立体化地考虑劳动教育内容的呈现。这种“整全”既包括劳动自身从生产、交换、分配到消费的系统性展示，也包括劳动教育与德智体美四育的有机整合，同时这些系统性展示和整合必须在劳动素养的完整培养这一目标的引导下进行，从而实现最终的劳动教育内容的综合性。它们之间的关系可以用下图简要地呈现出来。

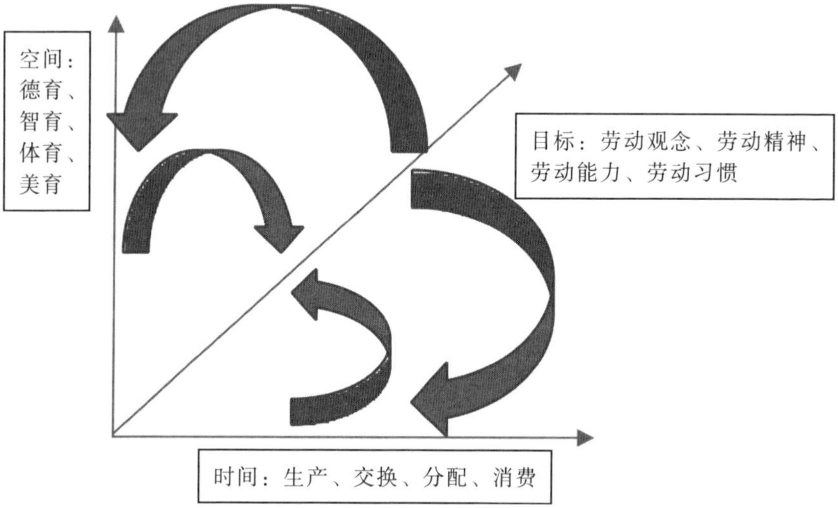

图6　劳动教育内容的全链条结构图

三、劳动教育内容的伦理性调适

如前文所述，劳动教育具有非常突出的城乡、地方差异。如果劳动教育的内容选择和呈现不能充分考虑这些差异背后所指向的文化生活、发展水平等因素，就容易引发劳动教育中的诸多伦理问题。

（一）劳动教育内容的城乡差异

虽然近些年来中国城镇化进程明显加快，但不可否认的是，中国还存在着非常明显的城乡差异。这种差异的存在给劳动教育的内容呈现提出了特别的伦理要求。

当前，很多市面上的劳动教育教材，存在的一个非常明显的问题就是过于城市化的取向。这些教材不管是呈现具体劳动场景，还是其所要求的劳动技能，都带有鲜明的城市特点。这一点在日常生活劳动中体现得特别明显。比如，有的地方教材所展示的日常生活情景，都是以城市生活为基本模板，而对学生的劳动能力要求，如学会使用烤箱来进行蛋糕烘焙等，明显不适合很多偏远农村地区的实际情况。如果将这些劳动教育的内容普及为所有学生都要学习的内容，势必会使农村地区的学生陷入不利的学习境地，导致教育不公平问题的出现。

实际上，劳动教育内容的组织应该充分考虑到城乡的差异性，不宜“一刀切”，要求所有的学生都必须以同样的劳动教育内容为载体来进行学习，而是要结合各地生活和生产劳动的实际来选择教育内容。此外，有些地方的劳动教育也存在着脱离当地实际而片面追求劳动教育规模的“大而全”的问题。比如，有些北方地区的劳动教育基地，当地本来不种植水稻，但是，为了学生所谓的“体验”，费了大量的人力、物力、财力来人为地开展种水稻的教育，这种劳动教育在很大程度上就脱离了地方实际。

（二）劳动教育内容的文化差异

劳动的具体形态不仅存在着城乡和地方的差异，也具有鲜明的文化差异。尤其是涉及一些与特定习俗相关的劳动时，劳动的文化差异性会表现得更为明显。比如，南北方的生活习惯有很大的不同。对于北方居民来说，包饺子可能是其日常生活中非常重要也很常见的家庭劳动形式，但是对于南方居民来说，包饺子并不是其日常生活中常见的劳动形式。如果我们的劳动教育只是选取某个区域的生活习俗来作为内容载体，那么，对于这个区域以外生活的人而言，这样一种劳动教育同样是有失公允且不符合实际的。

而且，对于中国这个幅员辽阔又民族多样的国家而言，基于习俗的劳动会存在非常突出的地域、民族等方面的差异，处理不当甚至会引发不必要的矛盾和冲突。比如，一些地方劳动教育教材会教授学生怎样做回锅肉，教师在选择这些内容开展教育活动时，一定要注意学生家庭的宗教信仰问题。因此，教师不仅要从科学性角度来考虑劳动教育内容，还必须有清醒的文化差异意识，确保所选择的劳动教育内容不会涉及民族、宗教等层面的问题。

这就需要劳动教育内容的呈现要为不同地区、不同行业的具体劳动特点和文化生态预留空间。即不同地区的教师要在所提供的内容的基础上，找到可以对接当地劳动特点的教育入口。

（三）劳动教育内容的性别差异

除了需要注意从地域和文化差异的角度考虑劳动教育内容的选择和呈现之外，还需要努力避免劳动中的性别刻板印象对学生的不良暗示。

长期以来，人们往往会把某种劳动、某种职业与特定性别联系在一起。比如，女性应该是家务劳动的主要承担者，男性更多地承担着赚钱养家的角色。这种认识本质上是一种性别刻板印象。实际上，在劳动中最容易出现性别刻板印象问题。这就需要在劳动教育的内容呈现方面，警惕性别刻板印象的出现。

实际上，劳动教育在内容的选择和组织方面有可能涉及的伦理问题是多方面的，以上主要是从城乡、文化和性别差异的角度，对其中的主要伦理问题进行初步的讨论。在具体的劳动教育内容处理过程中，我们应该要有自觉的伦理意识和敏锐的道德判断力，妥善地处理好各种可能的伦理冲突。

第五章

劳动教育社会支持的时代挑战*

* 本文主体部分发表于《中国电化教育》2021年第11期。本次出版做了必要的修改和补充。

劳动教育作为全面发展教育的重要组成部分，历来受到党和国家的高度重视。尤其是从2020年中共中央、国务院颁布《关于全面加强新时期大中小学劳动教育的意见》以来，劳动教育更是得到了社会各界的广泛关注。2021年新修订的《中华人民共和国教育法》第五条将教育方针调整为："教育必须为社会主义现代化建设服务、为人民服务，必须与生产劳动和社会实践相结合，培养德智体美劳全面发展的社会主义建设者和接班人。"从教育方针的这一新表述可以明显看出，劳动教育的法律地位已经确定。这些政策和法律规定的相继出台，毫无疑问为劳动教育在大中小学的实践推进提供了非常重要的政策保障。然而，一个不容忽视的现实问题是，劳动自身的现实复杂性决定了劳动教育在具体的实践过程中，不仅会遇到德智体美四育常规性的教育难题，更容易受到相关社会文化、制度等因素的掣肘。特别是在当前中国加快实现现代化的过程中，基于劳动分工基础上所形成的城乡、地区差距的加大，更是在客观上加剧了劳动教育实践的现实复杂性。这实际上表明，劳动教育的顺利开展，既有赖于教育界自身的努力，也有赖于社会支持系统的有力配合。只有将劳动教育放置于当下中国社会大的历史背景和现实挑战中进行全面思考，才能破解新时期劳动教育面临的突出问题。

第一节
劳动教育所需要的社会支持

劳动不仅关乎个人需要的满足，更与整个社会的发展密切相关。在经典马克思主义作家看来，劳动蕴含着整个社会发展的秘密，他们正是“在劳动发展史中找到了理解全部社会史的锁钥”①。这实际上表明，以劳动为基本实践载体的劳动教育，其有效推进必然是一个系统的社会工程。任何脱离社会来理解和推进劳动教育的做法既不科学也不现实。从劳动教育的对象、目标和路径来看，当前学校在推进劳动教育的过程中，尤其需要来自社会的物质、文化和制度等方面的大力支持。

一、劳动教育的社会物质支持

劳动作为一种对象化的实践活动，必然需要对象的存在才能顺利开展。而劳动的对象是与劳动的目的紧密联系在一起的。从《关于全面加强新时代大中小学劳动教育的意见》要求可以看出，当前的劳动教育主要围绕日常生活劳动、生产劳动和服务性劳动这三大内容来展开。因此，劳动的对象主要包括日常生活、生产和服务这三大方面。对于广大中小学而言，这三大劳动教育内容可能最难落实的是生产劳动。这主要是因为，日常生活劳动和服务性劳动都可以在学校中找到实践的教育载体，但对于生产劳动来说，所要求的条件，如场地、设

① 马克思，恩格斯．马克思恩格斯选集（第四卷）[M]．中共中央马克思恩格斯列宁斯大林著作编译局，编译．北京：人民出版社，2012：265.

备等，是很多学校不具备的。这也是当前影响和制约学校全面推进劳动教育的重要现实难题。

对于学校来说，其根本任务是培养人，而不是具体生产某种物质财富或精神财富。因此，在学校的现有框架中，几乎没有预留生产劳动的空间。也就是说，学校在开展生产劳动教育时，是缺乏对象的。在这种情况下，学校要开展生产劳动教育就显得捉襟见肘。这就出现了一些学校为了开展劳动教育，将校园内原来种植观赏性植物的花坛改造成种植庄稼、果蔬的耕地，或者在教室、楼道用花盆种植庄稼的现象。可以说，学校努力在现有的条件下开展生产劳动教育的这些做法是值得肯定的。但就实际教育效果来看，还存在诸多需要进一步思考的现实问题。

首先，这样一种以牺牲校园绿化环境为代价的生产劳动从教育意义的角度来看是否值得？学校是一个育人机构，其建设的环境包括自然环境和人文环境两方面。优美的校园环境对学生的成长以及教师的工作都具有非常重要的价值。苏霍姆林斯基认为："教育是一种有目的的活动，它的成败在很大程度上取决于这一活动是在哪些条件下和在怎样的环境中进行。我们坚信，学校教育的最大困难之一就是条件、环境与为了进行正确教育而做出的努力不相适应。"①为此，学校要"考虑了每棵树、每朵花所能赋予人的精神生活的某种审美和情绪色彩"②。因此，以牺牲学校自然环境建设来开展劳动教育的做法是值得反思的。

其次，以栽盆栽等方式开展的生产劳动教育，其象征意义或许大于真正的教育意义。真正的生产劳动是需要多样化的生产条件的，土地、厂房、劳动资料、劳动对象等是构成生产劳动的必要条件。在很大程度上，栽盆栽式的生产劳动表明了学校开展生产劳动教育的成

① 苏霍姆林斯基．苏霍姆林斯基选集（第 1 卷）[M]．蔡汀，王义高，等，译．北京：教育科学出版社，2001：90.

② 苏霍姆林斯基．帕夫雷什中学[M]．赵玮，等，译．北京：教育科学出版社，1983：131.

果，但相对于学生而言，这种生产劳动更多的是一种带有休闲娱乐性质的实践活动，并不需要付出较多的体力和智力，与真正的生产劳动对人的体力和智力的综合性、高强度的要求，是有较大的落差的。因而，这种生产劳动教育是一种象征性的教育，其与真实的生产劳动教育之间还存在着不容忽视的现实差距。

再次，学校校内开发的生产劳动资源毕竟是有限的，如何确保所有学生全程参与就成为一个值得思考的问题。当下，很多学校费尽心思，利用学校各个可能的空间进行所谓的生产劳动教育。比如，有的学校把楼顶改造成了供学生种植庄稼的场地。但就现实而言，学校能提供的让学生全员、全程参与的生产劳动资源还是十分有限的。即使每个班能够分配到一小块土地进行农业生产，但是，就一个包含40人左右的班级来说，这几平方米的土地显然不能充分满足每个学生深度参与农业生产的教育需要。在这种情况下，哪怕学校内部可以提供一定的让学生参与生产劳动的机会，这种机会分配到每个学生身上也会显得特别的微小。这使得学生很难在校内获得足够的参加生产劳动的机会。

最后，生产劳动不仅仅指农业生产，工业、建筑业、交通运输业等行业生产都属于生产劳动的范畴。当前在广大中小学校内开展的生产劳动教育中，我们可以发现一个有趣的现象，就是许多学校的生产劳动教育都是围绕农业生产展开的。似乎农业生产就等同于整个生产劳动世界。之所以会出现这样的问题，一个非常重要的原因在于，相比于农业生产，学校开展其他类型的生产劳动，如工业、交通运输业等，更是缺乏必要的生产条件。在这种情况下，片面依托农业所开展的生产劳动教育，给学生呈现的将是一个不完整的生产劳动世界。

此外，目前各地劳动教育资源在区域与区域之间、校与校之间存在着明显的差异。有的学校劳动教育经费充足，配套设施、体系建设较完备，有的学校却缺少基本的资源支持，个别学校甚至无法保障劳动课程和活动的开展。[①]浙江省劳动教育调研数据显示，在问及“您认为实施劳动教育最大的困难是什么”，无论是教师还是学校行政人员，都将“场地设备缺乏”列为第一，仅69.21%的学校有可以有效使用的校外劳动实践基地配套，还有30.16%的学校没有校内劳动实践基地。[②]地区经济发展的水平也制约着劳动教育开展的基本条件，据调查，农村学校有校内种植基地的比例高于城市（农村学校为72.34%，城市学校为60.5%）；在各类劳动实践教室建设上，城市好于农村（农村为14.89%，城市为30.25%）；在校外劳动实践基地的建设上，城市远远高于农村（城市学校为83.19%，农村学校只有48.94%），在劳动配套设施建设上，城乡差距较大[③]。

由此可见，仅仅依靠学校自身条件和力量来开展劳动教育，显然很难落实《关于全面加强新时代大中小学劳动教育的意见》所提出的教育要求。这就需要社会提供必要的生产劳动教育的条件。也就是说，开展劳动教育，尤其是生产劳动教育，显然不能仅是“纸上谈兵”，必须要有真实的劳动才能真正达到教育目的。而真实的生产劳动也只有依靠社会的大力支持，才能够顺利开展。

二、劳动教育的社会文化支持

教育部颁布的《大中小学劳动教育指导纲要（试行）》明确指出，劳动教育具有鲜明的思想性，要强化劳动观念，弘扬劳动精神。这实际上表明，劳动教育绝不仅仅是技能性的能力培养，更是价值性的思想形成。而价值性的思想形成，深受社会文化的影响。只有当社会文化，尤其是社会的劳动文化与学校所要培养的劳动观在价值取向

① 武秀霞．“劳动”离教育有多远？——关于劳动教育实践问题的反思[J]．当代教育论坛，2020（3）：114-121.

② 方凌雁．劳动教育的现状、问题和建议——2019年浙江省中小学劳动教育调研报告[J]．人民教育，2020（1）：15-19.

③ 方凌雁．劳动教育的现状、问题和建议——2019年浙江省中小学劳动教育调研报告[J]．人民教育，2020（1）：15-19.

上相一致的时候，二者才能形成有效的育人合力，共同促进学生正确劳动观的形成。一旦学校劳动教育所倡导的劳动观与社会文化所实际奉行的劳动观在价值取向上相冲突，学校劳动教育的育人目标就难以落实。

首先，学校教育置身于社会当中，必然受社会文化的影响，尤其是诸如劳动观念、劳动精神等价值性的教育实践，更容易受文化影响。当前劳动教育的核心任务之一就是让学生懂得“劳动最光荣、劳动最伟大、劳动最美丽、劳动最崇高”的道理，学会尊重劳动，形成热爱劳动的意识。形成正确的劳动观念仅靠学校的正面教育显然是不够的。因为学生不仅仅生活在学校中，也生活在现实社会中。尤其是在当下的全媒体时代，各种劳动价值观可以轻而易举地进入学生的精神世界中。学生价值观的形成固然需要学校教育的正面引导。但是，包括劳动价值观在内的所有价值观的形成，都有一个非常重要的特点，就是它更多的是通过生活于其中的文化环境涵养出来的。也就是说，价值观的形成过程中，文化的熏陶将发挥非常重要的作用。当学生所处的文化环境传递出来的价值观与学校教育的价值观相一致的时候，文化将给学校的教育带来极大的促进作用。一旦学生发现社会文化所奉行的现实劳动观与学校教育的劳动观在价值取向上不一致甚至发生冲突的时候，极易引发学生观念、认识上的困惑，会导致学生不认同学校的劳动教育观。当前，社会上存在着不同程度的不劳而获、鄙视劳动的价值取向，对学校劳动观教育构成了重要挑战。

其次，当下学生生活在不同劳动观构成的社会文化生态环境中，学校若想培养学生的马克思主义劳动观，就须直面多元劳动观的文化现实，并着力在多元劳动观中自觉承担价值引导的时代重任。当前，包括劳动观念在内的整个中国社会价值观，呈现出非常明显的多元化特征。不同的家庭、职业、地区、性别的人们的劳动观念具有不同程度的差异性，这些多样化的劳动观如果缺乏必要的内在整合，那么学校的劳动观教育就很难得到学生的认可。这一点在家庭劳动教育与学校劳动教育的关系中体现得更为明显。虽然学校在大力推进劳动教育，但是，家长并没有充分认识到劳动教育的重要性，甚至会认为让孩子做家务是浪费孩子宝贵的学习时间，影响其学习成绩。因此，一部分学生在家庭中缺乏家务劳动的机会，很多时候家长会把本应学生承担的家务，甚至学生的个人事务都代办了。此外，有些家长无意间流露出的劳动观，显然与国家倡导的劳动观念是不一致的，甚至是冲突的。比如，经常有家长采用这样的说法来教育孩子：“你现在不好好学习，将来就只能摆地摊、擦皮鞋”，等等。这种教育方式实际给孩子传递了一种等级化的劳动观念。如果孩子在家庭中经常受到这样的“劳动教育”，那么，势必会在很大程度上削弱学校劳动教育价值的引导作用。

最后，作为上层建筑的劳动观念，本质上就是社会文化的有机组成部分，必然体现特定社会文化的价值追求。也就是说，劳动观念的价值追求实际上是所属社会的文化特征决定的。在现实生活中不难发现，一个人的社会身份和地位，与其所从事的具体劳动是紧密联系在一起的。“个人怎样表现自己的生命，他们自己就是怎样。因此，他们是什么样的，这同他们的生产是一致的，既和他们生产什么一致，又和他们怎样生产一致。”[①]在这种情况下，劳动就构成了一个人获得其现实身份和地位的决定性力量。在“劳心者治人，劳力者治于人”的传统社会当中，要想对学生进行尊重劳动、热爱劳动的教育，几乎是不可能的。只有将劳动仅仅看作是一种分工类型的不同，而不是区分身份高低的标准时，基于劳动行业所形成的身份文化才有助于劳动教育的顺利开展。否则，在一个将劳动者分为三六九等的社会中，依靠劳动教育去实现“劳动光荣”的目标是很不现实的。因此，一个充分尊重劳动者的社会文化环境，是切实推进劳动教育不可或缺的有力保障。

---

① 马克思，恩格斯．马克思恩格斯选集（第一卷）[M]．中共中央马克思恩格斯列宁斯大林著作编译局，编译．北京：人民出版社，2012：147.

由此可见，劳动教育的思想性、价值性决定了其具体实践必须建立在一种具有正向价值的社会文化基础之上。对此，《关于全面加强新时代大中小学劳动教育的意见》明确要求，劳动教育要贯穿家庭、学校、社会各方面，要在全社会大力宣传辛勤劳动、诚实劳动、创造性劳动的典型人物和事迹，弘扬劳动光荣、劳动伟大的劳动价值观，旗帜鲜明地反对一切不劳而获、贪图享乐、崇尚暴富的错误观念，营造全社会关心和支持劳动教育的良好氛围。可以说，没有这样一种社会文化氛围的支撑，劳动教育也很难真正落实。

三、劳动教育的社会制度支持

劳动教育毫无疑问是培养学生劳动素养的教育。而劳动观则是劳动素养的核心与灵魂。《关于全面加强新时代大中小学劳动教育的意见》在劳动教育目标方面，也做出了明确规定：劳动教育要使学生能够理解和形成马克思主义劳动观。马克思主义劳动观不仅包括劳动创造人、劳动创造历史的唯物史观，也包括劳动创造价值、劳动者是劳动主体、社会财富按劳分配的政治经济学。[①]因此，从政治经济学的角度思考马克思主义劳动观这一劳动教育核心素养目标的落实，就不得不考虑社会制度的支持问题。

首先，社会分配制度将会在很大程度上影响学生对劳动者社会地位的正确认识。社会分配制度主要反映的是社会财富——劳动成果在不同社会主体中的占有比例问题。只有在一个分配合理的制度当中，劳动者才能充分占有自身的劳动成果，避免马克思所说的劳动异化现象的出现。如果劳动者对其劳动所创造的社会财富的占有与其实际的劳动付出存在较大的落差，那么，劳动者就很难对劳动产生正面的感受和积极的认识。这实际上表明，如果学生在现实生活中发现其接触的劳动者，在社会财富的占有方面明显不如其他社会成员，那么，学

① 胡君进，檀传宝. 马克思主义的劳动价值观与劳动教育观——经典文献的研析[J]. 教育研究，2018（5）：9-15，26.

校教育就很难说服学生相信“劳动崇高”“劳动光荣”等价值理念。因此，确保社会财富按劳分配，让劳动者充分占有其劳动成果，不仅是真正彰显劳动者主体地位的基本前提，也是学校关于马克思主义劳动观的教育切实有效的重要保障。

其次，劳资关系的制度安排也会深刻影响学生对劳动者权益的正确认知。劳资关系主要反映的是劳方和资方之间的权利和义务关系。在很大程度上，劳资关系的核心是劳动者的权益保障问题，即劳动者的平等就业和选择职业的权利、取得劳动报酬的权利、休息休假的权利、获得劳动安全卫生保护的权利、接受职业技能培训的权利、享受社会保险和福利的权利、提请劳动争议处理的权利以及法律规定的其他劳动权利等能否在劳动中得以有效实现。由此可见，劳动权益事关每个劳动者的基本权利，也事关社会制度的公平正义，是每个劳动者最为关心的重要问题。如果资方的力量过于强大，严重损害了劳动者的权益，那么，这样的劳资关系必然会影响整个社会对劳动价值和意义的正确看法。如果学生所处的社会中，劳资关系存在明显的资方压迫、剥削劳方的情况，这将会影响学生对劳动者权益的认识，极易诱发其争做资方，从而形成逃离、鄙视甚至剥削劳方的错误思想。反之，在一个劳动者权益得到充分肯定的社会中，学生就更容易体会和认同“劳动最崇高、劳动最光荣、劳动最伟大、劳动最美丽”等正面的劳动价值观。

最后，社会的所有制形式将是从根本上影响和制约劳动教育顺利开展的制度性根源。在资本主义社会中，由于生产资料掌握在资本家手中，劳动者丧失了一切生产资料。除了他自身外，一无所有。他在整个生产链条中，只是作为商品化的劳动力而存在。在这种情况下，劳动者只有将自己的劳动力出卖给任何一个资本家的自由，却没有办法改变自己作为生产力的商品属性。即劳动者的劳动力并不真正属于他自己，而是属于购买他的资产阶级。因此，资本家购买劳动力进行生产，其根本目的是为了占有劳动者在劳动中所创造的剩余价值，从而实现资本的增值。这样一种所有制形式必然会使得劳动者所从事的劳动本质上是一种“异化”的劳动。在这种情况下，劳动教育倡导的马克思主义劳动观、劳动精神是很难培养的。

由此可见，劳动不仅仅关乎生产问题，更是与社会财富的分配、交换，以及社会所有制形式等密切相关的社会制度问题。因此，新时期的劳动教育不仅要考虑自身的专业性，更要从根本上贯彻马克思主义劳动观。为此，就必须获得来自社会制度的有力支持。

第二节 劳动教育社会支持存在的问题

如前文所述，劳动教育要想切实推进，必须得到社会的物质、文化和制度等层面的有力支持。但就目前的现实来看，现有的劳动教育在社会支持方面还存在着诸多不容忽视的现实问题。

一、劳动教育社会物质支持的缺位

劳动教育涉及的内容远远超过学校自身能够提供的内容，因此，需要社会提供相应的教育服务。然而，当前社会在提供劳动教育的物质支持，尤其是各种新兴的“劳动教育实践基地”建设等方面，更多的是用一种经济发展的思维而缺少专业的教育设计。

（一）地方政府在推动劳动教育实践基地建设方面的经济考量过重

一些地方政府在推动劳动教育实践基地建设的时候，更多的是基于地方经济发展的角度来思考基地建设，而不是基于教育的逻辑来思考。如浙江某市在发布正式的劳动教育基地的文件中就明确写道：“为推动我市中小学劳动教育工作，促进美丽乡村建设成果向经营成果转化，助推集体经济消薄攻坚，经村申请、镇乡（街道）推荐、市农业农村局和教育体育局审核，决定命名××村等23个村为乡村振兴中小学劳动教育基地。”从这一文件可以明显看出，劳动教育基地的定位不是基于教育的逻辑框架，而主要是从“经营成果转化”“助推集体经济”的角度来定位的。诚然，将劳动教育基地建设与当地经济结合起来可以为劳动教育基地的建设提供更多的经济支持，但是在结合的过程中，如果不能充分发挥教育的引领作用，而是过于强调基地建设的经济功能，就很难保证劳动教育基地的教育功能。

（二）市场在劳动教育实践基地建设方面的资本驱动过强

当前，除了中小学在实践层面不断探索推进劳动教育之外，各方资本也卷入劳动教育中，成为推动劳动教育实践落地的突出社会力量。国内诸多市场化的研学机构纷纷开辟劳动教育基地供中小学开展活动。可以说，借助资本力量来推进劳动教育，是有效解决劳动教育实践基地不足，提升劳动教育实效的重要途径。但是，从根本上而言，资本的根本目的是逐利的。如果资本在劳动教育的介入过程中，缺乏必要的教育监管和准入门槛，那么，劳动教育基地有可能演化为资本逐利的新的竞技场，一方面会严重违背劳动教育的专业性，另一方面也有可能削弱劳动教育基地的社会公益性，引发新的教育不公平。这是需要我们高度警惕的。

（三）劳动教育实践基地的准入标准缺乏

目前，各种社会力量都在积极参与劳动教育实践基地建设，很多地方的教育行政管理部门也认定了大量劳动教育基地。但总体而言，现有劳动教育基地的认定，其准入标准是相对缺乏的。比如，目前作为在全国范围内进行劳动教育基地资格认定的机构——农村教育发展中心，其关于劳动教育基地资格的认定更多的是从物质条件方面来要求，而相应的教育标准是比较模糊的。从中心官网上对已认定的劳动教育实践基地的介绍来看，其主要呈现的是基地的自然景观和设施条件，却鲜有对劳动教育基地相关教育内容、方法、途径、评价等方面的专业介绍。此外，从网络上公开的材料看，该机构对劳动教育基地的条件要求是：设置同时容纳2000人以上吃住的生活区，水果、蔬菜、农作物、花卉种植区，家畜养殖区，水产养殖区，农具展览馆，昆虫展览馆，工商文创馆，生产加工区等；每市（区、县）只设立一家大、中、小学劳动教育实践基地，每个基地具有300亩（200000平方米）以上土地，容纳2000人以上吃住、基础条件好的休闲农业园区、文旅基地、农业游学产业园等均可以申报。从这一条件就可以明显看出，这些要求明显缺乏对劳动教育基地在教育的专业性方面的充分考量。

（四）对现有各种可能的潜在社会劳动教育资源开发不足

建设劳动教育的社会实践基地，不仅仅是开发各种新的、专门化的基地，更要有效发挥现有的工厂、企业和相关生产和服务部门的劳动教育功能。但非常遗憾的是，就目前劳动教育社会资源的供给方来看，大部分都是企业化的经济运作，即“人为”地在过去的田地、旅游场所的基础上加以简单改造而成，而各种实际劳动生产部门并未有效加入劳动教育实践资源的供给当中。实际上，《关于全面加强新时代大中小学劳动教育的意见》明确要求，各级政府部门要积极协调和引导企业、公司、工厂、农场等组织履行社会责任，开放实践场所，支持学校组织学生参加力所能及的生产劳动、参与新型服务性劳动，鼓励高新企业为学生体验现代科技条件下的劳动实践新形态、新方式提供支持。工会、共青团、妇联等群团组织以及各类公益基金会、社会福利机构要组织动员相关力量、搭建活动平台，共同支持学生深入城乡社区、福利院和公共场所等参加志愿服务，开展公益劳动，参与社区治理。由此可见，从中央文件的有关精神来看，政府更鼓励和提倡的社会劳动资源供给方式是开发和盘活现有的各个劳动部门的教育资源，而不是鼓励市场去构建所谓的劳动教育基地并将其兜售给学校。

二、劳动教育社会文化支持的观念冲突

正确劳动观念和劳动精神的培育毫无疑问离不开社会文化的支持。然而，在当前的社会文化中，同样存在着一些与学校劳动教育着力培养的劳动观念、劳动精神相冲突的价值观念。这些价值观念给学

校劳动教育的有效推进带来了极大的挑战。

首先，传统社会的劳动等级观念依然不同程度地存在于当下社会，深刻影响着人们对劳动价值的判断。劳动作为人类对象化实践活动的重要方式，只有类型上的不同，并无价值上的高下之别。然而，在传统社会，由于阶层的存在，劳动也被渲染了鲜明的等级化色彩。从《论语》中的“樊迟问稼”到孟子的“劳心劳力”，无不体现着劳动的阶层化。中华人民共和国成立后，虽然在制度层面已经消灭了基于劳动分工不同而形成的阶级社会，但是，劳动等级化的文化观念并未完全消失。尤其是在当下，中国仍处在社会主义初级阶段，生产力水平还有很大的提升空间，不同人在劳动的环境、条件、收入等方面还存在着较大的差异，甚至“那些兢兢业业的劳动者、那些坚守艰苦朴素和勤俭节约精神的人反而被认为是不懂生活、落伍过时的人”①。总体而言，社会“尚未形成全民崇尚劳动的社会劳动教育氛围，劳力者受制于劳心者的传统观念依旧存在”②，“当代人越来越少地将自己的生命用于劳动中的生产……越来越多地对自身需求及福利进行生产和持续的革新。他……不断调动自己的一切潜能、一切消费能力。假如他忘了这样做，就立即会有人好心地提醒他没有权利不幸福”③。这就使得劳动等级化观念的存在依然有着现实土壤。这种劳动等级化的社会观念是不利于学校劳动教育的开展的。

其次，社会媒体对“不劳而获”等错误价值观的不恰当呈现，会在很大程度上影响学生对劳动价值和意义的正确认识。当前，各种“选秀”节目、青春偶像剧等正成为当代青少年文化生活的重要组成部分，并深刻影响着他们的价值观。然而，在这些媒体宣传中，一些不恰当的劳动观念被无形中放大了。比如，明星们似乎都不用忙碌地

① 赵玲，高品．消费主义的中国形态及其意识形态批判[J]．探索，2018（2）：65-73.

② 王清涛．中小学劳动教育课程化：价值意蕴、现实困境与路径选择[J]．教育导刊，2020（4）：21-27.

③ 程立涛．消费社会与新享乐主义思潮——兼论鲍德里亚对“消费—享乐”思维的批判[J]．广西社会科学，2013（10）：66-70.

工作，其生活大多时间忙着“不食人间烟火”的恋爱等。而一些针对青少年的广告更是灌输一种及时消费、追求时尚的观念。这种“非理性甚至病态的消费行为和消费心理已经完全背离了消费一开始只是为了满足生活需求和身心愉悦这个本质，这必然会与马克思所批判的‘商品拜物教’殊途同归”①。在这种文化中，劳动创造历史、劳动创造财富等马克思主义劳动观不见了，取而代之的是“小资”的生活理念。这样的文化显然与劳动教育追求的价值目标存在冲突。

再次，“躺平”文化的出现在很大程度上将会影响年轻人积极向上的劳动精神的培育。“躺平”作为对抗“996”“内卷”的一种策略性生活方式，固然有其存在的现实合理性，但是一旦“躺平”作为一种文化在青少年中蔓延开来，势必不利于劳动教育所倡导的“辛勤劳动”“创造性劳动”的价值观念的培育。实际上，身体作为人行为和精神的基本载体，“并非仅仅指向物质肉身，而是也指向一种生活的微观感性资源的支配”②。因此，青少年在“躺平”文化影响下不仅会出现在社会生活中行为的退缩，更可能出现精神、理想的自我麻痹状态。这种状态显然是不利于培养年轻人积极奋进的精神的。虽然当前中国经济总量已经跃居世界第二，社会物质财富相比于过去已经有了长足发展，但是，中国依然处在社会主义初级阶段。如果年轻人都选择“躺平”的生活方式，那么，中华民族伟大复兴的中国梦还如何实现？学校劳动教育也将失去其正面价值导向的社会文化基础。

由此可见，当前的社会文化中还存在着诸多与劳动教育倡导的价值理念不一致甚至是相冲突的地方。这就需要我们高度重视劳动教育的社会文化优化和完善问题。

三、劳动教育社会制度支持的不完善

社会制度对劳动教育的支持是一种深层次的支持。如果一个社会

① 韩喜平．消费主义思潮泛起的成因及引导[J]．人民论坛，2021（4）：20-23.

② 张一兵．身体化隐性构序的治安逻辑——朗西埃生命政治哲学解读[J]．哲学研究，2012（12）：90-97，124.

不能真正建立起切实维护劳动者权益、体现劳动者国家主人翁地位的制度，那么，要想让劳动教育深入人心，将是一件很难的事情。实际上，“制度通过约束功能不仅能够影响人的行为倾向，还会影响到人的心理倾向。其作用机制在于，人在遵守制度行为的同时会接受一种暗示：‘这样行为’是理所当然的，‘那样行为’是错误的。我们或许没有意识到这种暗示，但在不知不觉中接受了这种暗示。由于制度有权力的支持，在一般情况下人们会选择按制度的要求行事，久而久之，人在制度化生活中的行为就成了非反思性的行为，这种惯性的非反思的行为同样可以影响人的心理和行为倾向”[①]。毫无疑问，社会主义公有制的建立，为切实保障劳动者的权益，促进共同富裕提供了非常重要的制度保障。但是，当前我国仍处在社会主义初级阶段，这一基本国情决定了在社会制度建设方面还存在诸多不完善、不健全的地方。有学者指出：“我国是一个以劳动者立国、劳动保护标准较高的国家，但仍有‘996’‘007’‘社畜’‘打工人’等热词，有被困在系统里的外卖骑手、富士康的‘十三连跳’，也存在劳者少得、不劳而获，诚实者少得、投机者发财等现象，说明：在我国，在劳动时间与劳动报酬上、劳动条件与劳动安全上、劳动培训与劳动保障上还未实现劳动者的‘体面劳动’，劳动者的地位和作用，劳动者的主观性、创造性、能动性、积极性以及劳动成果的占有和分配等也都还处在‘旧社会的痕迹’影响中。”[②]因此，社会主义初级阶段的劳动依然存在着异化的风险。[③]当前，在有关劳动与资本、劳资关系等方面存在的诸多现实问题，必将对劳动教育的有效开展带来影响。

（一）劳动—资本分配问题较为突出，呈现出不同程度的“强资本弱劳动”的问题

即“资方经营者或管理者通过经营者持股、年薪制、技术入股等

① 高德胜．生活德育论[M]．北京：人民出版社，2005：72.

② 金燕娜．劳动观视域下的青年“躺平”现象[J]．青年学报，2021（4）：59-63.

③ 佘清臣．当代劳动的异化风险与现代劳动教育的应对[J]．社会科学战线，2021（1）：239-244.

形式，其分配所得远远高于普通劳动者的劳动所得”[①]。也就是说，企业内部经营者、资本所有者占据分配主体，劳动在初次分配中的比重较低，劳资收入差距显著。据统计，中国劳动者报酬占GDP的比重已由1990年的53.4%降至2007年的39.74%，虽然近几年有所上升，但总体水平仍然较低[②]。此外，诸如“网红”“直播带货”“明星”收入过高等问题的存在，也不同程度地反映了当下中国社会在财富分配方面存在的不公正问题。“正是在这样的资本现代性境遇中，劳动的价值依附于资本的判定，劳动者的尊严和地位有赖于资本的施舍……使得劳动正义的话语在资本对劳动的宰制中现实地生长出来，成为现实的呼唤。”[③]这些现实问题，会极大地干扰学生对马克思主义劳动观的正确认识。

（二）劳资关系冲突时有发生，会影响学生对劳动者国家主人地位的认识

由于中国社会整体处于转型期，相关制度建设还有待完善。因而，在劳资关系方面还存着诸多不和谐的地方，一些企业还存在着用工不规范，没有签订相关劳动合同，致使劳动者的保险、医疗、教育等各项权益得不到有效保障的现实问题。据广东省的一项调查，2009年，新生代农民工的劳动合同签订率只有61.6%；遭遇工资拖欠的人数占总人数的7.1%。另据国家人口计生委发布的2009年流动人口监测报告统计，60%的农业流动人口就业于工作条件差、职业病发生率高和工伤事故频发的低薪、高危行业。同时，据调查，新生代农民工发生工伤事故时，仅有60%的用人单位为其支付医疗费用。其中，

① 权衡．当代中国“劳动—资本”关系的实践发展与理论创新[J]．复旦学报（社会科学版），2015（5）：123-130.

② 张广科，王景圣．初次分配中的劳动报酬占比：演变、困境与突破[J]．中州学刊，2021（3）：22-28.

③ 毛勒堂．劳动正义：一个批判性的阐释[J]．上海师范大学学报（哲学社会科学版），2016（5）：5-13.

服务业最差，这一比例只有47.3%。[①]这些问题的存在既损害了劳动者的合法权益，也不利于良好劳动教育环境的建设。

（三）非劳动收入在居民财产增值方面的贡献率远高于劳动收入

根据皮凯蒂等人的研究，1978—2015年，我国居民财产—收入比由115%上升到487%，居民财产增长速度显著高于收入增速。这意味着劳动性收入对居民总财产的贡献越来越小，而财产性收入（如利息收入、房屋租金）及资产的保值增值（如房价上涨）更能决定一个家庭的财富多寡。[②]这一情况的出现，对劳动教育的顺利开展有着非常重要的影响。这主要是因为，在中国还处于社会主义初级阶段这一基本国情的背景下，劳动对于广大劳动者而言，是维系家庭和个人生存和发展的重要途径。一旦居民的家庭财产中，劳动收入远远不及其他投资所得，这势必会让家庭努力追求幸福生活的方式从劳动转向其他途径。这就会在很大程度上影响社会整体对劳动价值和意义的看法，从而给学生正确劳动价值观的树立带来负面影响。

从上文论述可以看出，虽然我国的社会主义公有制为劳动人民的当家作主奠定了必要的制度基础，但是，由于我国总体上还处于社会主义初级阶段，在分配制度、劳资关系等方面还存在着诸多不完善的地方。因此，有必要在新的历史条件下，坚持社会主义公有制，并不断完善和健全相关的制度，确保劳动者的劳动地位和劳动尊严。这样的制度环境必然有助于劳动教育的顺利开展。

---

① 全国总工会新生代农民工问题课题组．关于新生代农民工问题的研究报告[N]．工人日报，2010-06-21（01）．

② Thomas Piketty, Li Yang, Gabriel Zucman. Capital Accumulation, Private Property and Rising Inequality in China, 1978-2015 [J].American Economic Review 2019,109(7):2469-2496.

第三节

劳动教育社会支持的构建

劳动教育对社会支持的需求是多方面的。就当前而言，在社会支持方面，要特别重视增强物质支持的教育性、文化支持的一致性和制度支持的公正性。

一、社会物质支持要突出教育性

劳动教育的有效开展当然离不开社会的物质支持。尤其是对于生产劳动教育而言，其所需要的社会支持更为明显。正因如此，《关于全面加强新时代大中小学劳动教育的意见》十分强调充分利用社会各方面资源，为劳动教育提供必要保障。同时，要大力拓展实践场所，满足各级各类学校多样化的劳动实践需求。然而，劳动教育本质上是教育，所需要的物质支持也应该围绕着劳动的教育功能的充分发挥而展开。当前，在劳动教育的社会支持方面存在的经济、资本驱动的问题，在很大程度上背离了劳动教育的教育性。因此，完善劳动教育的物质支持，最为重要的就是要在相关劳动教育基地的建设中凸显教育的专业性和公共性。

（一）增强社会物质支持的教育专业性

劳动教育之所以需要社会物质支持，归根结底是为了更好地落实劳动教育的目标。因此，这些物质支持应当发挥其在劳动教育中的育人作用。但在实践中，人们往往对劳动与劳动教育关系的认识存在误区，从而出现不恰当地用劳动取代劳动教育的现象。[①]实际上，劳动与劳动教育是两类不同的人类实践活动，前者主要以特定物质财富和精神财富的创造为目的，而后者则是聚焦于学生劳动素养的发展。用劳动取代劳动教育，会严重削弱劳动教育育人目标的达成。因此，劳动教育社会物质支持的建设，就不能简单用劳动的生产逻辑来取代劳动教育的育人逻辑。也就是说，劳动教育基地的建设，应该围绕学生劳动素养的提高来展开，而不是仅仅根据生产劳动所需要的条件来设计。

这实际上要求劳动教育的社会物质支持不能完全交给社会相关部门来实现，而要在有关社会物质支持的筹备过程中，充分借助教育专业人士的力量；在社会相关部门提供劳动教育的物质支持时，有必要的教育资质审查，提高劳动教育基地等社会支持的教育准入门槛；在社会物质支持供给的过程中，有必要的教育督导和评估。这样才能最大限度地保证劳动教育社会支持的教育专业性得以有效发挥。

（二）凸显社会物质支持的教育公共性

毫无疑问，教育是有着很强的公共性的。对于义务教育阶段而言，公共性更为明显。因此，劳动教育社会物质支持的供给，也必须遵循教育的公共性原则，即体现教育的公益性、公正、平等、共享等基本内涵，而不能将盈利作为提供教育支持的目的。这实际上要求政府相关部门要切实将劳动教育社会物质支持建设纳入教育整体发展的一部分，给予足够的经费支持，而不是简单地将劳动教育的基地建设交给市场。当前这方面存在的最大问题是，一些地方政府并未高度重视有关劳动教育的专项经费投入。从 2021 年我们对山西、福建、海南、湖南、新疆五省（自治区）教育行政部门落实劳动教育情况的调研评估调查来看，部分省（自治区）并没有关于劳动教育的专项经

① 班建武．劳动与劳动教育的关系辨析及其实践意义[J]．广西师范大学学报（哲学社会科学版），2021（2）：51-60.

费。由此可见，要确保劳动教育社会支持的教育公共性，政府需要承担更大的责任，而不能将劳动教育完全市场化。

（三）劳动教育实践基地的建设更多的是依靠现有劳动和生产部门的参与，而不是完全倚赖市场的供给

对于劳动教育实践基地的建设，除了根据需要新建专门的劳动教育基地之外，还须充分发挥已有的第一、第二、第三产业在劳动教育资源供给方面的积极作用。对此，教育部颁布的《大中小学劳动教育指导纲要（试行）》明确要求，在劳动教育实践基地建设方面，可安排一批土地、山林、草场等作为学农实践基地，确认一批厂矿企业作为学工实践基地，认定一批城乡社区、福利院、医院、博物馆、科技馆、图书馆等事业单位以及社会机构、公共场所作为服务性劳动基地。“认定”就意味着对现有劳动教育社会资源的承认，而不是要求我们去建设新的资源。实际上，相比专门的劳动教育实践基地，工厂、企业、农业等部门所提供的劳动更具有真实性和多样性，也更有利于学生深入了解现实劳动的具体运作。因此，劳动教育实践基地不能仅仅局限在专门的基地建设上，还需要充分吸纳各行各业的资源到劳动教育实践基地的建设中来，才能在全社会形成劳动教育的合力。

总体而言，确保社会物质支持的专业性和公共性，需要教育部门切实担负起相应的管理职责。具体而言，教育部门应尽快出台有关劳动教育资源社会供给的国家标准，尤其是尽快组织相关专业力量制定劳动教育实践基地的教育准入标准，以此来进一步规范和提升整个劳动教育资源社会供给的专业品质。同时，明确劳动教育实施的专项教育经费并加强劳动教育实践的市场监督。

此外，提高劳动教育物质支持的教育性，离不开高质量的教师队伍。因此，迫切需要在现有的教师教育培养体系中，增加劳动教育师资的培养，切实解决现有劳动教育存在的突出师资短板问题。为此，需要加大对现有劳动教育教师队伍的在职培训，切实提升其劳动教育的专业能力。制定劳动教育师资培养的课程方案和职后劳动教育教师

的培训方案；在现有的教师体系中增设劳动教育教师的岗位；与社会力量合作，选聘具有丰富实践经验的人员兼任劳动教育教师。

二、社会文化支持要强调价值取向的一致性

如果说社会物质支持主要保证的是劳动教育得以有效实施的外在条件，那么，社会文化支持则重在营造劳动教育得以顺利开展的良好舆论氛围。包括劳动教育在内的整个学校教育，都是在社会大环境中进行的。尤其是涉及思想认识、价值观念等方面的内容时，学校教育更容易受到社会文化的影响。当前，在劳动教育的社会文化支持方面，重点就是要确保整个社会形成“劳动最光荣、劳动最崇高、劳动最伟大、劳动最美丽”的正面、和谐的教育价值观。这就需要现有的劳动教育不能仅局限在学校和教育系统之内，而应从整个社会文化建设的角度来统筹规划。

（一）要在全社会树立“大劳动教育”的综合育人文化体系

教育贵在形成社会合力。目前，在劳动教育的推动方面，主要还是以学校为主，尚未充分动员社会各界力量的有效参与。这就需要教育部门主动与社会各个部门寻求密切合作，尤其是要在全社会统一思想，高度认可并支持劳动教育的开展。实际上，从当前指导劳动教育实践的重要文件《关于全面加强新时代大中小学劳动教育的意见》的发文单位中共中央、国务院来看，劳动教育并不只是教育部门的任务，而是面向所有部门、所有人员。因此，包括教育部门在内的各个政府职能部门、社会团体都应在中央文件精神的指引下通力合作，才能形成一种“大劳动教育”的综合育人文化体系，才能为劳动教育在全社会的推进形成强有力的合力。

目前的教育管理体制中，尚未有明确的管理部门来统筹协调劳动教育的全面推进。我们可以看到，劳动教育很多时候还是部门的“各自为政”，还没形成有效的劳动教育社会合力。比如，妇联会在其系统内统筹推进家庭劳动教育，教育行政部门则重点聚焦于学校系统来

开展劳动教育，但是，彼此之间的劳动教育协同推进的力度还是远远不够的。因此，要实现这样一种“大劳动教育”的综合育人文化体系，就需要尽快组建能够统筹所有劳动教育形态的管理部门。此外，现有的学校管理体制中也没有劳动教育的位置，很多学校的劳动教育往往交由德育部门来推进。但是，德育部门有需要完成的专门任务，如果仅仅将劳动教育视为德育部门的一个“额外”任务，一方面不利于提高劳动教育的专业水平，另一方面也不利于学校所有劳动教育资源的有机整合。因此，学校也需要尽快成立相应的部门来专门统领和推进学校的劳动教育。

（二）要充分发挥社会媒体建设积极、健康的劳动文化正面引领作用

媒体在劳动文化的建设方面具有非常重要的作用。一方面，媒体通过宣传新的劳动观念和劳动精神，有助于改变人们对于劳动等级化的认识，促进良好劳动教育文化氛围的形成。这里的重点在于“主动占领宣传阵地，弘扬劳模精神和工匠精神。利用微信、短视频、微博等新媒体，通过榜样树立和模范感召，宣传全国劳模的先进事迹和感人故事，弘扬劳动美、贡献美、创造美的主旋律。通过新媒体宣传作品，增强劳模精神和工匠精神的时代感、吸引力和感召力”①。另一方面，媒体也要加强文化自律，避免在影视作品、综艺节目和网络平台上渲染与马克思主义劳动观、劳动精神相背离的价值观念，要主动担负起为党育人、为国育才的社会使命。

这实际上要求广电总局、新闻出版总署等部门切实加大对综艺节目、影视作品、青少年读物的审查，确保媒体能够传递积极健康、正面向上的劳动文化价值取向，为青少年劳动素养的形成提供良好的社会文化氛围。此外，中央文明办、妇联等部门也可以发挥其在全国文明城市、文明家庭等评选活动中的主导地位，加大对地方和家庭有关

① 蔡小菊，田旭明．新时代弘扬劳动文化的逻辑必然、现实境遇和主要进路[J]．思想政治教育研究，2021（5）：130-135.

劳动文化建设的考核力度，引领各地的劳动风尚，从而为学校劳动教育的开展提供必要的文化支持。

三、社会制度支持要体现制度的公正性

社会物质和文化支持的最终实现，必须以相应社会制度的切实完善为基本保证。在劳动教育的实施中，相关社会制度的变革与完善至关重要。“严重的经济不平等和社会不平等通常与社会地位的不平等联系在一起，而这种社会地位的不平等鼓励地位更低的人们将自己看作下等人，也鼓励别人将他们看作下等人。”[①]可以说，当前劳动教育在社会支持、文化支持等方面遇到的困难、存在的问题，其根源都在于社会主义初级阶段我国相关制度的不完善、不健全。因此，通过不断健全和完善相关社会制度，切实保障劳动者权益，提高劳动在社会财富分配中的比例，最终实现社会治理现代化，不仅具有非常突出的政治意义，也具有非常重要的劳动教育价值。

（一）通过制度完善切实保障劳动者权益

毫无疑问，劳动教育是为了培养劳动者。《关于全面加强新时代大中小学劳动教育的意见》明确指出，劳动教育是中国特色社会主义教育制度的重要内容，直接决定社会主义建设者和接班人的劳动精神面貌、劳动价值取向和劳动技能水平。因此，劳动者的社会地位和权益实现程度，对于学生而言，有着十分重要的示范作用。如果青少年学生通过身边的劳动者能够真正体会到劳动者的光荣与幸福，这对于激发学生成为优秀的劳动者必然有着积极的影响。反之，如果学生在生活中总是遇到劳动者为了维护自身权益而四处碰壁的情形，这会在很大程度上动摇其对劳动者身份的内在认同度。因此，通过不断完善制度切实保障劳动者的权益，不仅事关社会正义，也与劳动教育息息相关。

① 李普赛特．一致与冲突[M]．张华青，译．上海：上海人民出版社，1995：23.

当前，在相关制度完善方面，重点就是要“构建更加和谐公正的劳资关系制度。尽可能发挥资本逻辑促进劳动效率的正面作用，极力遏制其宰制剥削劳动的负效应，从而守护劳动者的尊严和利益，要加大法律和政策法规对资本逻辑的干预和规制，确保劳动者的权利得到维护和救济，营造和谐的劳动关系”①。在和谐公正的劳动关系中，劳动者的合法权益将得到最大程度的保障。在这种情况下，“劳动最光荣、劳动最崇高、劳动最伟大、劳动最美丽”的社会风尚更加容易形成，也将有助于劳动教育的顺利开展。

（二）通过制度改革提高劳动在社会财富分配中的比例

劳动创造历史、劳动创造财富是马克思主义劳动观的重要内容。然而，现实中社会财富的分配存在的“强资本、弱劳动”，以及个人财富中非劳动收入占比过高等问题，在很大程度上影响了学生对马克思主义劳动观的正确认识。部分学生存在不劳而获、热衷当“网红”、企图一夜暴富等错误劳动观念，与当前劳动在社会财富分配中占比过低的现状有关。因此，要想纠正学生的这些错误认识，仅靠学校劳动教育的努力是不够的，必须在国家财富分配制度方面做出相应的调整和改革，不断加大劳动收入在社会财富分配和个人收入方面的比重，才有助于学生认识马克思主义劳动观的现实内涵。这就需要建立劳动产权保障制度，切实保障劳动者的权益。通过“劳动产权模式与现有的工资奖金制度结合，成为真正的按劳分配模式”②，劳动者才能在享有劳动成果和获得“体面劳动”方面有基本的制度保障。

马克思同时指出：“分配的结构完全决定于生产的结构。分配本身是生产的产物，不仅就对象说是如此，而且就形式说也是如此。就对象说，能分配的只是生产的成果，就形式说，参与生产的一定方式

① 蔡小菊，田旭明．新时代弘扬劳动文化的逻辑必然、现实境遇和主要进路[J]．思想政治教育研究，2021（5）：130-135.

② 李惠斌．劳动产权理论及其意义[J]．马克思主义与现实，2013（3）：146-157.

决定分配的特殊形式，决定参与分配的形式。”[①]这里的“生产”是指人类的劳动活动，换言之，人类如何参与劳动的形式直接决定了人类如何进行劳动成果分配的形式。而马克思这种“劳动者得其应得”的“按劳分配”理念，总体上就是指由劳动者占有其生产的全部产品，或者分配到与其劳动量相当的全部价值。[②]社会主义是建立在生产资料公有制的基础之上的。“当社会成为全部生产资料的主人，可以在社会范围内有计划地利用这些生产资料的时候，社会就消灭了迄今为止的人自己的生产资料对人的奴役。”[③]这就决定了以公有制为主体的社会主义，其生产的出发点和归宿点就在于不断改善劳动者的权益和提高广大人民群众的生活水平。社会主义公有制在中国的确立，从根本上保证了劳动者对其劳动成果的充分占有。因此，需要通过进一步完善社会主义公有制、完善按劳分配与按生产要素分配相结合的社会分配制度，提高社会财富分配的公正水平。这样才能为劳动教育的开展提供强有力的制度支持。

实际上，不管是保障劳动者权益，还是改革现有财富分配制度，二者都属于国家治理现代化的范畴。国家治理现代化的根本目的是最大程度地保障人民群众利益，切实提升人民的幸福感和获得感。可以说，国家治理现代化为劳动教育的真正落地提供了最为坚实的制度保证。党的十九届四中全会通过的《中共中央关于坚持和完善中国特色社会主义制度、推进国家治理体系和治理能力现代化若干重大问题的决定》为国家治理现代化的推进指明了方向。可以说，充分实现国家治理现代化，必将为新时期劳动教育的健康发展提供最强有力的制度支撑。

需要指出的是，虽然社会主义制度的建立为劳动者基本权益的实现提供了坚实的制度保障，但不容忽视的一个现实是，中国当前还处

① 马克思，恩格斯．马克思恩格斯选集（第二卷）[M]．中共中央马克思恩格斯列宁斯大林著作编译局，编译．北京：人民出版社，2012：695.

② 姜涌．分配正义及其劳动基础[M]．济南：山东大学出版社，2016：206.

③ 中共中央马克思恩格斯列宁斯大林著作编译局．马克思恩格斯文集（第9卷）[M]．北京：人民出版社，2009：310.

于社会主义初级阶段，整个中国社会生产力的发展还不够充分，社会财富还不够丰富，劳动者在不同职业之间的自由流动还不够充分，劳动中的“体脑分离”现象依然在不同程度上存在。总体而言，劳动在人类社会的发展进程可以大致分为这样几个不同阶段：奴役劳动、谋生劳动、体面劳动、自由劳动，目前处于社会主义初级阶段的中国主要还属于谋生劳动阶段。[①]这一切都表明，在社会主义初级阶段，劳动对于劳动者而言，还具有不同程度的压迫性。只有“在迫使个人奴隶般地服从分工的情形已经消失，从而脑力劳动和体力劳动的对立也随之消失之后；在劳动已经不仅仅是谋生的手段，而且本身成了生活的第一需要之后；在随着个人的全面发展，他们的生产力也增长起来，而集体财富的一切源泉充分涌流之后——只有在那个时候，才能完全超出资产阶级权利的狭隘眼界”[②]。这个时候就是共产主义社会的真正建立。“共产主义是私有财产即人的自我异化的积极的扬弃，因而是通过人并且为了人而对人的本质的真正占有；因此，它是人向自身、向社会的（即人的）人的复归，这种复归是完全的、自觉的而且保存了以往发展的全部财富的。”[③]只有到了共产主义社会，劳动者劳动才能够真正复归其解放人、创造人的本质。因此，我们必须充分认识到作为从资本主义向共产主义过渡的社会主义在劳动者权益实现方面的历史性和现实性。这需要我们用一种历史的、发展的眼光去看待社会主义制度下劳动者权益的实现问题。从这个角度看，劳动教育社会制度支持的建立，也必将是一个历史的、发展的过程。

由此可见，劳动教育是一项全社会的系统工程。既需要教育部门的高度重视和努力推进，更需要整个社会的通力配合，才能够最终将劳动教育从美好的教育目的真正转换为年轻人的身心素养。

---

① 何云峰．从体面劳动走向自由劳动——对中国“劳动”之变的再探讨[J]．探索与争鸣，2015（12）：53-58.

② 马克思，恩格斯．马克思恩格斯选集（第三卷）[M]．中共中央马克思恩格斯列宁斯大林著作编译局，编译．北京：人民出版社，2012：364-365.

③ 马克思，恩格斯．马克思恩格斯全集（第四十二卷）[M]．中共中央马克思恩格斯列宁斯大林著作编译局，编译．北京：人民出版社，1979：120.

主要参考文献

一、著作类

[1] 卡尔·马克思．资本论[M]. 郭大力，王亚南，译．上海：上海三联书店，2009.

[2] 卡尔·马克思．1844年经济学哲学手稿[M]. 中共中央马克思恩格斯列宁斯大林著作编译局，编译．北京：人民出版社，2018.

[3] 马克思恩格斯．德意志意识形态（节选本）[M]. 中共中央马克思恩格斯列宁斯大林著作编译局，编译．北京：人民出版社，2018.

[4] 恩格斯．自然辩证法[M]. 于光远，编译．北京：人民出版社，2018.

[5] 马克思恩格斯．共产党宣言[M]. 中共中央马克思恩格斯列宁斯大林著作编译局，编译．北京:人民出版社，2015.

[6] 阿伦特．人的境况[M]. 王寅丽，译．上海：上海人民出版社，2009.

[7] 涂尔干．社会分工论[M]. 渠东，译．北京：生活·读书·新知三联书店，2000.

[8] 安德雷亚斯·莱克维茨．独异性社会：现代的结构转型[M]. 巩婕，译．北京：社会科学文献出版社，2019.

[9] 卢卡奇．关于社会存在的本体论（下卷）[M]. 白锡堃，等，译．重庆：重庆出版社，1993.

[10] 赫·斯宾塞．斯宾塞教育论著选[M]. 胡毅，王承绪，译．北京：人民教育出版社，2006.

[23] 小原国芳．小原国芳教育论著选（上卷）[M]. 刘剑乔，等，译．北京：人民教育出版社，1993.

[12] 李化方.欧美劳作教育思想史[M].郑州:河南人民出版社,2016.
[13] 王焕勋.马克思教育思想研究[M].重庆:重庆出版社,1988.
[14] 成有信.教育与生产劳动相结合问题新探索[M].长沙:湖南教育出版社,1998.
[15] 刘世峰.中国教劳结合研究[M].北京:教育科学出版社,1995.
[16] 周惠英.中国教育同生产劳动相结合大事记(1930—1993)[M].北京:教育科学出版社,1995.
[17] 赵荣辉.劳动教育及其合理性研究[M].北京:中央民族大学出版社,2012.
[18] 斯瓦德科夫斯基.儿童的劳动教育[M].上海;上海教育出版社,1958.
[19] 曾天山,顾建军.劳动教育论[M].北京:教育科学出版社,2021.
[20] 檀传宝.劳动教育论要[M].北京;北京师范大学出版社,2021.
[21] 徐海娇.危机与重构:劳动教育价值研究[M].北京;中国社会科学出版社,2021.
[22] 王江松.劳动哲学[M].北京:人民出版社,2012.
[23] 陈晏清,王南湜,李淑梅.现代唯物主义导论——马克思哲学的实践论研究[M].北京:北京师范大学出版社,2017.
[24] 许纪霖.帝国、都市与现代性[M].南京:江苏人民出版社,2006.
[25] 姜涌.分配正义及其劳动基础[M].济南:山东大学出版社,2016.
[26] Michael Hardt and Antonio Negri, Labor of Dianysus, Minneapolis: University of Minnesota Press,1993.
[27] Michael Hardt and Antonio Negri, Multitude, New York: Penguin Books, 2005.

二、论文类

[1] 成有信.论教育与生产劳动相结合的实质[J].中国社会科学,1982(1).

[2] 谭华辙 . 有关生产劳动与非生产劳动的几个问题[J]. 中国社会科学，1996(3).
[3] 萧宗六 . 怎样理解“教育与生产劳动相结合”[J]. 教育研究，1999(6).
[4] 厉以贤 . 教育与生产劳动相结合的理论及其发展[J]. 江苏高教，1995(1).
[5] 文新华 . 论劳动、劳动素质与劳动教育[J]. 教育研究，1995(5).
[6] 黄济 . 关于劳动教育的认识和建议[J]. 江苏教育学院学报(社会科学版)，2004(5).
[7] 瞿葆奎 . 劳动教育应与体育、智育、德育、美育并列?——答黄济教授[J]. 华东师范大学学报(教育科学版)，2005(3).
[8] 赵荣辉 . 论劳动教育的实践取向[J]. 教育学报，2017(1).
[9] 赵荣辉 . 劳动教育:儿童确证自我的媒介[J]. 教育学术月刊，2011(10).
[10] 陈静，黄忠敬 . 从“体力教育”到“能力教育”——我国劳动教育政策的发展与变迁[J]. 中国德育，2015(16).
[11] 檀传宝 . 劳动教育的本质在于培养劳动价值观[J]. 人民教育，2017(9).
[12] 檀传宝 . 劳动教育的概念理解——如何认识劳动教育概念的基本内涵与基本特征[J]. 中国教育学刊，2019(2).
[13] 胡君进，檀传宝 . 马克思主义的劳动价值观与劳动教育观——经典文献的研析[J]. 教育研究，2018(5).
[14] 王连照 . 论劳动教育的特征与实施[J]. 中国教育学刊，2016(7).
[15] 徐长发 . 新时代劳动教育再发展的逻辑[J]. 教育研究，2018(11).
[16] 班建武 . “新”劳动教育的内涵特征与实践路径[J]. 教育研究，2019(1).
[17] 肖绍明，扈中平 . 新时代劳动教育何以必要和可能[J]. 教育研究，2019(8).
[18] 徐海娇 . 重构劳动教育的价值空间[J]. 中国教育学刊，2019(6).
[19] 孙振东，康晓卿 . 论“劳动教育”的三重含义[J]. 社会科学战线，2021(1).
[20] 王定华 . 试论新时代劳动教育的意蕴与方略[J]. 课程·教材·教法，2020(5).
[21] 柳夕浪 . 全面准确地把握劳动教育内涵[J]. 教育研究与实验，2019(4).

[22] 付长珍,王成峰.从生产自身到发展自身——西方劳动观念的变迁及其启示[J].上海师范大学学报(哲学社会科学版),2016(1).
[23] 任琳.关于劳动范畴是历史唯物主义逻辑起点的省思[J].甘肃理论学刊,2013(4).
[24] 李政林.面向生态正义的生态劳动教育[J].苏州大学学报(教育科学版),2021(4).
[25] 陈云.生态正义之理论建构——以“生产性正义”和“生产关系正义”为切入点[J].理论探索,2020(5).
[26] 郑金洲.劳动教育的“自立性”辨析——兼谈黄济、瞿葆奎先生的为学与对劳动教育的论辨[J].教育研究,2021(2).
[27] 褚宏启.21世纪劳动教育要有更高立意和站位[J].中小学管理,2019(9).
[28] 王成稼.关于生产劳动和非生产劳动问题[J].当代经济研究,2004(1).
[29] 顾书桂.从劳动价值论看非生产性劳动的内涵[J].社会主义研究,2011(1).
[30] 程立涛.消费社会与新享乐主义思潮——兼论鲍德里亚对“消费—享乐”思维的批判[J].广西社会科学,2013(10).
[31] 余清臣.当代劳动的异化风险与现代劳动教育的应对[J].社会科学战线,2021(1).
[32] 权衡.当代中国“劳动—资本”关系的实践发展与理论创新[J].复旦学报(社会科学版),2015(5).
[33] 毛勒堂.劳动正义:一个批判性的阐释[J].上海师范大学学报(哲学社会科学版),2016(5).
[34] 蔡小菊,田旭明.新时代弘扬劳动文化的逻辑必然、现实境遇和主要进路[J].思想政治教育研究,2021(5).
[35] 李惠斌.劳动产权理论及其意义[J].马克思主义与现实,2013(3).
[36] 何云峰.从体面劳动走向自由劳动——对中国“劳动”之变的再探讨[J].探索与争鸣,2015(12).

后 记

自2018年全国教育大会召开以来，劳动教育毫无疑问正成为教育政策、教育理论和教育实践的高频词。可以预见的是，有关劳动教育的理论和实践将会持续受到各方的高度关注和积极推进。特别是2022年5月教育部颁布了《义务教育劳动课程标准（2022年版）》。这一标准的颁布，是我国劳动教育发展历程中一件具有里程碑意义的重要事件，对于进一步明确劳动教育在学校中的合法地位，促进劳动教育的专业化、规范化发展意义重大。

当前，要促进劳动教育的科学发展，除了需要政策的持续支持和实践的不断探索之外，还有一个十分重要任务就是要努力提升劳动教育的基础理论建设。相比于实践的热闹，有关劳动教育的基本理论问题研究还相对薄弱。甚至对于劳动教育一些最为基本的、关键性的概念，如劳动、劳动教育、“教劳结合”等，还存在认识上的诸多分歧。理论储备上的不足，将会极大地削弱劳动教育实践的推进力度，也容易引发社会公众对劳动教育的诸多误解。比如，劳动课程标准颁布后，就有人以调侃的口吻将劳动教育等同于就是让孩子养养鸡、养养羊。实际上，相比于其他四育而言，劳动教育在理论建设方面是较为滞后的。因此，加大劳动教育基本理论研究，是切实提升劳动教育品质的关键前提之一。

早在2018年全国教育大会召开以前，本人就已经关注劳动教育问题。这一方面是源于2015年的时候，参访了杭州富阳区富春第七小学的“新劳动教育”，引发了关于劳动教育的一些思考；另一方面则是因为本人的博士学位论文关注的是青少年的符号消费与身份认同问题。在论文的撰写中，实际上也涉及了与消费密切相关的劳动问题的思考。因此，2017年从美国访学归国后，我就申报了2018年国家社会科学基金教育学一般项目“从生产社会到消费社会：新时期劳动教育理论体系构建研究”（课题编号：BEA180111）。可以说，这一项目很好地将本人博士阶段的研究和当下劳动教育的发展有机的联系在了一起。

本书即为本人所主持的这一课题项目的阶段性成果。书中的一些观点已经在有关学术刊物上发表。本次出版时对这些已经发表的作品又做了一些新的修订、补充和完善。北京师范大学张姜坤、叶雅萱两位博士研究生协助本人完成了对劳动的概念以及劳动教育与生涯教育、职业教育的概念辨析。本书的出版得到了丛书主编檀传宝教授的帮助和指导，也得到了浙江教育出版社的大力支持，在此一并表示衷心感谢。

新时期劳动教育理论体系建构是一个非常重要的时代课题，本人在对有关劳动教育基本理论问题的研究过程中，深感这一问题的复杂性和综合性。这样一个领域的研究，不仅需要教育学的学科视角，更需要哲学、伦理学、政治经济学、社会学等不同学科视角的综合参与，本书的出版只能说是在这一课题上进行了初步的探索。书中肯定还存在很多不成熟、不完善的地方，也恳请各位专家学者、广大教育工作者批评指正。